孔庙国子监论丛

2019年

孔庙和国子监博物馆◎编

中国社会科学出版社

图书在版编目(CIP)数据

孔庙国子监论丛. 2019年 / 孔庙和国子监博物馆编. —北京:
中国社会科学出版社, 2019. 12
ISBN 978-7-5203-5851-4

Ⅰ. ①孔…　Ⅱ. ①孔…　Ⅲ. ①孔庙—北京—丛刊
Ⅳ. ①K928. 75-55

中国版本图书馆 CIP 数据核字(2019)第 294913 号

出 版 人　赵剑英
责任编辑　孙　萍
责任校对　李　莉
责任印制　王　超

出　　版　中国社会科学出版社
社　　址　北京鼓楼西大街甲 158 号
邮　　编　100720
网　　址　http://www.csspw.cn
发 行 部　010-84083685
门 市 部　010-84029450
经　　销　新华书店及其他书店

印刷装订　北京君升印刷有限公司
版　　次　2019 年 12 月第 1 版
印　　次　2019 年 12 月第 1 次印刷

开　　本　787×1092　1/16
印　　张　19. 25
字　　数　345 千字
定　　价　139. 00 元

1 2019年4月5日，孔庙和国子监博物馆举办清明节文化主题活动

2 2019年4月22日，孔庙和国子监博物馆消防演习

1 2019年4月23日，孔庙和国子监博物馆接待“一带一路”高峰论坛记者团

2 2019年5月，高树荣副馆长带领研究部一行到山东曲阜调研

1 2019年6月27日上午，馆党总支联合多家单位展开"1+1+X"特色主题党日活动，齐心老师为全体党员做专题讲座

2 2019年7月5日，馆党总支联合工会，组织广大党员干部群众到延庆世园会参观

1 2019年10月12日，以“中国优秀传统文化的传承与创新——纪念习近平主席在国际儒学联合会第五届会员大会发表讲话五周年”为主题的儒学论坛在彝伦堂举办，王培伍馆长发言

2 2019年10月12日，以“中国优秀传统文化的传承与创新——纪念习近平主席在国际儒学联合会第五届会员大会发表讲话五周年”为主题的儒学论坛在彝伦堂举办，杨朝明院长发言

1 2019年10月12日，第七届孔庙国子监国学文化节开幕

2 2019年10月16日至31日，书法家赵普隶书《论语》首发式暨书画作品展览在国子监临时展厅举办，王培武馆长与赵普先生合影

1 2019年10月18日，第七届北京孔庙国子监文化节闭幕式暨祭孔大典，迎神

2 2019年10月18日，第七届北京孔庙国子监文化节闭幕式暨祭孔大典，陈静书记行礼

1 2019年10月18日，第七届北京孔庙国子监文化节闭幕式暨祭孔大典，王培伍馆长宣读告文

2 2019年10月18日，第七届北京孔庙国子监文化节闭幕式暨祭孔大典现场

1 2019年11月6日，孔庙和国子监博物馆接待法国总统夫人

2 2019年11月7日，孔庙和国子监博物馆职工前往北新桥中队参加消防培训

1 2019年11月16日，中国孔庙保护协会第二十二次年会暨第七届会员代表大会在山东曲阜召开，王培伍馆长向主办方赠送拓片

2 2019年11月16日，中国孔庙保护协会第二十二次年会暨第七届会员代表大会在山东曲阜召开

1 2019年11月20日，国际儒联一行来我馆参观，我馆研究员孔喆做专题讲座

2 2019年11月21日，我馆召开“不忘初心，牢记使命”专题民主生活会

《孔庙国子监论丛》编委会

目　录

孔庙　国子监研究

博物馆探索与实践

儒家思想研究

专题研究

孔庙 国子监研究

◇孔庙奉祀方式和木主的演变

◎ 孔喆

【摘　要】文庙奉祀用牌位还是用像一直是儒家争论的焦点。中国传统的奉祀方式是木主，孔子庙奉祀早期也应该是奉祀木主，东汉时期改木主为画像，此后历经画像、塑像各种演变，到嘉靖九年最终完成了形式上的统一：曲阜孔庙保留塑像，其他各地文庙一律改为木主。木主作为奉祀的主要方式，明清两代都明确规定它的形制。

【关键词】孔庙　奉祀方式　画像　塑像　木主

文庙奉祀用牌位还是用像一直是儒家争论的焦点。宋代朱熹认为，先圣本不当设像，春秋祭祀时只设主可也；邱浚认为塑像之设，中国无之，自佛教入中国始有也；姚燧则认为《北史》记载敢有造泥铜人者门诛，则泥人固非中土为主以祀圣人法也；都认为孔子庙设像不当。终于到明嘉靖九年（1530年）结束了争论，确定曲阜孔子庙保留塑像，其他各地文庙一律改为木主。

一　奉祀方式的演变

中国传统的奉祀方式是木主。孔子曾说“天子巡守，以迁庙主，行载于齐车，言必有尊也，今也取七庙之主以行则失之矣。当七庙、五庙无虚主，虚主者唯天子崩、诸侯薨与去其国、与祫祭于祖为无主耳。吾闻诸老聃曰‘天子崩，国君薨，则祝取群庙之主而藏诸祖庙，礼也；卒哭成事，而后主各反其庙’”①，不论天子还是诸侯宗庙都是奉祀木主。社也奉祀木主，“夏后氏以松，殷人以柏，周人以栗”②，制作社主的木头各代也不相同。

孔子庙奉祀早期也应该是奉祀木主，但东汉永寿三年（155年）的

① 《礼记注疏》卷18《曾子问》。
② 《论语·八佾》。

《韩敕修孔子庙后碑》记载说："修饬旧宅，俟神庙堂。……崇圣帷坐，荐席十重，改画圣像如古图"①，既然"改画圣像如古图"，说明原来就有画像。由此可见，在东汉时，孔子庙还奉祀孔子的画像，画像外罩有帷幔。

汉代不仅曲阜孔子庙奉祀画像，国家辟雍虽然尚无孔子庙，祭祀也是奉以画像。祢衡（173—198 年）《颜子碑》说颜子"配圣馈，图辟雍"，颜子配享孔子，画像于辟雍。

汉代画像是很普遍的现象。"光和元年，遂置鸿都门学，画孔子及七十二弟子像"，鸿都门学是光和元年（178 年）设立的专门学校，"诸生皆敕州郡、三公举召，能为尺牍辞赋及工书鸟篆者相课试，至千人焉"②，学校图画了孔子和七十二弟子形象。西汉时文翁在成都建造的石室是否图画形象不得而知，东汉兴平元年（194 年）火后重建，"壁上悉图古之圣贤，梁上则刻文宣及七十弟子"，孔子和七十弟子被雕刻在石梁上，这与汉代流行石刻画是相符的。虽然这些孔子和弟子像都不预享祀，但将孔子和弟子们付诸形象是通行的做法。

西晋时国学也是奉以画像。元康元年（291 年）皇太子释奠太学，"乃扫坛为殿，悬幕为宫，夫子位于西序，颜回侍于北墉"③。这种非常拟人化的描述不可能是木主，也不可能是塑像或雕像，因为临时设坛祭祀不可能用沉重的塑像或雕像，应该是既有形象又容易摆放收存的画像。

太学除以画像奉祀孔子外，还图画孔子弟子们的形像。西晋时石崇"尝与王敦入太学，见颜回、原宪之象，顾而叹曰：'若与之同升孔堂，去人何必有间！'敦曰：'不知余人云何，子贡去卿差近。'崇正色曰：'士当身名俱泰，何至瓮牖哉！'"④ 石崇（249—300 年）在太学见到的颜回和原宪像应该是画像，原宪虽是孔子弟子，但并不属于最优秀的十哲，在《史记·仲尼弟子列传》中位列第十五，《孔子家语·弟子解》中位列第十九，太学不可能单独将他与颜回并列，而应该是图画七十二贤，虽然未预享祀，但说明画像是很通行的做法。

东晋太元元年（376 年），国学建造孔子庙也是画像奉祀，"西有夫子堂，画孔子及十弟子像"。梁元帝任荆州刺史（526—539 年）时，建造孔子庙，"起州学孔子庙"，"帝工书善画，自图宣尼像，为之赞而书之，时人谓之三绝"⑤，也是奉祀画像。

① （汉）《韩敕修孔子庙后碑》，载《隶释》卷 1，中华书局 1985 年版，第 22 页。
② 《后汉书》卷 90 下《蔡邕传》。
③ 《晋书》卷 55《潘尼传》。
④ 《晋书》卷 33《石崇传》。
⑤ 《南史》卷 8《元帝纪》。

曲阜孔子庙在南北朝时期改成了塑像。郦道元《水经注》记载说：孔子庙“庙屋三间。夫子在西面，东向；颜母在中间，南向；夫人隔东一间，东向”，“庙有夫子像，列二弟子，执卷立侍，穆穆有询仰之容”①。既然“列二弟子”，就应该是为塑像，孔子前面还有两个弟子，看得出是受当时佛教一佛二菩萨方式的影响。东魏兴和元年（539 年），兖州刺史李仲琁维修孔子庙“命工人修建容像”，“既缮孔像，复立十贤”，“雕素十子”，塑像后“圣容穆穆，二五成行”②，在孔子塑像前面雕塑了十个弟子，每行五位，看来是侍立在孔子像的两侧。其中的十贤应该就是四科中的十哲。由此可见，曲阜孔子庙性质已经改变，从血缘祭祀的孔氏家庙改成了非血缘祭祀的学庙。

北魏国立学校仍然奉祀画像。相州刺史李平（？—516 年）“修饰太学，简试通儒以充博士，选五郡聪敏者以教之，图孔子及七十二子于堂，亲为立赞”③，恒农太守刘道斌“修立学馆，建孔子庙堂，图画形象”④，都是奉以画像。

唐代时国学孔子庙塑像和画像混用。开元八年（720 年），“国子司业李元瓘奏先圣庙为十哲象，以先师颜子配，则配象当坐，今乃立侍；余弟子列象庙堂不豫享，而范宁等皆从祀。请释奠十哲享于上，而图七十子于壁，曾参以孝受经于夫子，请享之如二十二贤。乃诏十哲为坐象，悉豫祀，曾参特为之象，坐亚之，图七十子及二十二贤于庙壁”⑤，孔子、十哲和曾子为塑像，七十弟子和二十二贤为画像。开元二十八年（740 年），将孔子塑像改为坐北面南，“自今以后，两京国子监，夫子皆南面坐，十哲等东西列侍，天下诸州亦准此”。曲阜孔子庙看来也采用这种方式，咸通十年（869 年），孔温裕重修曲阜孔子庙后，“睟容穆若，更表温恭；列侍俨然，如将请益”⑥，孔子和列侍的弟子都是塑像。但唐代州学文宣王庙大都没有两庑，所有奉祀人物全部在正殿内，而县学只祀孔子、十哲和曾子，更不会建造两庑了。

宋仍然沿袭唐代制度。国子监文宣王庙“塑先圣、亚圣、十哲像，画

① （北魏）郦道元：《水经注·泗水》。

② （东魏）《鲁孔子庙碑》，载乾隆《曲阜县志》卷 52“金石”，山东友谊出版社 1998 年版，第 368 页。

③ 《魏书》卷 56《李平传》。

④ 《魏书》卷 79《刘道斌传》。

⑤ 《新唐书》卷 15《礼乐志》。

⑥ （唐）贾防：《新修庙记碑》，载乾隆《曲阜县志》卷 23“通编”，山东友谊出版社 1998 年版，第 154 页。

七十二贤及先儒二十一人像于东西庑之木壁”[①]，元丰七年（1084 年）增加荀况、扬雄、韩愈从祀，“画荀况等像于从祀之列”。南宋淳熙四年（1177 年）“诏去王雱从祀画像”，可见南宋国学从祀人物也是画像。州县文宣王庙一般也是孔子、配享和十哲为塑像，从祀先贤先儒为画像。不同于唐代的是宋代县学文宣王庙也奉祀全部人物，而且州县文宣王庙都陆续增加两庑奉祀孔子弟子和先儒。润州州学于太平兴国八年（983 年）“秋乃发旧创新，告迁夫子之庙，其颜子、孟子以下门人、大儒之像，各塑绘配享于坐”[②]，孟子是元丰七年（1084 年）才配享孔子庙的，此时不应有孟子像，但其他配祀人物分别是塑像和画像不会是错误的。景德二年（1005 年），古田县令李堪建造县学，“位先圣，列十哲，绘七十二子、二十一贤及孔伋以下大儒至唐韩愈氏九十六人”，此时孔伋与韩愈均未从祀，从行文看，孔伋与韩愈在七十二子、二十一贤之后应该是地方官自行增加的。大中祥符二年（1009 年），闽清县学重建文宣王庙，“塑先圣十哲像，其壁画六十子及大儒”；景祐四年（1037 年），福州文宣王庙重修后，“中设孔子与其徒高弟十人像，又绘六十子及先儒以业传世者于壁”；嘉祐二年（1057 年），怀安县学文宣王庙重建后，“中尊夫子殿，配享以十哲，图七十二弟子、传经诸儒于壁”[③]。孔子和十哲是塑像，其他弟子和从祀先儒是画像，看来在北宋初期就是通行的方式。

金迁都汴京后，虽然从祀仍然是画像，但改画像于壁为画像于缣，平时卷轴收藏，祭祀时悬挂以祀。“元光初，京师先圣庙成，复妆先圣十哲塑像，其贤像欲图之于壁，虑久而易坏，朝廷特命以素缣绘之而各成以轴，遇祭悬展”[④]。

从北宋开始，孔子庙陆续增加孟子、王安石配享，形成了配享、配祀十哲、从享先贤、从祀先儒四个级别的附飨系列。到南宋咸淳三年（1267 年）配享定为颜回、曾参、孔伋和孟轲四配，元延祐三年（1316 年）四配也被元朝接受，直到明嘉靖九年（1530 年），大多文庙都是在大成殿内供奉孔子、四配、十哲塑像，在两庑内图画先贤、先儒的画像奉祀。河南许州州学文宣王庙在元至元十年（1273 年）“为两庑绘七十子诸大儒从祀诸贤之像”；胙城文庙元贞间重建两庑，“仍绘七十子、诸大儒肖像于壁”；山西平遥金庄孔子庙大成殿内至今仍保存着元代塑造的孔子、四配和十哲塑像；

① 《宋史》卷 105《礼　八》“文宣王庙”。
② （宋）嘉定：《镇江志》。
③ （宋）梁克家：《淳熙三山志》，见上海古籍出版社版《四库全书》484 册。
④ （金）孔元措：《孔氏祖庭广记》卷 3，山东友谊书社 1989 年版，第 162 页。

长州县学明洪武六年（1373 年）“重绘两庑七十二子、诸儒像”。并非所有的文庙都是两庑为画像奉祀，有的孔子庙奉祀人物全是塑像。全部以塑像奉祀可能以曲阜孔子庙为最早。金明昌二年（1191 年）大扩孔子庙，五年告成，“两庑画像又以捏塑易之”，将两庑的先贤先儒全部由画像改为塑像。

明代初年，一些地方文庙也将先贤先儒改为塑像。如苏州府学于永乐二十二年（1424 年）“增饰塑像”，没有说明都是增饰哪些塑像，成化间太守“视篆三日，敬谒吾夫子之庙而拜之，次及四配、十哲及两庑诸贤，见其神像欹侧”，可见孔子、四配、十哲和两庑诸贤都是塑像。福建安溪县学文庙正统元年（1436 年）塑孔子、四配和十哲像，正统六年塑两庑先贤像，将奉祀人物全部改成塑像。

明代文庙奉祀方式大变。早在洪武四年（1371 年），国子监司业宋濂上疏说，“古者造木主以栖神，天子、诸侯之庙皆有主，卿大夫士虽无之，大夫束帛以依神，士结茅为菆，无有像设之事”，“今因开元八年之制，抟土而肖像焉，则失神而明之之义矣”①，他还指出主祀面南、春秋两祭等不合古礼等，被明太祖指责为其议不以时，并被贬谪为安远知县。但洪武十五年南京国子监落成，明太祖却采用宋濂的建议，文庙奉祀改用木主而不用塑像。但各地文庙并没有一体改为木主，永乐八年（1410 年）诏正孔子庙圣贤衣冠，令合周代制度，可见大多文庙仍然奉祀塑像或画像。

明嘉靖九年（1530 年），张璁在其请正文庙祀典疏中主张取消塑像，他列举的理由有三：一是中国原来没有塑像，他引用朱熹的话说“先圣本不当设像，春秋祭时只设主可也”，引用邱濬的话说“塑像之设，中国无之，自佛教入中国始有也”；二是塑像形象不一，影响了圣贤在人们心目中的形象，“郡异县殊，不一其状，长短丰瘠，老少美恶，惟其工之巧拙是随。就使尽善，亦岂是其生时盛德之容？甚非神而明之无声无臭之道也”；三是有损于皇帝的尊严，“国学庙貌，非但师生瞻仰之所，天子视学实于是乎致礼焉。圣人百世之师，坐而不起，犹之可也；若夫从祀诸儒，皆前代缙绅或当代之臣，君拜于下，臣坐于上，窃恐圣贤在天之灵亦有所不安也”②；因此他建议仿照南京国子监制度，将奉祀人物全部改为木主。经廷议，除曲阜孔子庙大成殿保留塑像外，其他各地文庙一律撤除塑像改为木主。这一政策还影响了朝鲜和越南，朝鲜大约在宣宗七年（1574 年）全部改为位版（即木主），越南于嘉隆七年（1807 年）将塑像埋安，改为牌位。

清代绝大部分文庙仍然采用木主方式，但也有的文庙恢复了塑像，济

① （明）宋濂：《文宪集》卷 28“孔子庙堂议”。

② （清）孔继汾：《阙里文献考》卷 14，山东友谊书社 1989 年版，第 293 页。

南府学大成殿及其两庑全部为塑像，从塑像风格看可能就是清初塑造的。云南大姚的石羊文庙原是白盐井盐课提举司司学文庙，始建于明万历三十七年（1609 年），清康熙四十七年（1708 年）提举郑山修复时铸造了孔子铜像一尊。铜像全身贴金，高 2.3 米，孔子头戴冕旒，手执镇圭，正襟端坐，神志肃然，是目前已知现存的两尊大型孔子铜像之一。另一尊孔子铜像保存在河南新蔡县文庙内，据说是明嘉靖年间在曲阜铸造的，但孔子戴司寇冠，不合乎文庙孔子冕旒像的礼制。

二　木主形制

其实不论有否塑像，古代中国重视的不是像而是神位，即题写着奉祀者名号的那块牌子。《周礼》说“大宗伯之职，掌建邦之天神、人鬼、地示之礼，以佐王建保邦国”，“小宗伯之职，掌建国之神位”，明代王应电说“天神、人鬼，地示，大宗伯掌其礼，此则掌其位，精粗之异。建邦之神位者，建此邦则立此神位也”。神有位，必须有祭祀的场所，还必须有神所依附的牌子，题写了神的名号神灵就依附在牌子上了，牌子就成了神位。

从文献记载看，唐代称作神位，宋代名神位版，明代称作木主，清代称作神牌。唐代未见有形制规定，宋代神位版规定“凡祠昊天上帝、上帝、五方帝、感生帝、高禖（谓青帝位）、皇地祇、神州地祇、大明、夜明与配帝神位版皆以黄金饰，木镂，青为字，其余用朱漆金字”①，可知孔子神位版应该是朱漆金字，遗憾的是没有尺寸的规定。但宋代苏轼说“今天下郡县通祀社稷、孔子、风伯雨师与凡山川古圣贤之庙……今郡县所祭未尝有主，而皆有土木之像”②，郡县孔子庙也是奉祀土木之像，且不设神主，应该是没有遵守国家的规定。即使有像，也必须有木主。

明朝曾制定了文庙木主的详细形制。“洪武年间钦定，大成至圣文宣王木主长三尺三寸五分，连上云下座共五尺二寸，阔七寸，连左右云共二尺一寸五分”；“四配式同正位而尺寸杀之。洪武制木主各长一尺九寸五分，连上云下座共三尺，阔五寸，连左右云共一尺一寸”；“十哲、两庑，洪武制木主各长一尺九寸，阔四寸，连座共二尺五寸；两庑诸贤木主各长一尺七寸，阔三寸，连座共二尺一寸”。规制中，十哲两庑有一个尺寸，还有一个两庑诸贤的尺寸，前面与十哲相同的两庑应该指的是从享的先贤，后面的两庑应指的是从祀的先儒。可见，明洪武制定的文庙木主有孔子、四配、十哲和先贤、先儒四个尺寸，从孔子开始依次缩减，而且孔子和四配木主

① 《政和五礼新仪》卷 4《序例·神席》。

② 苏轼：《东坡全集》卷 49《私试策问》。

有云纹装饰，十哲以下则无，孔子独尊，木主尺寸也特别大，面积是四配的三倍还多，先儒的十七倍，都彰显了等级的差别。

嘉靖年间厘定文庙祀典，重新制定木主形制。“嘉靖中定先师木主高二尺三寸七分，阔四寸，厚七分，座高四寸，长七寸，厚三寸四分，朱地金书”；四配“嘉靖改各高一尺五寸，阔三寸二分，厚五分，座高四寸，长六寸，厚二寸八分，赤地墨书”；“启圣公神主与四配同”；“嘉靖制，十哲及两庑木主俱高一尺四寸，阔二寸六分，厚五分，座高二寸六分，长四寸，厚二寸，赤地墨书”；“嘉靖制左丘明以下木主各高一尺三寸四分，阔二寸三分，厚四分，座高二寸六分，长四寸，厚二寸，赤地墨书”；“凡从祀贤儒木主背书姓名、位次，以防混乱”①，尺寸较洪武的规制进行了缩小，孔子四配都减去了云边，此规定有木主底色和文字颜色，孔子木主朱地金书，其他一律赤地墨书。《钦定国子监志》记载明代启圣公木主尺寸并不与大成殿四配相同，而是“高一尺四寸，广二寸六分，厚五分，座高二寸六分，长四寸，厚二寸”，较四配为小。《文庙礼乐考》所载主位、四配与嘉靖制度相同，但十哲和先贤先儒有不同。十哲和两庑先贤木主“身高一尺四寸，广二寸六分，厚五分，赤地绿书；先儒主身高一尺三寸四分，广二寸三分，厚四分五厘，赤地墨书”，“木用栗，尺用周”，尺寸用周尺，每尺约20厘米。附祀的名宦乡贤木主尺寸、形制、颜色均与先儒相同。

清代国子监文庙神牌有详细的规制。孔子木主“高二尺五寸五分，广六寸五分，厚一寸；朱地金书；小座高一尺四寸五分，大座高一尺四寸五分”；四配木主“高一尺七寸，广四寸五分，厚五分；赤地金书；小座高三寸五分，大座高一尺五分”②；十二哲木主“高一尺四寸，广三寸五分，厚五分；赤地金书；小座高二寸五分，大座高一尺”③；两庑先贤先儒木主规制相同，“高一尺三寸六分，广三寸五分，厚六分；赤地墨书；小座高二寸，大座高七寸五分”④。崇圣祠正位五王木主“高一尺七寸，广四寸五分，厚五分；赤地金书”；配享木主“高一尺四寸，广三寸五分，厚五分；赤地金书”；从祀木主“高一尺三寸六分，广三寸五分，厚六分；赤地墨书”；三者均无主座形式、尺寸，木主尺寸、颜色正位与大成殿四配同，配享与大成殿十二哲相同，从祀与大成殿两庑先贤先儒相同，主座尺寸也应该分别相同。

① 《頖宫礼乐疏》卷3《释奠名义疏·木主诂》。

② 《钦定国子监志》卷3《祀位图说》，北京古籍出版社2000年版，第57页。

③ 同上书，第59页。

④ 同上书，第69页。

清代木主较明代最多的变化是座，由一层改为两层；其次是木主颜色，四配、十二哲由赤地墨书改为金书。

有资料说光绪三十二年（1906 年）升大祀后孔子神牌应该改为金地青书，考之《大清会典》，凡已故皇帝升配圜丘，神牌饰青，与宋代大祀“神位版皆以黄金饰，木镂，青为字”相同。孔子升为大祀，木主应该改为金地青书。

现在保存的旧木主不多。如资州文庙保存的孔子旧木主“高八尺八寸六分，宽四尺二寸，厚七寸五分，九龙蟠绕，金底黑字”。顶部中间透刻正龙，两侧各一条行龙，中心两侧云边上端各透雕一只凤凰，凤凰下面各透雕三条行龙，两升一降，主心金地黑字。高八尺八寸六分，比洪武规定的“连上云下座共五尺二寸”还大得多。从木雕看，龙五爪，柔若面条，双凤位于龙上，金地，该木主可能是清光绪升为大祀后所制作。

木主，顾名思义一个就是木质的，但是有的却是石质的。洛阳的河南府学文庙、山东巨野文庙、越南河内国子监文庙都还保存着石质的木主。洛阳现存先贤颜辛的牌位，石质，弧顶，阴刻“先贤颜辛之位”，应该是明嘉靖九年取消封号后刻制的。巨野文庙更为简单，一块石头上刻出四位奉祀者的牌位，牌位弧顶方趺，阴线刻。四个神牌分别刻文“先贤张子载神位”“先贤邵子雍神位”“先儒谷梁子赤神位”“先儒高堂子生神位”，应该是明崇祯十五年（1642 年）邵雍、张载升为先贤以后刻制的。

孔喆，孔庙和国子监博物馆研究部，研究馆员

孔庙国子监论丛（2019年）

◇法兰西学院汉学研究所藏清代殿试卷概述

◎ 邹鑫

【摘　要】孔庙和国子监博物馆研究部在展览改陈一期资料筹备中购入了一部中华书局出版的《法兰西学院汉学研究所藏清代殿试卷》，与同类一般书籍不同，这套试卷是将 33 通清代殿试卷原版原样复制，与真品无二。其中鼎甲卷、名人卷占比很高且保护得当，品相完好。本文拟就此套试卷的状况、信息及价值做一概述以作初步研究成果。

【关键词】法兰西学院汉学研究所　清代　殿试卷

《法兰西学院汉学研究所藏清代殿试卷》是中华书局与法兰西学院汉学研究所合作出版的一套书，形式为经折装殿试卷分函收纳，原版影印，精良考究，等同于 33 通清代殿试卷的复制品。流失法国的 33 通清代科举殿试卷以此种形式回归故里，让人一睹芳容。

殿试是科举考试的最高等级，其试卷是科举历史长河中重要的史料和文物，是科举历史信息的重要载体。深入解读殿试卷对研究殿试的形式和内容是必不可少的，进而对科举这种施政人才选拔的途径会有更为客观的认知。与科举相关的展览中，殿试卷也是颇具分量的文物。

一　33 通殿试卷概况

此套清代殿试卷由伯希和从中国购买带回法国并最终收藏在法兰西学院汉学研究所中，试卷包括顺治朝 2 通、康熙朝 1 通、乾隆朝 13 通、嘉庆朝 2 通、同治朝 2 通、光绪朝 13 通，惜独阙雍正、道光、咸丰三朝，时间跨越了清代科举考试早中晚三期。从原卷尺寸看，乾隆五十四年（1789 年）前的卷子高 48 厘米至 49 厘米（只有乾隆二十五年庚辰科童凤三的卷子高 49 厘米），长度在 290 厘米至 430 厘米之间（也只有乾隆二十五年庚辰科童凤三的卷子长达 430 厘米），大部分试卷长度在 320 厘米左右。此后时期的试卷高度稳定在 44 厘米，长度集中在 250 厘米左右。好比大清的版图，殿试策的尺幅有逐渐缩小的趋势。全套殿试卷除乾隆四十六年（1781 年）辛丑科汪学金的卷子独缺文末数页，其余各卷均完整无缺。偶见水印、污渍，均不影响卷面墨迹观瞻。现将各卷朝代等信息汇总列表如下：

序号	朝代	年代科次	考生姓名	等级名次
1	顺治	九年（1652 年）壬辰科	范承谟	二甲第二十三名
2	顺治	十六年（1659 年）己亥科	徐元文	一甲第一名
3	康熙	三十三年（1694 年）甲戌科	胡任輿	一甲第一名
4	乾隆	二十二年（1757 年）丁丑科	蔡以台	一甲第一名（会试会元）
5	乾隆	二十五年（1760 年）庚辰科	童凤三	二甲第六名
6	乾隆	二十六年（1761 年）辛巳恩科	蒋雍植	二甲第一名
7	乾隆	二十六年（1761 年）辛巳恩科	孙士毅	二甲第四名
8	乾隆	三十六年（1771 年）辛卯恩科	范衷	一甲第三名
9	乾隆	三十七年（1772 年）壬辰科	俞大猷	一甲第三名
10	乾隆	四十年（1775 年）乙未科	沈清藻	一甲第三名
11	乾隆	四十年（1775 年）乙未科	王春煦	二甲第一名
12	乾隆	四十六年（1781 年）辛丑科	汪学金	一甲第三名
13	乾隆	四十六年（1781 年）辛丑科	曹之升	二甲第四十五名
14	乾隆	四十六年（1781 年）辛丑科	魏儆祖	三甲第一百一名（乡试解元）
15	乾隆	五十四年（1789 年）己酉科	汪廷珍	一甲第二名
16	乾隆	五十八年（1793 年）癸丑科	陈希曾	一甲第三名
17	嘉庆	四年（1799 年）己未科	吴赓枚	二甲第三名
18	嘉庆	六年（1801 年）辛酉恩科	邹家燮	一甲第三名
19	同治	十年（1871 年）辛未科	范元音	三甲第一百七十名
20	同治	十三年（1874 年）甲戌科	陆元鼎	三甲第二十名
21	光绪	二年（1876 年）丙子恩科	高赓恩	二甲第一百名
22	光绪	九年（1883 年）癸未科	梁涛观	二甲第五十九名
23	光绪	二十年（1894 年）甲午恩科	谢世珍	二甲第一百二十三名
24	光绪	二十一年（1895 年）乙未科	秦望澜	二甲第三十五名

续表

序号	朝代	年代科次	考生姓名	等级名次
25	光绪	二十一年（1895 年）乙未科	汪世杰	二甲第六十五名
26	光绪	二十一年（1895 年）乙未科	范国良	三甲第八名
27	光绪	二十一年（1895 年）乙未科	戴光	三甲第一百一十三名
28	光绪	二十九年（1903 年）癸卯科	华宗智	二甲第一百二十九名
29	光绪	二十九年（1903 年）癸卯科	范振绪	三甲第一百三十二名
30	光绪	三十年（1904 年）甲辰恩科	张茂炯	二甲第六名
31	光绪	三十年（1904 年）甲辰恩科	麦鸿钧	二甲第七名
32	光绪	三十年（1904 年）甲辰恩科	姚华	三甲第九名
33	光绪	三十年（1904 年）甲辰恩科	杨光瓒	三甲第四十八名

33 通殿试卷中一甲卷 10 通，其中状元卷 3 通；榜眼卷 1 通；探花卷 6 通，二甲卷 15 通（含传胪卷 2 通），三甲卷 8 通。乾隆二十二年（1757 年）丁丑科的蔡以台和四十六年（1781 年）辛丑科的魏儌祖分别为会状连元和乡试解元（魏儌祖于乾隆三十九年乡试第一）。决定殿试卷价值的因素除了名次还有卷主的知名度（卷主在仕途或文坛达到的位置和取得的政绩）。本套殿试卷卷主有声名的主要有以下几位：

顺治九年（1652 年）壬辰科范承谟，字觐公，号螺山，晚号蒙谷。他是清开国宗臣范文程的二儿子。康熙十三年（1674 年），在八闽制府任上遭闽藩之乱，耿精忠多方诱降，拒不降从，遂被幽禁，至十五年九月自缢明志，年四十二。谥忠贞，赠兵部尚书，加太子少保。著有《范忠贞公集》十卷，抄入《四库全书》，《画壁遗稿》三卷，圣祖亲为制序。

顺治十六年（1659 年）己亥科徐元文（榜姓陆），字公肃，号立斋。曾任经筵讲官、国子监祭酒，监修《明史》。官拜文华殿大学士，兼管翰林院事。著有《含经堂集》三十卷。其伯仲两兄徐乾学、徐秉义连中探花，三徐遂名震海内。

乾隆二十六年（1761 年）辛巳恩科孙士毅，字智冶，号补山，曾参与征缅甸，平台湾林爽文乱，征讨安南国内臣叛乱，筹办平廓尔喀粮饷事，同福康安驻前藏。历官两江总督、文渊阁大学士。挂像紫光阁，纂校《四库全书》，著有《百一山房诗集》十二卷，文武皆佳。

乾隆五十四年（1789 年）己酉科汪廷珍，字玉粲，号瑟庵。为官三十余年，四典乡会文衡，四阅殿试诸卷，三充教习庶吉士。曾任国子监祭酒，注重师德，严束士子品行。官至礼部尚书、协办大学士，加太子太保衔。

著有《实事求是斋诗文集》，与法式善同辑《成均课士录》。

此套殿试卷从等级和卷主两方面有诸多因素决定了其价值的高度。

二 卷面信息

通过卷面信可以考证考生如何答卷，考官如何判卷以及殿试卷的规格要求和特殊形制。现将卷面体现的殿试信息逐一条陈。

1. 卷面形制和书写规范

殿试卷开卷留有数折空白页用于撰写考生名次、考生主要信息和加盖弥封章。卷首墨笔“应（应字单占一列）殿试举人臣（臣字略小）某某某”一句居中。朱笔“第几甲第几名”书于右侧单列。加盖满汉文“礼部之印”。第二页，考生要将姓名、年龄、籍贯、出身、乡会试情况、所习经典及曾祖、祖、父三代状况按固定格式一一竖序书写。如乾隆二十二年（1757 年）丁丑科蔡以台的状元卷前列“应殿试举人臣蔡以台年三十六岁系浙江嘉兴府嘉善县人，由副榜贡生应乾隆十五年（1750 年）乡试中式，由举人应乾隆二十二年会试中式，今应殿试。谨将三代脚色并所习经书开具于后：三代：曾祖王臣，故，未仕；祖廷正，故，未仕；父维熊，存，未仕。习易经”。这一格式从清初至末科殿试几乎没有变动。“脚色二字，未免不雅，然实相沿自宋。《朝野类要》谓宋时出入仕，必具乡贯、户头、三

王春煦殿试卷首页

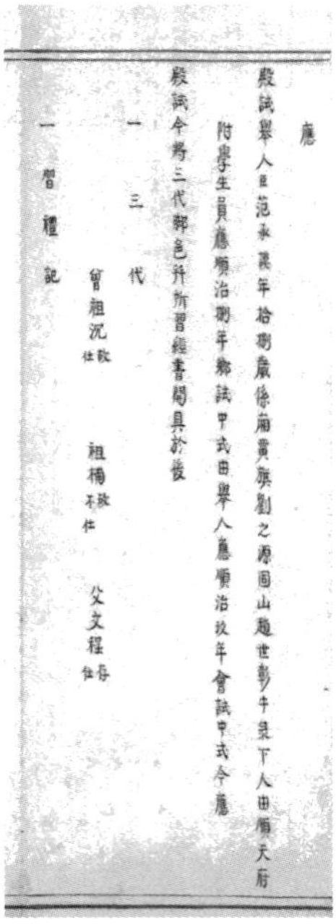

范承谟殿试卷个人及三代信息

孔庙国子监论丛（2019年）

代、名衔、家口、年岁，统谓之脚色。”① 此套殿试卷中自乾隆五十四年殿试始，考生不再书写所习经书。此后数折空白页用于对折弥封并加盖弥封关防章。此后便是卷面正页，竖版单线红格十数折（乾隆朝 18 折、光绪朝 16 折）用于书写正文。尾页为印卷官印。全卷由粗细双红线圈定卷心。

2. 浮签

浮签即是读卷官贴于卷面用于注明某些信息的题签，为黄或米黄色。“阅卷过程中，如遇策文之内有用语不妥之处，读卷官用黄签粘于其旁，不批卷上，以示皇帝亲阅。”② 而在这套法兰西学院汉学研究所藏的 33 通殿试卷中，浮签还承载着试卷评语和名次拟定的功能。如乾隆五十四年（1789 年）己酉科汪廷珍殿试卷贴有浮签“策对详明，字画拙滞”；乾隆二十二年（1757 年）丁丑科蔡以台殿试卷贴有浮签“拟二”，标明读卷官拟定的名次。而其上有朱笔写就“第一甲第一名”。浮签上的名次与朱笔名次不一致，这正反映了殿试评判制度的史实：前十名进呈的卷子最终由皇帝钦定名次。由于年代久远，历经坎坷，遗存下来的殿试卷稍有不慎，粘贴的浮签

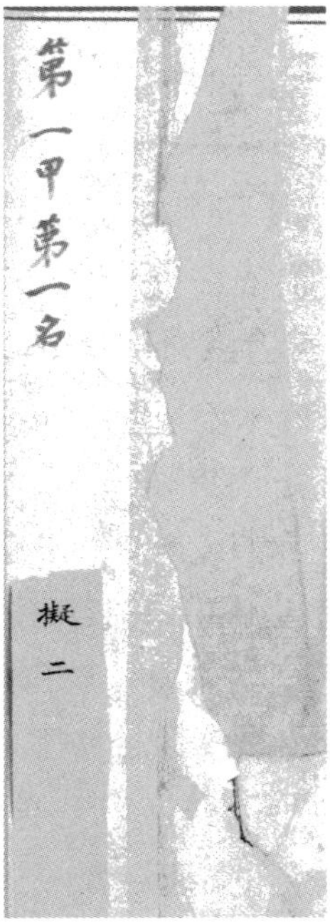

蔡以台状元卷浮签与朱笔

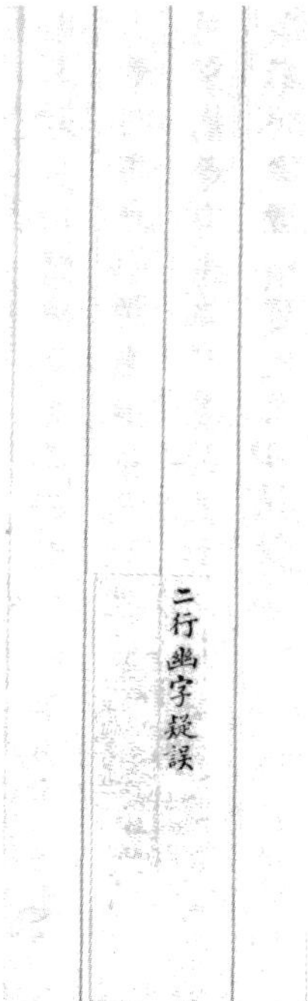

“幽字疑误”标错浮签

① 商衍鎏：《清代科举考试述录及有关著作》，百花文艺出版社 2004 年版，第 288 页。

② 李世愉、胡平：《中国科举制度通史·清代卷》，上海人民出版社 2017 年版，第 255 页。

就有可能失落。而此套殿试卷保留的浮签在已发现的殿试卷中比例较高，使阅卷信息得以完整保存，更加体现了其珍贵的价值。

3. 读卷官标识和批注

读卷官为皇帝钦点，代皇帝阅卷，读卷官通过特定的标识来辨别试卷的优劣。○ △、丨 ×这五种符号的多少决定了一份试卷的等级，都为○的位列鼎甲，有△的一般在二甲,、多的只能屈居三甲了。读卷官会将姓氏（有时为姓名）并列书写在一张纸条上粘于试卷背面，每个姓氏下对应着试卷评定的符号。为了防止人为偷换，乾隆五十四年后改为直接书写于卷背。除了符号外，读卷官也会留下评语，但比例极低且都为名次佳者。读卷官的人数在清初顺治朝是最多的，少则 14 人，多则二十余人。因分设满、汉两榜，顺治十二年（1655 年）的读卷官有满洲 18 人、蒙古 2 人、汉 17 人，总数达 37 人。乾隆二十五年（1760 年）钦定为 8 人。偶有特殊情况增加人选，如乾隆二十六年（1761 年）“以大学士来保、协办大学士鄂弥达、刘统勋、兵部尚书梁诗正、左侍郎观保、刑部尚书秦蕙田、左侍郎钱汝诚、都察院左都御史刘纶、入觐两江总督尹继善为殿试读卷官”①。入觐的两江总督尹继善得以入围读卷官实为皇帝的宠信。本科孙士毅殿试策中贴有浮签，除了读卷官姓氏下的评定符号，还有秦蕙田批语“气体谨严”，刘纶批语“风格端凝”，观保批语“对策整饬”，钱汝诚批语“文笔雅驯，字亦圆整”。

4. 书写格式

殿试作为科举最高等级的考试，对卷面的书写格式要求甚严，讲究极多。从卷面看，考生言必自称臣，首句必是“臣对臣闻……”，“臣”用小号字，以示谦卑。文中常见“臣等于廷而策……”，“臣伏读制（圣）策有曰……”等句式。结语必以“臣草茅新进，罔识忌讳，干冒宸严，不胜战栗陨越之至，臣谨对”收尾。自同治十年辛未科殿试卷始“草茅新进”改为“末学新进”，印证了嘉庆八年始允许宗室子弟参加科考，于“草茅”身份不符，遂改称“末学”。“皇上”“圣天子”“王言”“制册”“圣训”“圣明”“清”“圣”等与皇权和朝廷相关的字和词要顶格书写，“祖”“宗”二字要高出边框一格书写。论及先帝尊号“世祖”“高宗”等首字还要高出边框两格书写以示尊崇。逢恩科，卷中“慈寿之维祺”语，“慈”字高出边框一格书写，“寿”字顶格书写。与清代碑文镌刻格式一样，殿试卷同样体现了尊卑贵贱的礼制观念。

---

① 《清实录》之《高宗纯皇帝实录》卷六三五，中华书局 2011 年版，第 16840 页。

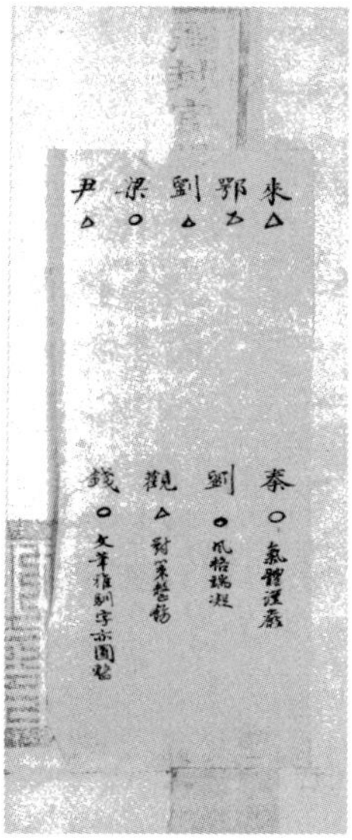

孙士毅殿试卷读卷官标识和评语

5. 卷面上的印记

试卷正本由礼部负责印制，故卷面头页居中及前页考生姓名身世弥封处加盖满汉文合璧的“礼部之印”堂印。试卷弥封处加盖“弥封官关防印”。头页还有朱笔书写名次。卷尾有印卷官印记，注明印卷官官职和姓名。殿试印卷官隶属礼部，多为二人，也有三人，并无定制。殿试时间规定为一日，但自宋以来，不乏写至次日方交卷者，故需赐烛，历朝皇帝多以惜才之名默许。“清制无赐烛之文，然清初殿试有次晨交卷者，则其用烛也可知。乾隆四十六年（1781 年）禁止，严申不给烛之令，五十三年（1788 年）又令监试王大臣于日入之时逐卷画押，以为标记。及咸、同后规制渐驰，日暮未完卷，有携至中左门补写者。光绪元年，御史张道渊劾奏，特严责监试王大臣于交卷之延迟者，书至何处即在何处标押。”① 此套殿试卷中，自光绪二年（1876 年）丙子恩科始，在试卷上有花押印记。当日未完成答卷的位列三甲末。

6. 书法的重要性

在殿试的评判标准中，乾隆皇帝曾言“就文与字较，则对策自重于书法”。清代帝王在谕旨中也多次强调殿试中策对水平的高低更为重要，但从 33 通殿试卷的等级来看，书法与名次还是有着相当大的关联。书法规整，笔力深厚的往往名次较前，而状元卷的书法尤为可观，必是优中选优。从字

① 商衍鎏：《清代科举考试述录及有关著作》，百花文艺出版社 2004 年版，第 137 页。

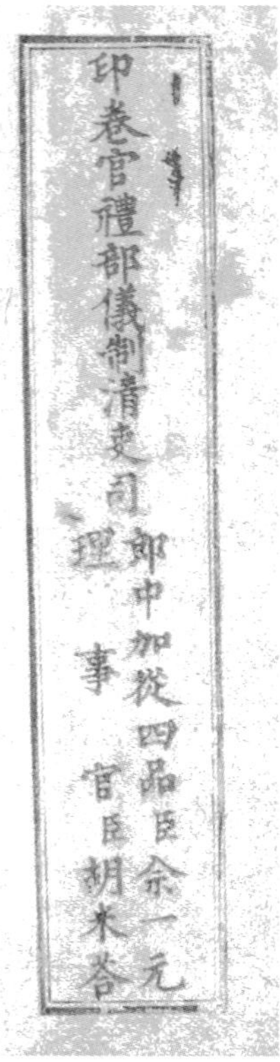

顺治朝殿试印卷官印

乾隆朝殿试印卷官印

光绪朝殿试印卷官印

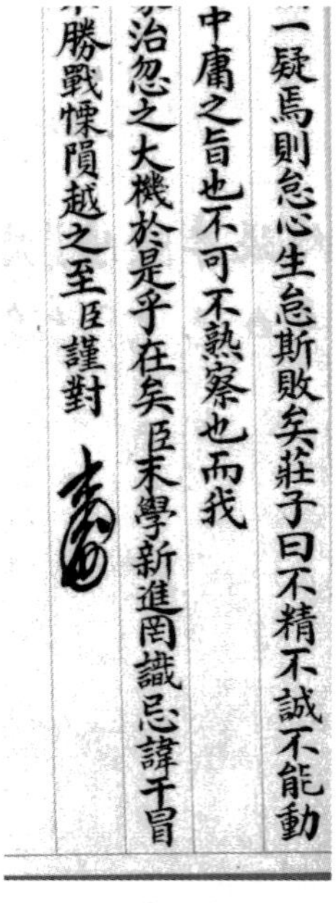

光绪朝殿试卷花押

体上看，清初字体清瘦，有大病初愈之态。如顺治九年（1652 年）壬辰科范承谟殿试策字体随意，有多字涂改。至十六年（1659 年）己亥科徐元文的状元卷已有很大改观。乾隆朝殿试策字体比清初明显规整，笔画浓厚，字体硕大饱满，有富裕雍容之态。至光绪朝晚期，字体已显臃惫之态，这似乎与清朝的国运走势相互印证。因为殿试不落第，殿试卷不誊录，有资格参加殿试的士子间水平相差无几，书法优劣往往是留给读卷官的第一印象。清末御史、藏书家胡思敬曾言："人主侧席求贤，将以备异时之任，使竭其一日之才，策二千余言，振笔疾书，而能始终不懈，其人之精力可知；不惟不竭，且无一字之脱，一体之破，其人之敬慎又可知。"① 在胡思敬看来，书法能体现一个人的精力、毅力和敬慎之心，这些是做官应该具备的素质。相信持同样观点的读卷官不在少数。如乾隆五十四年（1789 年）己酉科榜眼汪廷珍的卷子即贴有浮签"策对详明，字画拙滞"。虽然最终书法没有影响他的名次，但读卷官还是指出他的书法欠佳。从阅卷的角度看，殿试规整讲究的卷面配以考生上佳的书法带给读卷官的舒适度和好感确实要大大优于书法一般的考生，况且前十卷要呈给皇帝御览，书法太差上不了台面。乾隆皇帝曾言："如果文义醇茂，字画端楷，自属文、字兼优，固为及格之选。"② 皇帝也是侧重文（策对）、字（书法）兼优之人。虽然并无明文规定考试的字体，但清代学子考试答卷皆用小楷，"讲究'乌''光''方'三字诀，也就是说在墨法上字要写得乌黑，在笔法上字要写得光洁，在结体上字要写得方正，此外在章法上字与字之间还要排列整饬、大小一般"。③ 即所谓"馆阁体"。其实，作为一项文字类的考试对字体有所要求本无可厚非，前期帝王和读卷官也能理性地拿捏尺度。但至道光、光绪朝，对一画之长短、一点之肥瘦都苛求指摘，甚至只看书法，不论文章，显然严重背离了朝廷抡才大典的初衷，也成为科举日趋衰落、广受诟病的重要原因。

三 内容信息

研读殿试卷的内容对研究殿试极为重要，从中可以看到针对皇帝的提问，士子是如何作答的。士子要怎样表现出满腹经纶和学问优长。殿试卷的语言风格怎样？不同等级的殿试卷差别在哪里？评判的标准是什么？甚或看到时代的变迁、国运的兴衰。

---

① 胡思敬：《退庐文集》卷六《跋光绪乙未殿试卷》。

② 李世愉、胡平：《中国科举制度通史·清代卷》，上海人民出版社 2017 年版，第 253 页。

③ 廖晓晴：《清代科举制之"馆阁体"》，《明清论丛》第四辑，紫禁城出版社 2003 年版，第 334 页。

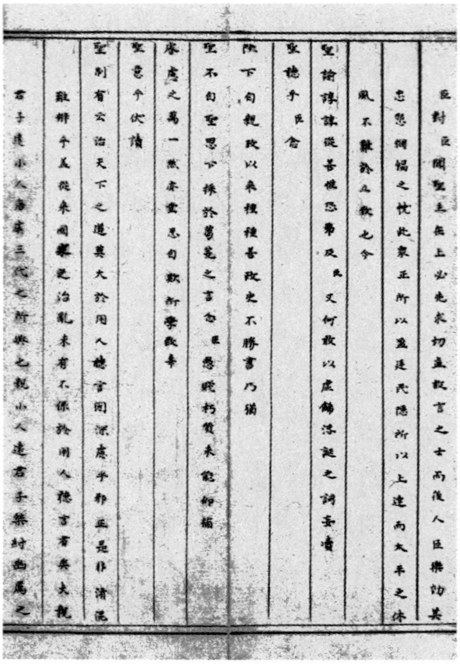

臣對臣聞聖主在上必先求切直敢言之士而後人臣樂効其
忠愨綢繆之忱此眾正所以盈廷民隱所以上達而太平之休
風不難於立致也今
聖諭諄諄從善恨恐弗及臣又何敢以虛飾浮誕之詞妄瀆
聖德乎臣念
陛下自親政以來種種善政史不勝書乃猶
聖不自聖思下採於芻蕘之言念臣愚昧朽質未能仰稱
睿慮之萬一然亦豈忍自欺所學敢奉
聖意乎伏讀
聖制有云治天下之道莫大於用人聽言固深慮乎邪正是非清混
雜揉乎義從來國家之治亂未有不係於用人聽言者矣大概
君子進小人去者三代之所以興也親小人遠君子桀紂幽厲之

顺治朝范承谟殿试卷书法

臣對臣聞成化在於久道為治貴乎因時自古帝王仰式
乾文俯臨坤絡迓无疆之庥祚躋斯世於時雍而必於天
人深其敬畏官職辨其賢否正羣倫之趨向慎庶獄之簡
孚夫豈以澤洽雨需化流風動端拱無為而已哉易曰天
行健君子以自強不息書曰皇建其有極斂時五福用敷
錫厥庶民蓋天道運而無所積故萬物成帝道運而無所
積故天下歸王者荷昊穹之景命納元苣於在宥雖際德
洋恩普之時彌存保泰持盈之意是必無逸作所緝熙光
明顧諟罔不虔也而必凜於幾康官方無不飭也而必精
於考覈士敦名節而必惕之以秉正而嫉邪户晝仁風而
必籌及於刑清而訟息由是郅治顯宣醲化翔洽澤四被

乾隆朝曹之升殿试书法

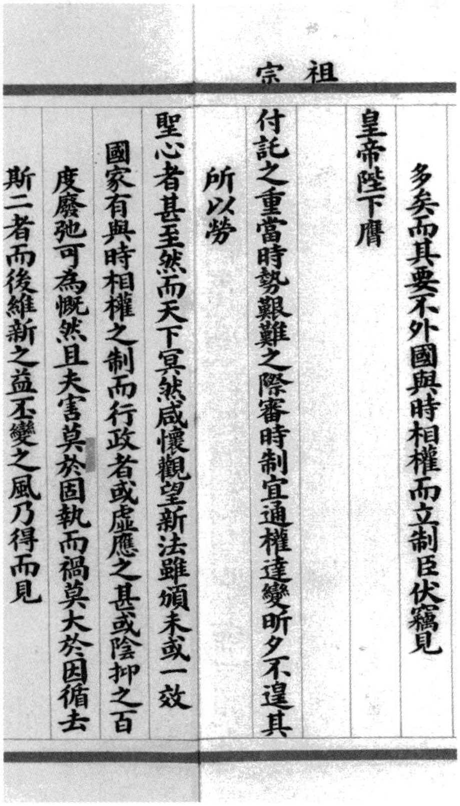
多矣而其要不外國與時相權而立制臣伏竊見
皇帝陛下膺
祖宗
付託之重當時勢艱難之際審時制宜通權達變旰夕不遑其
所以勞
聖心者甚至然而天下冥然咸懷觀望新法雖頒未或一效
國家有與時相權之制而行政者或虛應之甚或陰抑之百
度廢弛可為慨然且夫害莫於固執而禍莫大於因循去
斯二者而後維新之益不變之風乃得而見

光绪朝姚华殿试卷书法

1. 策问的变化

从33通清代殿试卷分析，清代殿试策问呈现出明显的由简入繁、由单一向多元的过程。顺治九年壬辰科殿试策问不过数条，主问用人之道，“人有真邪正，言有真是非，往往混淆难辨。今欲立辨不惑，一定不移，将遵何道與（欤）”。兼问对所行制度的意见和建议，“凡官制赋役、礼乐兵刑、营建风纪，规模粗设，未协至道，自唐虞三代以来，其制可得详闻與（欤）。或因或革，或盛或衰，意者不在制度文为，而别有在與（欤）。用正人，闻正言，行正道，朕日切于怀，未得其要。尔诸士幼学壮行，宜各出所见，实陈方略”。其时清政府定鼎中原，一切初创，科举沿袭明制，但于策问中也体现了时代特征。此策问虽然简单，但奠定了清代策问的根本遵循，就是从古代的史典中探寻今日治国的良方。康熙三十三年甲戌科殿试策问延续了顺治朝的“简”，只是问题多了，涉及赈灾、黄运两河治理、学校教育、吏治。至乾隆朝，策问的内容明显多了，特别增加了对程朱理学、史学、考据学等方面的论证。由此，殿试策问转入了“繁”。乾隆二十二年丁丑科殿试策问“礼曰司徒修六礼以节民性，明七教以兴民德，齐八政以防淫，一道德以同俗。古之化民成俗，如此其至也……”乾隆二十五年庚辰科殿试策问“若夫易著六象，书标七观，诗兼三训，礼经垂三种，春秋明五例。能约举其条目欤……”乾隆三十六年辛卯恩科“考绩之典，肇自唐虞，至周而法尤备。汉时群吏受计，如韩延寿为断狱最，陈立为劝农最之类。唐代因之，定有四善二十七最诸条，善最相权，复差九等。宋以六事考监司，四善三最考守令。科等参错不一。求其详要兼举，惟周制为近，三载一考，统其成也……今庶僚莅事，未满半载，即不入考，而移取注语于旧任……可欤不可欤”。这就要求考生不仅熟稔儒家经典，对历史、官制、政务都要有所关注，并要写出自己的见解。至光绪朝仍沿用这一体例。策问最能反映国运的变化，顺治朝的策问关注天下初定，如何用典施政，选官用人；乾隆朝政治稳定、经济繁荣，皇帝关心民心士心是否纯正，学校教育的得失，水利、农桑、府库、赈灾等民生问题，甚或官制的弊端、官吏腐惰的端倪等；而至光绪朝，策问中就有“民生困而不恤，案牍积而不釐”“惟是时事多艰，人才孔亟”等语，末期，在策问中提及国际交往、预算决算、工商律法等新兴事物。事实上，策问是事先大臣拟好的，由皇帝钦定的，只有乾隆朝，皇帝会亲制策问。所问也是皇帝关心的或朝政中出现的问题。策问毫不避讳一些社会弊端或难点困境，皇帝以很诚恳的语气希望士子们在国家治理上发表自己的看法，提出主张。

2. 殿试卷的语言风格

殿试不同于一般的考试，因没有落第，考生在身份上已脱去布衣，以臣子的语气来作答，使殿试犹如朝堂上的一次议政。殿试卷必呈现其独特的语言风格。皇帝在策问中称考生为“多士”，以垂询的姿态向考生征求意见“直言无隐，朕将亲览焉”。接近于“这些问题（学术、民风、治国等方面或目前面临的难题）你们怎么看？你们有什么好的对策吗”？这样的语境，而不是简单的提问。考生要紧紧围绕策问中的提问一一作答。以“臣对臣闻”开头引出考生对古代圣贤、帝王之道总体认识，当然观点来自儒家经典。接着对皇帝大加赞美，然后援引策问逐条策对。以“臣谨对”终。策文中对皇帝称“皇帝陛下”或“皇上”。无论皇帝是否圣明，“皇帝陛下天纵圣神，道兼文武；皇帝陛下圣德日新，至仁广运”等恭逢皇帝的语句是策文中必见的。如康熙三十三年（1694 年）甲戌科状元胡任舆策文中语“皇帝陛下道贯三才，功高万世，开天地未尝开之景运，海润星晖；廓帝王不能廓之版图，迩安远至”。溢美之词，无以复加，倒也符合康熙皇帝励精图治、开疆保土的事实。由于颂圣之语过多以致出现“颂多规少”“语涉瑞应”之卷。乾隆皇帝曾明令这类卷子不足取，但颂圣风气似乎并没有遏制。

通常以“制策又以……”“制策又曰……”等句式来引出策问，也运用于策问之间的过渡。鉴于明代殿试四六骈体语言造成的策对浮华无实。清初顺治四年（1647年）丁亥科即令策对勿用四六骈体。在顺治九年壬辰科殿试策问中，顺治皇帝重申“宜各出所见，实陈方略。其文务以汉廷贾董诸臣为式。毋沿对偶冗长故习”。从本科二甲二十三名范承谟的殿试策文看确实做到了这点，全篇语言简朴，言事陈条为主，少有修饰。随着策问内容的繁复和考察面的广泛，殿试策的语言风格也随之变化，排比、对偶语句大量增加，考生围绕策问引经据典，彰显满腹经纶，在语言上力求稳、雅、正。纵览33通殿试策，无论名次高低，语言上几乎都趋向于平缓，少有针砭时弊的铮铮逆言。在对策上都为以古论今，先大量引用古代（以三代及汉、唐、宋、明为主）的事例，兼引《易》《书》等经典的注解，从中似乎得到启发或真传，进而对皇帝提出的策问进行回答，多是从先贤先儒、名臣良将的成功案例中总结经验，告诉皇帝某某是可行的，或应该怎样怎样。士子们语气必须谦逊，要突出皇帝是无所不知无所不能的。纵然皇帝在策问中表现了恳求“献策”的态度，但考生考虑的是自己的仕途，所以发表见解力求点到即止，不做深层次的剖析，所出之策也仅是泛泛而论，套话较多。这种状况在盛世尤为明显。正如嘉庆皇帝在亲政首科的殿试策问中要求考生“其各抒所见，毋泛毋隐，毋摭拾陈言、虚陈无用之论”。可见乾隆朝这种弊端已是顽疾。只有光绪朝最后两科卷子可见硬朗敢言的语句和颇有主见的策对。如光绪三十年（1904年）甲辰恩科姚华卷开篇便以“树国必有与时相权之制，列国并立，非一国比已；事势之积弱，非盛时比已”。点明了当前的局势。并提出“不变者道也，宜变者法也，善变者时也，应变者人也”这样顺应时事、革新应变的主张。

3. 殿试卷中的错误

常识认为殿试卷子理应体现应试士子的最高水准，应该完美无缺的。事实并非如此，美玉有瑕，就算是状元殿试策，也可能找到错误之处。此套殿试卷留有的浮签中多处指出了策文中的错误。如顺治十六年（1659年）己亥科状元徐元文的殿试策文“……各勉其职无侵扰掣肘之患……”一句中“掣”字写成了“挈”的异体字“挈”，卷面有浮签标示。而康熙三十三年甲戌科状元胡任舆在策文中就犯了较为低级的错误。原文“古者以三十年之通制国用，一年耕有三年之蓄，三年耕有九年之蓄”显然是把一和三、三和九两组数字倒置了。其本意应是引自《礼记》中的名句“三年耕必有一年之食，九年耕必有三年之食”来论述开源节流之道。卷面上并无浮签指正。也许浮签年久失落，更有可能是阅卷时间紧迫，读卷官无暇顾及细枝末节而疏忽了。还有可能是读卷官好心略过了这个无关大局的错误。顺治九年（1652 年）壬辰科范承谟在策文中有一句“孔子曰：‘良药口而利病，忠言逆耳而利于行’”。其中明显地漏写了“苦”和“于”两个字。如果说少了“于”字此句尚通，但少了“苦”字，此句就说不过去了。而原卷并无浮签指示，范承谟仍位列二甲二十三名还算不错的名次。嘉庆四年（1799 年）己未科吴枚赓的殿试策有两处浮签：“家人之卦”四字重写；“以观民风”脱“风”字。从中我们似乎可以得出一些结论：一是殿试策文绝不是完美的，其中的错误是常见的。二是纵有一天的写作时间，在殿试的考场上，考生仍背负巨大的压力。三是对殿试策文的评判是一个整体的把握，如行文的规范、知识的掌握、文章的架构、语言的文采、策对的详明等，而不是深究语句对错、漏字别字等细节，力求瑕不掩瑜，把真正有才识的人才选拔出来。而在乾隆二十二年（1757 年）丁丑科蔡以台卷尾印卷官印中“印”字部首写成了“阝”，乾隆朝其余各科均不见此写法，故应是笔误。官方尚且出错，何况考生乎？

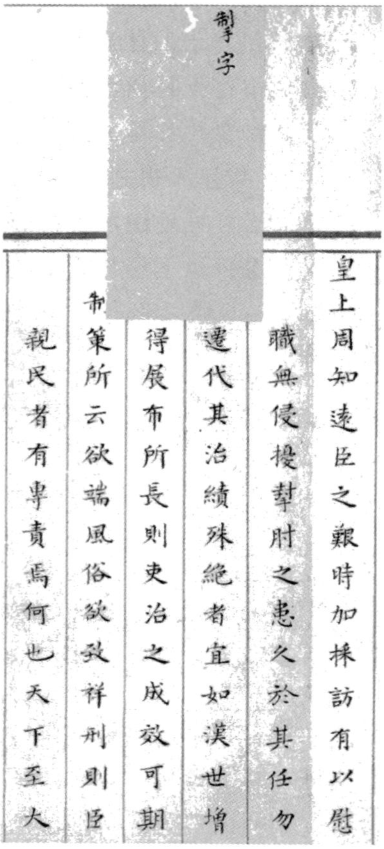
掣字

皇上周知遠臣之艱時加採訪有以慰
職無侵擾掣肘之患久於其任勿
遷代其治績殊絕者宜如漢世增
得展布所長則吏治之成效可期
制策所云欲端風俗致祥刑則臣
親民者有專責焉何也天下至大

徐元文殿试卷“掣”字之误

期於明體達用由家邦而至四海焉孔門一貫之傳曾子
得之大學一篇實該內聖外王之道與二典三謨之精蘊
相為表裏真德秀大學衍義一書取格物致知誠意等條
目稽古以證先之以堯典臯謨伊訓與思齊之詩家人之
卦家人之卦繼之以子思孟子荀況董仲舒揚雄周敦頤
之說而不及治平殆新民之用有化行自近者明邱濬補

家人之卦四字重寫

吴赓枚殿试卷重写之错

三 试卷的价值

1. 品相好，时间跨度长，等级高

据法国专家考证，这套试卷是由伯希和从琉璃厂书商手中购得。当时的琉璃厂书市是殿试卷的集散之地。时间应是一战后两年或战后不久，伯希和时任法国驻华使馆陆军副武官。以伯希和对中国历史的了解和其在文物圈的名气，这批试卷是优选的精品，从入藏年代来看，这批试卷是汉学研究所图书馆20世纪20年代后收藏的，应是1932年。更有可能是伯希和为法兰西学院图书馆采购中文书籍时被书商推荐购买的。这批试卷从朝廷府库流出，到书商手中，被伯希和购买直至入藏图书馆，都得到了恰当的保护，未经战火、水灾，得以很好地保存下来，故品相上佳。试卷时间跨越了252年，与清朝国祚几乎相当，虽然中间少了几朝试卷，但不影响从整体上了解清朝的殿试制度和发展历程。10通鼎甲卷，3位官居大学士的卷子，不乏当朝颇具影响力和政绩的肱股之臣和文坛巨擘。这大大拉升了此套试卷的等级规格和价值，再加上二甲、三甲各级试卷，对研究试卷等级差异大有裨益。此套试卷还有一个特点是同科殿试卷多，乾隆、光绪两朝各有三科为同科试卷。乾隆二十六年（1761年）辛巳恩科2通、四十年（1775年）乙未科2通、四十六年（1781年）辛丑科3通（三甲试卷均有）；光绪二十一年（1895年）乙未科4通、二十九年（1903年）癸卯科2通、三十年（1904年）甲辰科4通。这利于对不同等级试卷做客观的比较，也利于表现对同一策问，士子们不同的对策。尤其在光绪三十年科举最后一科殿试，受西方思潮的影响，面对清朝内忧外患的局面，士子们的对策或激进或固守，反映了时代的剧变带给士子思想的冲击。而清初顺治朝、嘉庆四年（1799年，嘉庆帝亲政首科）和科举殿试最后一科这些历史节点的殿试卷尤为珍贵，颇具时代价值和历史意义。

2. 为研究殿试提供了准确翔实的资料

研究历史，讲求掌握第一手资料，力求客观准确还原历史。研究殿试，详读殿试卷是首要工作，而殿试卷真迹稀少，其价值以文物论，能提供给普通读者翻阅几无可能。翻阅古籍，无论是官方的《登科录》还是坊间的《文武殿试策》等公开出版的殿试策文集，大多会对原文做修饰性的改动，甚或段落结构的调整，难以一睹真容。现代出版的状元卷、殿试策等相关的著述，多为摘抄誊录，且不说转录过程中的错误，其材料来源可靠性更难以保障。对原卷的格式、书法、标识等卷面信息更是无从探究。这套原版复制的殿试卷几乎完整保留了殿试的所有信息，无疑可以成为研究殿试的第一手资料。

3. 展览改陈资料价值

因客观原因，普通研究者阅读真卷的机会微乎其微，何况含六朝，跨越 200 余年的成套殿试卷更是无法实现。关于殿试卷的著述通常是将收录的历科殿试策加以标注或翻译，再撰以历史背景、进士履历，稍加点评，汇集成书。中华书局原汁原味复制原版殿试策在国内尚属首例，正因此，我们才能看到书籍上看不到的原卷信息，我们的研究才更加接近真实。在博物馆展陈中才能更为准确地呈现给观众殿试的历史。可谓展览改陈的基础研究资料。

4. 收藏和鉴赏价值

清代各科殿试卷原封存于内阁大库，把守严密，外人无从一窥。1909 年，清廷决定清理积存数百年的内阁档案，以便维修早已年久失修、濒临倒塌的库房。其中的殿试卷一度面临被堆积焚烧的命运，在罗振玉等人的努力下，大部分档案保存下来，胡乱塞进装米的麻袋中，存放到学部后楼，十年后又转迁别处。这期间，殿试卷除毁坏外，还有大量的被人窃取，当时的官员、名流、学者乐于通过各种途径获得自己和祖上参加殿试的卷子。民初，殿试卷被报媒誉为“国粹”，保存好、名次高、卷主知名度大的殿试卷大量遗落坊间，流转于市。当历史的硝烟散去，曾经承载卷主无限荣耀的殿试卷如沧海遗珠，踪迹难觅。据收藏殿试卷最多的第一历史档案馆专家考证该馆收藏的 3500 余通殿试卷，绝大多数为武殿试卷，文殿试卷数十或数百卷，无鼎甲卷，多为二甲末和三甲卷。文物市场偶有殿试卷现身拍卖，叫价起码十万元起。无论公贮私藏，保留至今的殿试策已弥足珍贵，且不论其等级和品相。综上所述，中华书局和法兰西学院汉学研究所出版的这套殿试卷，即使是复制品，也极具收藏和鉴赏价值。

邹鑫，孔庙和国子监博物馆研究部，副研究馆员

◎历代释奠歌章略考

◎ 王蕊

【摘　要】孔子庙作为国家显示推崇儒学、昭示继承和弘扬传统思想文化的象征，列入国家祀典，国家当然要制定一整套祭祀制度，而祭祀乐舞就是祭祀制度的一个重要组成部分。创作祭祀孔子的专用歌章是从大同七年（541 年）开始的，从隋朝开始，每个王朝都为孔子庙制定了专用的祭祀歌章。

【关键词】祭祀乐舞　释奠　歌章　历代

孔子集古代文化之大成，开创儒学，自西汉罢黜百家、独尊儒术以来，儒家思想成为国家的指导思想。按照食德报功的传统，从东汉开始国家就在学校内祭祀孔子，东晋太元元年（376 年）首先于国学建造奉祀孔子的庙宇，北齐将孔子庙推广到郡国学校，唐贞观四年（630 年）令州县学校皆建孔子庙，孔子庙从此遍及全国各地。

孔子说“移风易俗，莫善于乐；安上治民，莫善于礼”①，孔子庙作为国家显示推崇儒学、昭示继承和弘扬传统思想文化的象征，列入国家祀典，国家当然要制定一整套祭祀制度，而祭祀乐舞就是祭祀制度的一个重要组成部分。我们现在所说的乐舞，其实古代统称为乐，乐是包括歌唱、器乐演奏和舞蹈活动的综合艺术形式。

祭祀孔子用乐已知最早为东汉元和二年（85 年），是年汉章帝到曲阜孔子庙祭祀孔子时就作六代之乐。由于使用的是古乐，当然不可能创作祭祀孔子专用的歌章。创作祭祀孔子的专用歌章是从大同七年（541 年）开始的，因为乐府没有祭祀孔子的歌章，“尚书参议令之伟制其文，伶人传习以为故事”②，杜之伟首先为孔子创作了祭祀用的登歌，并为南朝时期祭祀孔子所使用，隋灭陈后，由乐府带入隋朝，也就是《旧唐书·音乐志》所说

---

① 《孝经·广要道》，见上海古籍出版社《文渊阁四库全书》电子版。

② 《陈书》卷 34《杜之伟传》，见上海古籍出版社《文渊阁四库全书》电子版。

的“太乐旧有此词，不详所起”的“又享孔庙乐章二首”。

从隋朝开始，每个王朝都为孔子庙制定了专用的祭祀歌章，歌章也经过了由简到繁、再由繁到规范的历史。

一　南朝梁释奠歌章

过去学界多认为隋朝首先创制了孔子庙祭祀歌章，孔祥林、孔喆《世界孔子庙研究》一书首先提出杜之伟创作了最早的祭祀孔子歌章，而这组歌章就保存在《旧唐书·音乐志》中。这组歌章《旧唐书》说“又享孔子庙乐章二首，太乐旧有此词，不详所起”，《世界孔子庙研究》认为该歌章在隋灭陈“获宋齐旧乐”时而入隋，隋朝重新制定了新的祭祀歌章，旧歌章存而不用，逐渐不详所起了。①

杜之伟所创作的祭祀歌章仅两章：

迎神

通吴表圣，问老探贞。三千弟子，五百贤人。
亿龄规法，万载祠禋。洁诚以祭，奏乐迎神。

送神

醴溢牺象，羞陈俎豆。鲁壁类闻，泗州如觏。
里校覃福，胄筵承佑。雅乐清音，送神其奏。②

二　隋朝释奠歌章

隋开皇九年（589 年）灭陈，获得大量的南朝宋齐旧乐，于太常设立清商署进行管理，令内史侍郎李元操、直内史省卢思道等创作清庙歌辞，但多为七言、六言或五言，不符合雅乐四言歌辞的传统。仁寿元年（601 年），皇太子杨广参加太庙祭祀后，认为歌辞非常不妥，上书文帝说“清庙歌辞文多浮丽，不足于述宣功德，请更议定”③，皇帝令吏部尚书牛弘、领太子洗马柳顾言、摄太常少卿许善心、内史舍人虞世基、礼部侍郎蔡征等创制雅乐歌章五十七首，内中祭祀先圣先师的歌章一首十句。

经国立训，学重教先。三坟肇册，五典留篇。
开凿礼著，陶铸功宣。东胶西序，春诵夏弦。

① 详见《世界孔子庙研究》，中央编译出版社 2011 年版，第 333—335 页。
② 《旧唐书》卷 30《音乐志三》，见上海古籍出版社《文渊阁四库全书》电子版。
③ 《隋书》卷 15《音乐下》，见上海古籍出版社《文渊阁四库全书》电子版。

芳尘载仰，祀典无骞。①

隋朝祭礼简单，即使是最为重要的圜丘祭天也是只行初献礼，没有三献，所以释奠歌章只有一首。

三 唐朝释奠歌章

唐初，深谙音乐的祖孝孙建议制作雅乐，因“军国多务，未遑改制”，武德九年（626 年）始命太常少卿祖孝孙与协律郎窦琎等修订雅乐，贞观二年（628 年）乐成，六年，褚亮、虞世南、魏征等分别创制出相关歌章。武则天执政歌章有所改变，开元间令中书令张说又创制了许多歌章，但也掺杂了部分贞观旧歌章。开元二十五年（737 年），太常卿韦縚令博士韦逌、直太乐尚冲、乐正沈元福、郊社令陈虔、申怀操等整理所有乐章编成五卷，交付太常寺所辖的太乐署与鼓吹署乐工教习。

现在保存在《旧唐书》中的“皇太子亲释奠乐章五首”应该是贞观六年（632 年）时创制的，此外还有武舞时所用圜丘歌章一首。释奠专用歌章两首七言，三首四言，武舞歌章为五言，孔子庙祭祀歌章四言、五言、七言合用，这是唐代独有的歌章形式。

迎神用承和（亦曰宣和）

圣道日用，神机不测。金石以陈，弦歌载陟。

爰释其菜，匪馨于稷。来顾来享，是宗是极。

皇太子行用承和

万国以贞光上嗣，三善茂德表重轮。

视膳寝门遵要道，高辟崇贤引正人。

登歌奠币用肃和

粤惟上圣，有纵自天。旁周万物，俯应千年。

旧章允著，嘉贽孔虔。王化兹首，儒风是宣。

迎俎用雍和

堂献瑶篚，庭敷璆县。礼备其容，乐和其变。

肃肃亲享，雍雍执奠。明礼惟馨，蘋蘩可荐。

送文舞出、迎武舞入用舒和

集集龟开昭圣列，龙蹲凤时肃神仪。

① 《隋书》卷 15《音乐志下》。

尊儒敬业宏图阐，纬武经文盛德施。

武舞用凯安（词同冬至圆丘）

送神用承和①

未录的武舞所用冬至圜丘歌章为：

昔在炎运终，中华乱无象。酆较赤乌见，邛山黑云上。

大赉下周车，禁暴开殷网。幽明同叶赞，鼎祚齐天壤。

歌章文字中“风时”“圆丘”和“集集”当有误，《五礼通考》中“风时”“圆丘”分别作“风峙”“圜丘”，《御制律吕正义后编》中“集集”作“隼集”，《五礼通考》《御制律吕正义后编》应该是正确的。

歌章虽然四言、五言、七言杂用，但重要的致祭环节迎神、奠币、迎俎、送神歌章都还是四言。

五代后汉、后周都沿用唐代音乐，但都改换了乐名，歌章未见，应该仍然采用唐代旧作。

四　宋朝释奠歌章

北宋建隆元年（960 年），根据太常窦俨的提议将后汉雅乐《十二顺》（由唐代《十二和》改）改为《十二安》，释奠孔子用《永安》，当时礼乐从简，孔子庙祭祀只用登歌，似未创作歌章。景祐二年（1035 年），皇帝亲制郊庙乐章，命宰臣吕夷简等分别创作其他庙祀歌词，“诏宰臣吕夷简等分造乐章，参施群祀”。现存释奠孔子歌章标明吕夷简作词作曲，可见是由吕夷简创制的。

北宋是创作释奠歌章最多的朝代，景祐二年、大观三年和政和五年三次创作了释奠歌章。

（一）景祐二年释奠歌章

据《宋史》记载，景祐初创时歌章六首，分别为迎神、升降、奠币、酌献、饮福、送神，虽然与后世安排的演唱时间并不全部相同，但奠定了后世释奠歌章六首的规模。

① 《旧唐书》卷 30《音乐志三》。

迎神凝安：

大哉至圣，文教之宗。纪纲王化，丕变民风。

常祀有秩，备物有容。神其格思，是仰是崇。

初献升降同安：

右文兴化，宪古师今。明祀有典，吉日惟丁。

丰牺在俎，雅奏来庭。周旋陟降，福祉是膺。

奠币明安：

一王垂法，千古作程。有仪可仰，无德而名。

斋以涤志，币以达诚。礼容合度，黍稷非馨。

酌献成安：

自天生圣，垂范百王。恪恭明祀，陟降上庠。

酌彼醇旨，荐此令芳。三献成礼，率由旧章。

饮福绥安：

牺象在前，豆笾在列。以享以荐，既芬既洁。

礼成乐备，人和神悦。祭则受福，率遵无越。

送神凝安：

肃肃庠序，祀事惟明。大哉宣父，将圣多能。

歆馨肸蠁，迴驭凌竞。祭容斯毕，百福是膺。

哲宗时增加了配享颜子歌章一首

兖国公配位酌献奏成安：

无疆之祀，配侑可宗。事举以类，与享其从。

嘉栗旨酒，登荐惟恭。降此遐福，令仪肃雍。①

哲宗（1085—1100年在位）时既然增加酌献颜子的歌章，也应该增加孟子歌章，因为孟子是在元丰七年（1084年）配享的，哲宗增加颜子歌章时不应忽略孟子。最大的可能是此歌章为颜子和孟子所共用，如同大观三年制定的歌章。

（二）大观三年释奠歌章

大观三年大晟乐府制作了新的释奠乐章，同时创作了新的释奠歌章。据《宋史》记载，大观三年（1109年）制定释奠乐歌为六章：

① 《宋史》卷137。

迎神凝安

仰之弥高，钻之弥坚。於昭斯文，被于万年。

峨峨胶庠，神其来止。思报无穷，敢忘于始？

升降同安

生民以来，道莫与京。温良恭俭，惟神惟明。

我洁尊罍，陈兹芹藻。言升言旋，式崇斯教。

奠币明安

於论鼓钟，于兹西雍。粢盛肥硕，有显其容。

其容洋洋，咸瞻像设。币以达诚，歆我明洁。

酌献成安

道德渊源，斯文之宗。功名糠秕，素王之风。

硕兮斯牲，芬兮斯酒。绥我无疆，与天为久。

配位酌献成安

俨然冠缨，崇然朝庭。百王承祀，涓辰惟丁。

于牲于醑，其从予享。与圣为徒，其德不爽。

送神凝安

肃庄绅绥，吉蠲牲牺。於皇明祀，荐登惟时。

神之来兮，肸蠁之随。神之去兮，休嘉之贻。①

但《阙里文献考》作八章，减少了配位酌献一章，增加了“兖国公辞”“邹国公辞”和“亚终献辞”三章：

兖国公辞曰：

仁由三月，名高四科。容庄而坐，时飏以歌。

旅陈惟嘉，祇荐无颇。宣尼之侍，尔其谁过？

邹国公辞曰：

踧踧周道，狂澜既澋。躬承辞辟，高侔禹功。

世兴隆文，盛典惟崇。清蠲嘉栗，式陈仪容。

亚终献亦奏成安，辞曰：

罍设于东，黄流其中。觞尽三挹，歌还一终。

彼屯而穷，今泰而通。子兴斯文，同尧之风。②

① 《宋史》卷137《乐十二·乐章六》。

② 孔继汾：《阙里文献考》卷23《乐一》，山东友谊书社1989年版，第525页。

释奠孔子行三献礼，亚献和终献不应该没有歌章，由于亚献和终献没有读祝仪式，时间较初献为短，亚献和终献合用一个歌章也是可以的，增加亚献、终献合用的一章更合理。大观三年制定的释奠乐章名《凝安九成之乐》，乐章九成，歌章也应该是九章，所缺的应该是酌献王安石的一章。崇宁三年（1104 年）增加王安石配享，大观三年制定孔子庙释奠乐章时文宣王庙以颜子、孟子和王安石三人配享，不可能只有酌献颜子和孟子乐章而没有王安石一章，加上王安石一章正好符合《凝安九成》九章的规模。由于王安石配享时间很短，建炎元年（1127 年）就被罢除配享，淳祐四年（1244 年）又被罢黜从祀，赶出孔子庙，又由于王安石在学术上和政治上争议都很大，引发的党争影响更大，遭到旧党的强烈反弹，所以王安石被罢黜配享后，祭祀他的酌献歌章就失传了。

孔继汾《阙里文献考》说孔尚任《阙里新志》还多升降、奠币各一章：

> 升降辞曰：
> 贤于唐虞，飞腾粹英。玩成羲易，刊定麟经。
> 宗周尊王，炎刘推明。时予命祀，登降惟诚。
> 奠币辞曰：
> 晨几飞霜，声初谐商。事先陈币，恭宜承箱。
> 由阶载升，于位肃将。周旋无哗，如在洋洋。①

孔继汾说："《阙里新志》载宋时乐曲内于升降、奠币各多一章，不知何时所更易，亦未识颁于何年。"《奠币》歌章还见于元代熊朋来《瑟谱》，为奠币秋祭所用，应该是南宋时所增加，《升降》歌章目前已经找不到原文，但释奠升降仅唐宋金元四朝有乐章与歌章，明代起取消，由此可见不会太晚，熊朋来《瑟谱》说"孔子庙释奠乐章自政和以来增损不同"，很可能是宋代曾经增损的作品之一。《瑟谱》所载歌章无升降，而宋代景祐、大观、大晟诸歌章及其后的金元释奠歌章均有，应该是南宋时期所撰的，详见下南宋释奠歌章。

（三）政和五年大晟乐府释奠歌章

政和元年（1111 年），大晟乐府又开始制定新的释奠礼仪，五年竣事，同时创制了十四首释奠歌章。大晟乐府此次创作的释奠乐歌有歌章十四首，是历史上第一次出现的大规模释奠孔子歌章。仅迎神就有四章，初献盥洗、

① 孔继汾：《阙里文献考》卷 23 "乐第六之一"，山东友谊书社 1989 年版，第 524—526 页。

升殿、奠币、奉俎、文宣王酌献、兖国公酌献、邹国公酌献、亚终献、彻豆和送神均各一章。此歌章应该是十五章，还应该有酌献王安石一章。王安石于崇宁三年（1104年）经朝廷同意配享孔子，位在颜子、孟子之次，政和三年又加封王安石为舒王，力推王安石新政的蔡京主政，三位配享中颜子、孟子都有独自的酌献歌章，不可能独独遗漏王安石一人。歌章失传的原因与大观歌章一样，当是因为王安石后来被罢黜了配享。

大晟乐府释奠乐歌现存十四章

迎神凝安，黄钟为宫

大哉宣圣，道德尊崇。维持王化，斯民是宗。

典祀有常，精纯并隆。神其来格，於昭盛容。

大吕为角

生而知之，有教无私。成均之祀，威仪孔时。

维兹初丁，洁我盛粢。永适其道，万世之师。

太簇为徵

巍巍堂堂，其道如天。清明之象，应物而然。

时维上丁，备物荐诚。维新礼典，乐谐中声。

应钟为羽

圣王生知，阐乃儒规。诗书文教，万世昭垂。

良日惟丁，灵承不爽。揭此精虔，神其来享。

初献盥洗同安

右文兴化，宪古师今。明祀有典，吉日惟丁。

丰牺在俎，雅奏在庭。周旋陟降，福祉是膺。

升殿同安

诞兴斯文，经天纬地。功加于民，寔千万世。

笙镛和鸣，粢盛丰备。肃肃降登，歆兹秩祀。

奠币明安

自生民来，谁底其盛。惟王神明，度越前圣。

粢币具成，礼容斯称。黍稷非馨，惟神之听。

奉俎丰安

道同乎天，人伦之至。有飨无穷，其兴万世。

既洁斯牲，粢明醑旨。不懈以忱，神之来暨。

文宣王位酌献成安

大哉圣王，实天生德。作乐以崇，时祀无斁。

清酤惟馨，嘉牲孔硕。荐羞神明，庶几昭格。

兖国公位酌献成安

庶几屡空，渊源深矣。亚圣宣猷，百世宜祀。

吉蠲斯辰，昭陈尊簋，旨酒欣欣，神其来止。

邹国公位酌献成安

道之由兴，于皇宣圣。惟公之传，人知趋正。

与享在堂，情文寔称。万年承休，假哉天命。

亚终献用文安

百王宗师，生民物轨。瞻之洋洋，神其宁止。

酌彼金罍，惟清且旨。登献惟三，于嚱成礼。

彻豆娱安

牺象在前，豆笾在列。以飨以荐，既芬既洁。

礼成乐备，人和神悦。祭则受福，率遵无越，

送神凝安

有严学宫，四方来宗。恪恭祀事，威仪雍雍。

歆兹惟馨，飙驭旋复。明禋斯毕。咸膺百福。①

《宋史》作“大晟乐府拟撰释奠十四首”，从文意看，此歌章似乎没有使用过，历代也多认为“拟而未用”，但同书《至圣文宣王庙》说政和五年“大晟乐成，诏下国子学，选诸生肄习，上丁释奠奏于堂上，以祀先圣”②，同书《乐四》也说：“圣上稽帝王之制，而成一代之乐。以谓帝舜之乐以教胄子，乃颁之于宗学；成周之乐掌于成均，乃颁之府学、辟雍、太学；而三京、藩邸凡祭祀之用乐者皆赐之，于是中正之声被天下矣”，大晟乐曾经颁给宗学、太学、辟雍乃至府学，“中正之声被天下”，毫无疑问大晟乐是使用过的。钦宗即位后曾下诏废除大晟新仪而改用元丰旧仪，但第二年北宋就灭亡了，“钦宗即位，尝诏春秋释奠改从元丰仪，罢新仪不用而未暇也”③，这也证明大晟乐确实是使用过的，与大晟乐配套的歌章不可能不使用。

政和六年（1116年），朝廷还颁给曲阜孔子庙一套祭祀礼乐器。绍兴四年（1134年）成书的《东家杂记》记载说“政和六年五月，差四十七代

① 《宋史》卷137《乐十二・乐章六》。

② 《宋史》卷105《至圣文宣王庙》。

③ 《宋史》卷78《律历十一》。

孙、宣教郎、监和剂西局门若谷押赐大礼乐器付本庙”[1]，《孔氏祖庭广记》也记载此事，但更加详细，“袭封衍圣公奏：朝廷稽考三代，制礼作乐，乞颁降大乐，许内外族人及县学生咸使隶习，并乞降礼器，以备释奠及家祭使用。至六年五月，差四十七代孙、宣教郎若谷押赐堂上正声大乐一副、礼器一副”[2]。大晟释奠礼器、乐器都颁给曲阜孔子庙，乐章、歌章也应该一并颁给。

大晟乐不仅颁给国学和曲阜孔子庙，还颁给了地方各级学校。《孔氏孔氏祖庭广记》记载政和间“天下节镇、州、县学皆赐堂上乐一副，正声乐曲十二章。春秋上丁释奠于先圣，则学生登歌作乐”[3]，乐曲十二章，只能是大晟乐，景祐、大观乐章都只有六章，可见不仅国子学使用，连地方州县学校也使用了。“学生登歌作乐”，歌章也应该颁给了各级学校。《孔氏祖庭广记》由孔子后代纂修，宋崇宁二年（1102年）四十七代孙、袭封奉圣公孔若虚、金正隆元年（1156年）四十九代孙孔瓌、明昌四年（1193年）四十九代孙孔璪都曾续录，正大四年（1227年）由五十一代孙、衍圣公孔元措补编刊印，可信性极高。

（四）南宋释奠歌章

南宋释奠孔子用何歌章，正史未载，熊朋来《瑟谱》收有一套释奠歌章，应该是南宋释奠所用。歌章共十三首，其中迎神四首，盥洗升降一首，奠币春秋释奠各一首，酌献孔子、颜子、曾子、子思、孟子各一首，送神一首。酌献孔子、颜子、曾子、子思、孟子均为歌章一首，但释奠奠币和酌献孔子及四配乐谱均有春秋两种。

其歌章为：

迎神凝安之曲

黄钟为宫，俗呼正宫

大哉宣圣，道尊德崇。维持王化，斯文是宗。

典祀有常，精纯并隆。神其来格，於昭盛容。

大吕为角，俗呼高大石调

仰之弥高，式瞻在前。於昭斯文，被于万年。

有严学宫，神其来止。思报无穷，敢忘于始。

---

① （宋）孔传：《东家杂记》卷上，山东友谊书社1990年版，第86页。

② （金）孔元措：《孔氏祖庭广记》卷地二，山东友谊书社1989年版，第120页。

③ （金）孔元措：《孔氏祖庭广记》玄三，山东友谊书社1989年版，第155页。

太簇为征俗调无征声
道同于天，人伦之至。有飨无穷，其兴万世。
既洁斯牲，粢明醑旨。不解以忱，神其来塈。
应钟为羽，俗呼中管黄钟羽
生而知之，有教无私。永言其道，万世之师。
良日维丁，灵承不爽。揭此精虔，神其来飨。
盥洗升殿降殿饮福通用，同安之曲，姑洗宫，俗呼中管中吕宫
右文兴化，宪古师经。明祀有典，吉日维丁。
盥洗在阼，雅奏在庭，周旋登降，福祉是膺。
奠币明安之曲
夹钟宫，俗呼中吕宫，春丁用
维仲之春，兴其秩节。旨酒斯陈，明粢既絜。
洋洋如临，三千在列。用币将诚，精忱洞彻。
南吕宫，俗呼中管仙吕宫，秋丁用
晨几飞霜，声初谐商。事先陈币，恭宜承筐。
由阶载升，于位肃将。周旋无哗，如在洋洋。
酌献成安之曲　先圣
夹钟宫，俗呼中吕宫，春丁用
南吕宫，俗呼中管仙吕宫，秋丁用
惟天何言？惟圣同天。自有生民，盛莫加焉。
清酤既载，歌谐乐声。聿兴斯文，允矣大成。
兖国公颜子
夹钟宫，俗呼中吕宫，春丁用
南吕宫俗呼中管仙吕宫，秋丁用
庶几屡空，箪瓢内乐。圣师曰贤，独称好学。
与飨在堂，情文实称。万年承休，假哉天命。
郕国公曾子
夹钟宫，俗呼中吕宫，春丁用
南吕宫俗呼中管仙吕宫秋丁用
心传忠恕，一以贯之。爰述大学，万世训彝。
惠我光明，尊闻行知。继圣迪后，是飨是宜。
沂国公子思
夹钟宫　俗呼中吕宫春丁用
南吕宫　俗呼中管仙吕宫秋丁用

前曾后孟，道传自公。有伟继承，允得其宗。

提纲开蕴，乃作中庸。侑于元圣，亿载是崇。

邹国公孟子

夹钟宫俗呼中吕宫春丁用

南吕宫俗呼中管仙吕宫秋丁用

龂龂周道，狂澜倒潆。躬承辞辟，高配禹功。

世隆兴文，盛典惟修。今乐犹古，式荐春秋。

送神宁安之曲，黄钟宫

肃庄神缨，吉蠲牲犠。於皇明祀，登荐惟时。

神之来兮，肸蠁之随。神之去兮，休嘉之贻。

熊朋来（1246—1323 年）《瑟谱》收入《四库全书》，《提要》说“次曰乐章谱，为学宫释奠乐章”，但未云何朝释奠乐章。校订者在迎神歌章第四首中加注说“按：《宋史·乐志》应钟为羽章上四句作‘圣王生知，乃辟儒规。诗书文教，万世昭垂’，下四句同其大吕为角章。作‘生而知之，有教无私。成均之祀，威仪孔时。维兹初丁，洁我盛粢。永适其道，万世之师’。与此谱异，盖朋来参采两章合为一章以谐律尔”，认为迎神第四首歌章为熊朋来参采大晟歌章迎神第四首和第二首撰写。既然迎神第四首歌章为熊氏自撰，那么其他歌章也是熊氏所撰吗？

熊朋来《乐章谱·孔子庙释奠》起首即说：“释奠乐章自政和以来增损不同。如福州本迎、送神、盥洗升降、奠币、酌献共只五曲，虽简约易于教习，遂以祀先圣之辞祀颜孟，且其谱不成宫调。今福吉洪袁教习祀乐止据《福州通祀辑略》，甚欲改定其谱而不能。郴州旧刻《通祀礼》与王氏瑟书同出一手，然奠献皆南吕宫，春丁律中夹钟之月合，各随月律。又如曾子、子思自咸淳三年升配，亦有乐章，朋来因弦瑟补定其谱。”本段小序有两点值得重视：一是政和以后孔子庙释奠乐章有过增损，咸淳三年（1267年）增加曾子、子思配享而四配定型后又增加酌献曾子和子思的乐章，当然也包含歌章；二是熊氏“因弦瑟补定其谱”，只是为歌章补撰乐谱，并没有撰写歌章。

此组歌章奠币第二首还见于孔尚任《阙里志》。孔继汾《阙里文献考》说：“阙里新志载宋时乐曲，内于升降、奠币各多一章，不知何时更易，亦未识颁于何年”，奠币一章即为熊氏的第二首。① 《阙里志》此首歌章不可

① 孔继汾：《阙里文献考（一）》，山东友谊书社 1989 年版，第 526 页。

能采自《瑟谱》，如果采自《瑟谱》不可能仅选其一首。由此也可佐证此组歌章并非熊氏新撰。

熊朋来是宋元之际著名学者，四库全书《瑟谱提要》说“史称其通晓乐律，尤善鼓瑟”，博学多识，以教授“三礼”闻名遐迩，著有《瑟谱》《五经说》《九宫大成南北词宫谱》等。歌章既然不是他自撰，那这组歌章应该如他所说为“政和以来增损”，政和五年制定大晟乐后 12 年北宋灭亡，应该是南宋所增损。从文献记载看，南宋仅绍兴十六年（1146 年）曾修订礼乐，高宗“御制郊祀大礼、天地、宗庙乐章”，“诏宰执、学士院、两省官删修郊祀大礼乐章，付太常肄习。至于亲制赞宣圣及七十二弟子，以广重儒右文之声，亲视学，行酌献礼，定释奠为大祀，用《凝安九成之乐》，郡邑行事则乐止三成”①。绍兴十年（1140 年）升文庙为大祀，用《凝安九成之乐》，应该相应修订释奠歌章，但《宋史》收录了岳镇海渎、社稷、武成王等新歌章，却没有修订的孔子庙歌章，实在难以让人相信。造成绍兴十六年（1146 年）修订遗漏释奠孔子乐章的原因，应该是咸淳三年（1267 年）增加曾子、子思配享后又一次进行了增修。

从歌章内容也可证明此组歌章为南宋时所制定。此组歌章，迎神第一首与大晟乐章仅第二句文字前后不同，“道尊德崇”大晟乐府歌章作“道德尊崇”；第二首与大观歌章仅两句不同，第二句“式瞻在前”大观歌章作“钻之弥坚”，第五句“有严学宫”大观作“峩峩胶庠”；第三首前四句不同，后四句全同；盥洗一章与大晟同名歌章仅三字不同，第二句“宪古师经”大晟作“宪古师今”，第五句“盥洗在阼”大晟作“丰牺在阼”；颜子酌献一首第一句为大晟乐章同，后四句与大晟孟子酌献后四句同；送神歌章与大观同名歌章仅两字不同，第一句“肃庄神缨”大观作“肃庄绅緌”；十三首歌章中有六首采自北宋，除因新增曾子和子思配享需增加二人酌献和奠币增加一首外，其实新撰的只有迎神第三首、奠币一首和酌献孔子、酌献孟子共四首。

元大德释奠歌章部分与此组歌章相同。迎神第一首仅将第二句“道尊德崇”改作“道德尊崇”；迎神第二首首二句和末二句分别采自此组第四首的前二句和三四句；迎神第四首下四句全同；盥洗仅将第五句“盥洗在阼”改作大晟歌章的“丰牺在阼”；捧俎采自迎神第三首，仅第一句“道同于天”中的“于”改作“乎”；曾子酌献全同；子思仅前三句有异，将“前曾后孟，道传自公。有伟继承”改作“公传自曾，孟传自公。有嫡绪成”；

① 《宋史》卷 130《乐五》。

孟子酌献采用颜子的后四句。由此可见，应该是元大德选用了此组歌章，不可能是熊氏修改大德歌章，因为歌章是国家礼制的重要内容，人们是不能随便修改的，熊氏绝不敢去修改国家释奠歌章的。

五　金朝释奠歌章

虽然金天会十五年（1137 年）就在上京建造了孔子庙，皇统元年（1141 年）熙宗就亲自祭祀孔子，但直到大定十四年（1174 年）才制定本朝礼乐。制定的孔子庙释奠歌章九章，分别是迎神、初献盥洗、升阶、奠币、降阶、兖国公酌献、邹国公酌献、亚终献、送神。歌章设计比宋朝要合理得多，迎神、奠币（即后世初献）、亚终献、送神，所有的重要祭祀环节均有歌章。升阶、降阶各设一首歌章，是金朝的首创，也是金朝所独有的。

（一）金朝大定十四年国立学校孔子庙释奠乐章

迎神三奏姑洗宫，来宁之曲，辞曰：

上都隆化，庙堂作新。神之来格，威仪具陈。

穆穆凝旒，巍然圣真。斯文伊始，群方所视。

初献盥洗姑洗宫，静宁之曲，辞曰：

伟矣素王，风猷至粹。垂二千年，斯文不坠。

涓辰维良，爰修祀事。沃盥于庭，严禋礼备。

升阶南吕宫，肃宁之曲，辞曰：

巍乎圣师，道全德隆。修明五常，垂教无穷。

增崇儒宫，遹追遗风。严祀申虔，登降有容。

奠币姑洗宫，和宁之曲，辞曰：

天生圣人，贤于尧舜。仰之弥高，磨而不磷。

新庙告成，宫墙数仞。遣使陈祠，斯文复振。

降级姑洗宫，安宁之曲，辞曰：

禀灵尼丘，垂芳阙里。生民以来，孰如夫子。

新祠肖然，四方所视。酹觞告成，祇循典礼。

兖国公酌献姑洗宫，辑宁之曲，辞曰：

圣师之门，颜惟居上。其殆庶几，是宜配飨。

桓圭衮衣，有严仪象。载之神祠，增光吾党。

邹国公酌献姑洗宫，泰宁之曲，辞曰：

有周之衰，王网既坠。是生真儒，宏才命世。

言而为经，醇乎仁义。力扶圣功，同垂万祀。
亚终献姑洗宫，咸宁之曲，辞曰：
於昭圣能，与天立极。有承其流，皇仁帝德。
岂伊立言，训经王国。焕我文明，典祀千亿。
送神姑洗宫，来宁之曲，辞曰：
吉蠲为饎，孔惠孔时。正辞嘉言，神之格思。
是飨是宜，神保聿归。惟时肇祀，太平极致。①

（二）明昌六年制订曲阜孔子庙孔子庙释奠乐歌

除为国立学校孔子庙制定释奠歌章外，金朝还于明昌六年（1195 年）专为曲阜孔子庙制定释奠歌章，这也是金朝的首创，并为清代所仿效。

迎神奏来宁，辞曰：
有功者祀，德厚流光。猗欤将圣，三纲五常。
百代之师，久而逾芳。灵宫对越，神其鉴飨。
盥洗奏净宁之曲，辞曰：
楚楚祀仪，昕征奠醱。爰清其持，斞元拔悦。
匪持之清，精诚是况。神之来思，是钦嘉降。
升降奏肃宁之曲，辞曰：
衣冠袭封，元王之宗。春秋陈祀，元王之宫。
清洙或涸，东山或童。此封此祀，承承无穷。
奠币奏溥宁之曲，辞曰：
仰惟圣猷，宏赐尊显。宿燎设县，展诚致奠。
旅币申申，於粲洗腆。崇报孔明，不坠敬典。
酌献奏德宁之曲，正位辞曰：
魏巍堂堂，道德孰俪。屈于一时，伸于万世。
王号尊荣，公封相继。涓辰之良，严洁以祭。
配位兖国公，辞曰：
好学潜心，箪瓢乐内。具体而微，我进人退。
洙泗之乡，神之所在。其从圣师，庙食作配。
邹国公辞曰：
醇乎其醇，优入圣域。祖述尧舜，力排杨墨。

① 《金史》卷 35《宣圣庙》。

思济斯民，果行其德。祀为上公，宜兹配食。

亚献终献辞曰：

法施于人，修经式诲。如明开盲，如声破聩。

栖迟衰周，光华昭代。俨然南面，门人列配。

送神奏归宁，辞曰：

笾豆有嘉，威仪孔惠。三献备举，四方所视。

神保是飨，永光阙里。神之聿归，贻穀孙子。①

《孔氏祖庭广记》也收录了这组歌章，文字略有差异。三“元”字均作“玄”，可见“元”字是清代为避讳而改；盥洗“精诚是况”作“精诚是贶”，“思钦嘉降”作“思钦嘉齐”；酌献正位“伸于万世”作“信于万世”，“信”注明“平声”则即“伸”，“王号尊荣”作“王号尊崇”，“严洁以祭”作“洁严以祭”；兖国公酌献“我进人退”作“人进我退”；邹国公酌献“祖述尧舜”作“祖述唐虞”；送神“笾豆有嘉”作“笾豆威仪”，“威仪孔惠”作“孔将孔惠”，“三献备举”作“三献备成”，“贻穀孙子”作“贻厥孙子”。②

六　元朝释奠歌章

在汉族士大夫的建议下，元朝还是比较重视孔子庙的。太宗窝阔台五年（1233 年）即令维修孔子庙，世祖中统二年（1261 年）又诏令“宣圣庙及管内书院，有司岁时致祭，月朔释奠”，至元十年（1273 年）诏令“春秋二丁，执事官员各依品序公服陪位，诸儒襕衫唐巾行礼”，大德六年（1302 年）建设北京孔子庙，但迟迟没有制定祭祀孔子礼乐。

元大德十年（1306 年）北京国学孔子庙落成，“行释奠礼，牲用太牢，乐用登歌，制法服三袭，命翰林院定乐名乐章”③，始专门制定释奠孔子的《宣圣乐章》。据《元史》记载，该歌章十六首，计有迎神四首和初献盥洗、初献升殿、奠币、捧俎、酌献孔子、酌献兖国公、酌献郕国公、酌献沂国公、酌献邹国公、亚献、彻豆、送神各一章。大德十年初定时应该是十四首，因为延祐三年（1316 年）元朝才增加了曾子和子思配享，酌献宗圣公曾子、述圣公子思两章应该是此事后补增的。除新补两章外，其他十四章全部采用宋大晟乐府歌章，仅迎神第二首“永适其道”改作“永言其道”，

① 《阙里文献考》卷 23《乐一》，山东友谊书社 1989 年版，第 527—528 页。

② 《孔氏祖庭广记》卷玄三，山东友谊书社 1989 年版，第 159—161 页。

③ 《元史》卷 21《成宗纪四》。

初献“宪古师今”改作“宪古师经”，“周回陟降”改作“周旋陟降”，邹国公“情文实称”改作“情文斯称”，彻豆“娭安”改作“娱安”，送神“飚驭旋复”改作“飙驭回复”，奠币将大晟“粢币”改作“粢备”为错字。

（一）大德释奠歌章

大德释奠歌章达到十六章的规模，如此复杂却缺少终献歌章还是很遗憾的，虽然亚献和终献都不用读祝，仪式时间短，演奏一曲的时间足以完成两个议程，但歌章还是必要的。

迎神奏凝安之曲，黄钟宫，三成：
大哉宣圣，道尊德崇。维持王化，斯文是宗。
典祀有常，精纯并隆。神其来格，於昭盛容。
大吕角，二成：
生而知之，有教无私。成均之祀，威仪孔时。
惟兹初丁，洁我盛粢。永言其道，万世之师。
太蔟征，二成：
巍巍堂堂，其道如天。清明之象，应物而然。
时惟上丁，备物荐诚。维新典礼，乐谐中声。
应钟羽，二成：
圣王生知，阐乃儒规。诗书文教，万世昭垂。
良日惟丁，灵承丕爽。揭此精虔，神其来享。
初献盥洗奏同安之曲，姑洗宫：
右文兴化，宪古师经。明祀有典，吉日惟丁。
丰牺在俎，雅奏在庭。周回陟降，福祉是膺。
初献升殿奏同安之曲，南吕宫：
诞兴斯文，经天纬地。功加于民，实千万世。
笙镛和鸣，粢盛丰备。肃肃降登，歆兹秩祀。
奠币奏明安之曲，南吕宫：
自生民来，谁底其盛？惟王神明，度越前圣。
粢备具成，礼容斯称。黍稷非馨，惟神之聽。
捧俎奏丰安之曲，姑洗宫：
道同乎天，人伦之至。有享无穷，其兴万世。
既洁斯牲，粢明醑旨。不懈以忱，神之来塈。
大成至圣文宣王位酌献奏成安之曲，南吕宫：

大哉圣王，实天生德。作乐以崇，时祀无斁。

清酒惟馨，嘉牲孔硕。荐羞神明，庶几昭格。

兖国复圣公位酌献奏成安之曲，南吕宫：

庶几屡空，渊源深矣。亚圣宣猷，百世宜祀。

吉蠲斯辰，昭陈尊簋。旨酒欣欣，神其来止。

郕国公圣公①酌献奏成安之曲，南吕宫：

心传忠恕，一以贯之。爰述大学，万世训彝。

惠我光明，尊闻行知。继圣迪后，是享是宜。

沂国述圣公酌献奏成安之曲，南吕宫：

公传自曾，孟传自公。有嫡绪承，允得其宗。

提纲开蕴，乃作中庸。侑于元圣，亿载是崇。

邹国亚圣公酌献奏成安之曲，南吕宫：

道之由兴，於皇宣圣。维公之传，人知趋正。

与飨在堂，情文斯称。万年承休，假哉天命。

亚献奏文安之曲，终献同，姑洗宫：

百王宗师，生民物轨，瞻之洋洋，神其宁止。

酌彼金罍，惟清且旨，登献惟三，於嘻成礼。

饮福受胙与盥洗同，惟国学释奠亲祀用之，摄事则不用，外路州县并皆用之。

彻豆奏娱安之曲，南吕宫：

牺象在前，豆笾在列。以享以荐，既芬既洁。

礼成乐备，人和神悦。祭则受福，率遵无越。

送神奏凝安之曲，黄钟宫：

有严学宫，四方来崇。恪恭祀事，威仪雍雍。

歆兹惟馨，飙驭回复。明禋斯毕，咸膺百福。

望瘗与盥洗同。②

（二）拟撰而未用歌章

元朝还有一部拟而未用的歌章，但并未说明何时所撰。《元史》卷 68《礼乐二》“制乐始末”载：大德“十年，命江浙行省制造宣圣庙乐器，以宋旧乐工施德仲审较应律，运至京师。秋八月用于庙，祀宣圣。先令翰林新撰乐章，命乐工习之。降、送神曰凝安之曲，初献盥洗、升殿、降殿、

① 应为郕国宗圣公。

② 《元史》卷 69《礼乐三》。

望瘞皆同安之曲，奠币曰明安之曲，奉俎曰丰安之曲，酌献曰成安之曲，亚终献曰文安之曲，彻豆曰娱安之曲，盖旧曲也，新乐章不果用”①，大德十年曾经令翰林院新撰释奠乐章，但没有被采用。《元史·宣圣乐章》所载“元朝尝拟撰而未及用”乐章与此并不相合，一是曲名不合，《礼乐二》载曲均以“安”命名，而《宣圣乐章》均以“明”为名；二是《宣圣乐章》所载乐曲少降阶、奉俎、彻豆、望瘞四曲而多奠币一曲。此处开列的乐章名称与《宣圣乐章》中使用乐章基本相同，多望瘞而少奠币，其他曲名完全相同。

毫无疑问，《元史·宣圣乐章》所载“元朝尝拟撰而未及用”一组并非翰林新撰乐章，如果是“未及用”，那么应该是元末所撰，但缺郕国公和沂国公二章，而郕国公和沂国公是延祐三年（1316年）配享的，距元朝灭亡还有五十余年。更重要的是，有元一朝根本没有以“明”为曲名的记录。此组歌章孔尚任《阙里志》作“成宗大德十一年颁定歌章”，抑或单独颁给曲阜孔子庙所用，详见下“曲阜孔子庙释奠歌章”。

拟撰未及用歌章九章，迎神、盥洗、升殿、奠币、文宣王酌献、兖国公酌献、邹国公、亚献、送神各一章，也是没有终献。

迎神奏文明之曲：
天纵之圣，集厥大成。立言垂教，万世准程。
庙庭孔硕，尊俎既盈。神之格思，景福来并。
盥洗奏昭明之曲：
神既宁止，有孚颙若。罍洗在庭，载盥载濯。
匪惟洁修，亦新厥德。对越在兹，敬恭维则。
升殿奏景明之曲：
大哉圣功，薄海内外。礼隆秩宗，光垂昭代。
陟降在庭，摄齐委佩。莫不肃雝，洋洋如在。
奠币奏德明之曲：
圭衮尊崇，佩绅列侑。笾豆有楚，乐具和奏。
式陈量币，骏奔左右。天睠斯文，繄神之佑。
文宣王酌献奏诚明之曲：
惟圣监格，享于克诚。有乐在县，有硕斯牲。
奉醴以告，嘉荐惟馨。绥以多福，永底隆平

① 《元史》卷68《礼乐二》。

兖国公酌献奏诚明之曲：

潜心好学，不违如愚。用舍行藏，乃与圣俱。

千载景行，企厥步趋。庙食作配，祀典弗渝。

郕国公酌献阙

沂国公酌献阙

邹国公酌献奏诚明之曲：

洙泗之传，学穷性命。力距杨墨，以承三圣。

遭时之季，孰识其正？高风仰止，莫不肃敬。

亚献奏灵明之曲，终献同

庙成奕奕，祭祀孔时。三爵具举，是飨是宜。

於昭圣训，示我民彝。纪德报功，配于两仪。

送神奏庆明之曲：

礼成乐备，灵驭其旋。济济多士，不懈益虔。

文教兹首，儒风是宣。佑我皇家，亿载万年。①

（三）曲阜孔子庙释奠歌章

曲阜孔子庙释奠歌章见于孔尚任《阙里志》和孔继汾《阙里文献考》。

孔尚任《阙里志》所载释奠歌章与《元史》记载差异很大。

一是将拟撰未用的歌章作大德十一年（1307 年）所颁，虽然同是九章，但迎神作降神，盥洗作初献，升殿作升降，亚献作亚终献。降神之名虽然是历代歌章中的唯一，但《元史》卷 68《礼乐二》记载翰林新撰乐章有“降、送神曰凝安之曲”，于史有据，升殿作升降和亚献作亚、终献更为合理，从歌章内容看盥洗作初献并非恰当。歌章文字差别不多，应该是刻工不佳所致。

成宗大德十一年颁定歌章：

降神：凝安之曲，黄钟之宫，九成（迎神：奏文明之曲）

天纵之圣，集厥大成。立言垂教，万世准程。

庙庭孔硕，尊俎既盈。神之格思，景福来并。

初献：同安之曲，姑洗宫（盥洗：奏昭明之曲）

神既宁止，有孚颙兹。罍洗在庭，载盥载濯。

匪惟洁修，亦新厥得。对越在兹，敬恭维则。

① 《元史》卷 69《礼乐三》。

升降：同安之曲，南吕宫（升殿：奏景明之曲）
大哉圣功，薄海内外。礼隆秩宗，光垂昭代。
陟降在庭，摄齐委佩。莫不肃雍，洋洋如在。
奠币：明安之曲（奏德明之曲），南吕宫
圭衮尊崇，佩绅列侑。笾豆有楚，乐具和奏。
式陈量币，骏奔左右。天睠斯文，緊神之佑。
酌献：成安之曲，南吕宫（文宣王酌献：奏诚明之曲）
惟圣监格，享于克诚。有乐在悬，有硕斯牲。
奉醴以告，嘉荐惟馨。绥以多福，永底隆平
兖国公酌献，宫调同（奏诚明之曲）
潜心好学，不违如愚。用舍行藏，乃与圣俱。
千载景行，企厥步趋。庙食作配，祀典弗渝。
邹国公酌献，宫调同（奏诚明之曲）
洙泗之旧，学穷性命。力距杨墨，以承三圣。
遭时之季，孰知其正？高风仰止，莫不肃敬。
亚、终献：文安之曲，姑洗宫（亚献：奏灵明之曲）
庙成奕奕，祭祀孔时。三爵具举，是飨是宜。
於昭圣训，示我民彝。纪德报功，配于两仪。
送神：凝安之曲，黄钟宫（送神：奏庆明之曲）
礼成乐备，灵驭其旋。济济多士，不懈益虔。
教兹首儒，风化是宣。佑我皇家，亿载万年。①

降神章之“万世隼程”《元史》作“万世准程”，此“隼”当误，隼程不讲；初献章之“有孚颙兹”《元史》作“有孚颙若”，后者出自《易经》，此处当误，“亦新厥得”《元史》作“亦新厥得”，“得”应该是误；酌献章之“有乐在悬”《元史》作“有乐在县”，“悬”与“县”意义相同；邹国公章之“洙泗之旧”，《元史》作“洙泗之传”，此处的“旧”恐也是有误，“孰知其正”《元史》作“孰识其正”，“识”意更好；送神章差别最大，“教兹首儒，风化是宣”《元史》作“文教兹首，儒风是宣”，从文意看《元史》为好，可能也是有误。

歌章乐名与《元史》大德十年（1306年）相同，但将《元史》“元朝尝拟撰易而未及用”歌章以“明”为名的乐名加注于后，是一曲二名，还

① 徐振贵、孔祥林：《孔尚任新〈阙里志〉校注》，吉林人民出版社2004年版，第344—345页。

是后来更正？

二是将大德《宣圣乐章》作至大四年（1311 年）颁定，差别比较大。迎神歌章只保留第一首，略去三首；略去盥洗、升殿各一首；增加分献十哲和从祀两首；将亚献改作终献而增加亚献一首。三献各有一首歌章，是最合理的。

迎神，凝安之曲，黄钟宫，三成：
大哉皇圣，道尊德崇。维持王化，斯文是宗。
典祀有常，精纯并隆。神其来格，於昭盛容。
升降，同安之曲，南吕宫：
诞兴斯文，经天纬地。功加于民，实千万世。
笙镛和鸣，粢盛丰备。肃肃降登，歆兹秩祀。
奠币，明安之曲，南吕宫：
自生民来，谁底其盛？惟王神明，度越前圣。
粢帛具成，礼容斯称。黍稷非馨，惟神之聽。
初献，成安之曲，南吕宫：
大哉圣王，实天生德。作乐以崇，时祀无斁。
清酒惟馨，嘉牲孔硕。荐羞神明，庶几昭格。
兖国公初献，宫调同：
庶几屡空，渊源深矣。亚圣宣猷，百世宜祀。
吉蠲斯辰，昭陈尊簋。旨酒欣欣，神其来止。
郕国公初献，宫调同：
心传忠恕，一以贯之。爰述大学，万世训彝。
惠我光明，尊闻行知。继圣迪后，是享是宜。
沂国公初献，宫调同：
公传自曾，孟传自公。有嫡绪承，允得其宗。
提纲开蕴，乃作中庸。侑于元圣，亿载是崇。
邹国公初献，宫调同：
道之由兴，於皇宣圣。维公之传，人知趋正。
兴享在堂，情文斯称。万年承休，格哉天命。
分献十哲，宫调同：
於昭哲人，贤德之淳。儒风光扬，辅世安仁。
椒浆斯旨，兰肴既陈。于酌于献，福禧皆臻。
从祀分献，宫调同：

俨然冠缨，崇然庙庭。百王承祀，涓辰惟丁。
于牲于醑，其从其享。申之乐歌，式诏圣仰。
亚献，文安之曲，大吕宫：
道德渊源，斯文之宗。功名糠秕，素王之风。
芬兮斯牲，芳兮斯酒。绥我无疆，与天同久。
终献，成安之曲，姑洗宫：
百王宗师，生民物轨，瞻之洋洋，神其宁止。
酌彼金罍，惟清且?，登献惟三，於嘻成礼。
彻豆，娱安之曲，南吕宫：
牺象在前，笾豆在列。以享以祀，既芬既洁。
礼成乐备，人和神悦。祭则受福，率遵无越。
送神，凝安之曲，黄钟宫：
有严学宫，四方来崇。恪恭祀事，威仪雍雍。
歆兹惟馨，飙驭回复。明禋斯毕，咸膺百福。

为什么孔尚任《阙里志》与《元史》不同？《元史》是国家编修的正史，孔尚任博览群书，不可能没读过《元史》，孔尚任之所以提出与《元史》不同的观点应该是有依据的，很可能来自孔府的文书档案。

之所以将大德歌章题作至大四年颁，可能是随乐器一并颁予曲阜孔子庙。至大三年（1310年），时任左三部照磨的孔子五十四代孙孔思逮以曲阜孔子庙久缺登歌乐器，请求中书省移文江浙制造，“三年冬十月，置曲阜宣圣庙登歌乐。初，宣圣五十四代孙、左三部照磨思逮言：阙里宣圣祖庙释奠行礼，久阙祭服登歌之乐，未蒙宠赐，如蒙移咨江浙行省，于各处赡学祭余子粒内制造登歌乐器及祭服，以备祭祀，庶尽事神之礼。中书允其请，移文江浙制造，至是乐器成，运赴阙里用之。”① 朝廷置曲阜孔子庙登歌乐，应该是将乐器连同乐章、歌章一并颁给。

孔继汾《阙里文献考》拟而未用歌章没有不同，不同的是大德释奠歌章。迎神仍然为四首，但仪注说“奏迎神凝安之乐，三成毕”，应该只有一首，因为《元史》仪注作“迎神之曲九奏”，还增加了孔尚任《阙里志》三首。文字著录了十九首歌章但应该只使用了十六首。歌章文字与《元史》小异，迎神第三首“维新典礼”作“维新礼典”，初献盥洗“宪古师经”作“宪古师今”，奠币“粢备具成”作“粢币具成”，送神“飚驭回复”作

① 《元史》卷68《礼乐二》。

“神驭旋复”，除“维新礼典”差别不大外，后三处不同文字应该是更好。

孔尚任《阙里志》元代仪注仅残存酌献至饮福受胙部分，孔继汾《阙里文献考》无缺，可以看出曲阜孔子庙使用的就是增加了的大德《宣圣乐章》。此仪注是至元三十年（1293 年）制定的，鉴于当时元朝尚未制定释奠礼仪，曲阜孔颜孟三氏子孙学校教授张须就创作了此仪注，后来又进行了修订，仪注与《元史》所载大致相同，《元史》也有分献十哲和两庑，没有奏乐，曲阜孔子庙分献“奏分献成安之乐”，也可证明曲阜孔子庙分献十哲、两庑是有歌章的。

七　明代释奠歌章

明洪武四年（1371 年）尚未制定释奠孔子庙乐章，“释奠孔子初用大成登歌旧乐”，应该是使用元代旧乐。大成为元代乐名，世祖至元四年（1267 年）命耶律铸制作宫廷音乐，世祖“赐名大成”①，歌章也应该采用元代之旧。“洪武六年始命詹同、乐韶凤等更制乐章”，制定了文庙释奠乐章《大成乐》，洪武二十六年“颁大成乐于天下”，令天下学校文庙释奠使用。

明代大成乐歌章六首，分别是迎神、奠币、初献、亚献、彻馔和送神，歌章大幅减少，遗憾的是祭祀的重要环节唯独缺少终献一章。

歌章采用宋大晟乐府歌词，也与元大德歌章基本相同。迎神、奠币、亚献、送神选自同名，初献选自文宣王酌献，彻馔选自彻豆。文字与大晟相比，仅奠币“粢币具成”改为“粢帛具成”，“亚、终献”改作“亚献”，“於噫成礼”改为“於戏成礼”；与大德歌章相比，迎神“斯文是宗”改为“斯民是宗”，奠币“粢备具成”改为“粢帛具成”，初献“清酒惟馨”改为“清酤惟馨”，“彻豆”改为“彻馔”，送神“飚驭回复”改为“神驭旋复”。将大晟“亚、终献”改为“亚献”更不合理，亚、终献虽然没有终献歌章，但毕竟还提及终献，改为亚献从歌章中根本就看不到终献了。

迎神咸和之曲：
大哉宣圣，道德尊崇。维持王化，斯民是宗。
典祀有常，精纯并隆。神其来格，於昭圣容。
奠币宁和之曲：
自生民来，谁底其盛？惟王神明，度越前圣。
粢帛具成，礼容斯称。黍稷非馨，惟神之听。

① 《元史》卷 6《世祖纪》。

初献安和之曲：

大哉圣王，实天生德。作乐以崇，时祀无斁。

清酤惟馨，嘉牲孔硕。荐羞神明，庶几昭格。

亚献景和之曲：

百王宗师，生民物轨。瞻之洋洋，神其宁止。

酌彼金罍，惟清且旨，登献惟三，於戏成礼。

彻馔咸和之曲：

牺象在前，豆笾在列。以享以荐，既芬既洁。

礼成乐备，人和神悦。祭则受福，率遵无越。

送神咸和之曲：

有严学宫，四方来宗。恪恭祀事，威仪雍雍。

歆兹惟馨，神驭旋复。明禋斯毕，咸膺百福。①

嘉靖九年（1530 年）厘正文庙祀典，取消孔子王号，将歌章中的“惟王”改作“惟师”、“圣王”改为“圣师”。

八　清代文庙释奠乐章

清入关前就已经释奠孔子，崇德元年（1636 年）遣官致祭，太宗并亲自撰写祝文，五年确定每年二月、八月上丁释奠。入关后，顺治元年（1644 年）即制定礼乐，二年遣大学士致祭，四年规定致祭孔子遣满族官员赞礼，祝文也用满文。早期释奠应该沿用明朝歌章，顺治十三年（1656 年）才开始制定本朝国子监文庙释奠歌章。

清朝先后制定了三部文庙释奠歌章。第一部和第二部是为国子监文庙专门定制的，第三部是为直省各府州县文庙和曲阜孔子庙创制的，三部歌章文字虽有不同，但都是六章，分别为迎神、初献、亚献、终献、彻馔和送神，释奠的每个重要环节各一章，其他朝代常见的盥洗、升阶、降阶因为都是为致祭者服务，喧宾夺主，所以清朝一并删去，歌章设计是非常合理的。

（一）国子监文庙顺治歌章

此部释奠乐章《钦定国子监志》作顺治十三年（1656 年）钦颁，《皇朝文献通考》卷七十三《乐考十五・乐歌一》作康熙“六年，颁中和韶乐于太学，诏名乐曲名平”，后面为释奠歌章。两处文字基本相同，仅“奠帛

① 《明史》卷 62《乐二・乐章》。

初献”后者作“初献奠帛”，“弗遐有喜”作“勿遐有喜”，“送神”作“送神望瘗”，“暨余微躬”作“暨予微躬”。同书卷一百六十九《先师孔子庙乐章》载康熙十六年乐章歌章与《钦定国子监志》全部相同，看来康熙六年颁给国子监中和韶乐仍然使用顺治十三年（1656 年）歌章，中和韶乐不仅仅是歌章，还包括乐器和乐章。歌章为：

迎神奏咸平之曲
大哉至圣，峻德宏功。敷文衍化，百王是崇。
典则有常，昭兹辟雍。有虡簴籚，有严鼓钟。
奠帛初献奏宁平之曲
觉我生民，陶铸前圣。巍巍泰山，实予景行。
礼备乐和，豆笾惟静。既述六经，爰斟三正。
亚献奏安平之曲
至哉圣师，天授明德。木铎万世，式是群辟。
清酒维醑，言观秉翟。太和常流，英材斯植。
终献奏景平之曲
猗欤素王，示予物轨。瞻之在前，神其宁止。
酌彼金罍，维清且旨。登献既终，弗遐有喜。
彻馔奏咸平之曲
璧水渊渊，崇牙業業。既歆宣圣，亦仪十哲。
声金振玉，告兹将彻。鬷假有成，羹墙靡惕。
送神奏咸平之曲
煌煌学宫，四方来宗。甄陶胄子，暨予微躬。
思皇多士，肤奏厥功。佐予永清，三五是隆。①

孔庙国子监论丛（2019年）

（二）国子监文庙乾隆释奠歌章

国子监第二部国子监释奠乐章制定时间，《钦定国子监志》作“乾隆六年更定释奠乐章”，《皇朝文献通考》作“乾隆七年重定”，不知孰是。歌章为：

迎神奏昭平之章
大哉至圣，德盛道隆。生民未有，百王是崇。

---

① 《钦定国子监志》卷 36《乐志·乐章》，北京古籍出版社 2000 年版，第 531—532 页。

典则昭垂，式兹辟雍。载虔簴簨，载严鼓钟。

奠帛初献奏宣平之章

觉我生民，陶铸圣贤。魏巍泰山，实予景行。

礼备乐和，豆笾嘉静。既述六经，爰斟三正。

亚献奏秩平之章

至哉圣师，克明明德。木铎万年，惟民之则。

清酒既醑，言观秉翟。太和常流，英材斯植。

终献奏叙平之章

猗欤素王，示予物轨。瞻之在前，师表万祀。

酌彼金罍，我酒惟旨。登献虽终，弗遐有喜。

彻馔奏懿平之章，曰：

璧水渊渊，芹芳藻洁。既歆宣圣，亦仪十哲。

声金振玉，告兹将彻。鬷假有成，日月昭揭。

送神奏德平之章，曰：

煌煌辟雍，四方来宗。甄陶乐育，多士景从。

如土斯埴，如金在镕。佐予敷治，俗美时雍。①

歌词选自孔尚任撰写的《大成乐章》，只字未改。较顺治歌章改动不多，迎神仅将“峻德宏功。敷文衍化”改作“德盛道隆。生民未有”；奠帛初献仅改动一字，见“陶铸前圣”改作“陶铸圣贤”；亚献句改动略多，“天授明德”改作“克明明德”，“木铎万世”改作“木铎万年”，“式是群辟”改作“惟民之则”，“清酒维醑”改作“清酒既醑”，改动了八字；终献改动两句，“神其宁止”改作“师表万祀”，“维清且旨”改作“我酒惟旨”；彻馔将“崇牙粜粜”改作“芹芳藻洁”，“羹墙靡愒”改作“日月昭揭”；送神改动最多，除第二句外全部改作。歌章共改动六十四字，恰占总数 192 字的三分之一。

（三）直省文庙及曲阜孔子庙释奠歌章

由于朝廷仅制定了国子监文庙歌章，而各地文庙不能使用，只能继续使用明朝歌章。康熙二十三年（1684 年），皇帝要到曲阜亲自祭祀孔子，发现曲阜孔子庙使用乐章与国子监不同，但皇帝仍然决定使用曲阜孔子庙乐章，“彼处所用乐章虽与国学所用乐章稍有不同，亦皆尊崇师道之词，应仍用彼处乐章”②，皇帝亲祭仍然使用明代歌章。到乾隆八年（1743 年），清

① 《钦定国子监志》卷 21《乐二》。

② 《幸鲁盛典》卷 3。

朝定都北京恰好百年才制定了地方孔子庙释奠歌章。

直省文庙和曲阜孔子庙释奠歌章仍然为六章：

迎神奏昭平之章
大哉孔子，先觉先知。与天地参，万世之师。
祥征麟绂，韵答金丝。日月既揭，乾坤清夷。
初献奠帛奏宣平之章
予怀明德，玉振金声。生民未有，展也大成。
俎豆千古，春秋上丁。清酒既载，其香始升。
亚献奏秩平之章
式礼莫愆，升堂再献。响协鼗镛，诚孚罍甗。
肃肃雍雍，誉髦斯彦。礼陶乐淑，相观而善。
终献奏叙平之章
自古在昔，先民有作。皮弁祭菜，於论思乐。
惟天牖民，惟圣时若。彝伦攸叙，至今木铎。
彻馔奏懿平之章
先师有言，祭则受福。四海黉宫，畴敢不肃。
礼成告彻，毋疏毋渎。乐所自生，中原有菽。
送神奏德平之章
凫峄峨峨，洙泗洋洋。景行行止，流泽无疆。
聿昭祀事，祀事孔明。化我烝民，育我胶庠。①

王蕊，孔庙和国子监博物馆社教部，馆员

① 《皇朝文献通考》卷73《乐部》。

◇关于碑刻类文物数字化展示的探索

——以孔庙和国子监博物馆馆藏进士题名碑为例

◎ 李晓皞

【摘　要】随着信息化时代的到来，博物馆的传播、教育功能日益被强化，受众期望能在短暂的参观过后，可以了解与展览主题相关的多元化知识，并获得美学上的享受。基于这点考虑，碑刻类文物的展示已经不能再单纯的是原址陈列或拓片展示了，而应更多地运用科技手段，实现数字化的展示。本文就以孔庙和国子监博物馆馆藏进士题名碑为例，通过梳理题名碑的价值入手，分析现有展示手段的弊端，并提出展示建议，以探索碑刻类文物数字化展示的发展之路。

【关键词】进士题名碑　孔庙和国子监博物馆　数字化展示　碑刻文献学

一　引言

石质文物在我国数量很多，其中尤以碑刻类文物所记载的信息量为丰富，无论是其碑文本身，还是其书体、形制、立碑过程，都能反映出不同时期的社会状况，是了解古代社会的文化宝库。以孔庙和国子监博物馆为例，孔庙和国子监曾是元明清三代的最高学府和教育管理机构，现存有碑刻400余通，其中以乾隆石经碑林和进士题名碑碑林最为著名。进士题名碑现存有198通，其中元代3通，明代77通，清代118通，这些碑刻多由官方组织刻立，上面记录了5万余名进士的信息。这些碑刻既是古代官学教育见证者，也是科举制度的衍生物，具有非常重要的文物价值和文献价值。

然而，博物馆在展示这类碑刻时，往往只重视碑刻的文物价值，仅对其碑体、碑文进行片面展示，而忽略了重要的文献价值。如何从碑刻类文物的文献意义出发进行展示，并重新发挥碑刻的作用，让文物活化，是在未来展览展示中需要思考的新问题。

二 碑刻类文物的价值

碑刻类文物包含的信息众多，就其内容而言，记录了从远古至近代从社会方方面面的事情；就其书体而言，上到大篆、籀文，下到楷书、行书、草书、隶书，都有运用；就其文体而言，文集、诗歌、题名、记、志等，都有涉及；就其立碑背景而言，皇家刻立、政府刻立，家族刻立、个人刻立，各种情况皆有。可以看出，一通碑刻所蕴含的意义远不止碑文本身。下面就以进士题名碑为例，分析碑刻类文物的价值。

1. 文献价值

元明清进士题名碑是科举类的官方刻石，它与大小金榜、登科录等资料相同，具有非常重要的文献价值。

（1）题名碑上的主要信息

碑记或制诰。元、明两朝的题名碑上刻有题名碑记，如图 1。碑记主要记述内容大体可分为三个方面。第一类碑文是介绍明朝的科举情况。如明永乐十三年（1415 年）碑记记载：“太祖高皇帝受天命，混一海宇，诞敷文教，以兴至治，建学设科，以造就多士，三岁一登，其贤能而擢用之，迄今十有余科，贤俊誉髦之士，乘时汇进，布列中外，建功立业，黼黻治化。”作为明代在北京孔庙所立的第一通题名碑，碑记追溯了洪武朝的科举情况。第二类碑文是表达对进士期许之意。士子们寒窗十年，苦读数载，能高中进士实为不易，碑记往往会用较多篇幅来提出对进士们的期许，如永乐十三年（1415 年）碑记提出希望进士要做“上有以裨益国家，下有以惠利生民”的官员。洪武二十一年（1388 年）的碑记中更是直接写出国家立石题名于太学，就是希望将进士姓名留于此地，让进士们随时警醒，记住身为官员的责任，为国家和社会做贡献，廉洁正直，让后人可以评介和效仿，“士之膏沐清化，获预兹选者，可谓荣矣。登名贞石，能以忠义自励，则上不负朝廷作人之盛意，下不负平日所学。庶几流誉于无穷，使来者睹兹石，指其名氏，曰忠于国者，曰惠于民者，曰廉介其身者，曰建大义树崇勋者，幸也。其有否者，则斥之，曰奸也，回遹也，墨以败者也，为进士者可不慎哉”。第三类碑文是记录国家、社会，尤其是与科举考试有关的历史情况。如明永乐十九年（1421 年）碑记记载明朝迁都一事，“永乐辛丑，实皇上正大统之二十年，先是上巡狩北京，营建都城邑，至是告成”。

撰写题名碑记的制度于万历朝末期逐渐消失，而清朝的进士题名碑也遵循了明末制度，没有碑记，“明进士题名并命阁臣作记，重见复出，文义

图 1 明永乐十三年进士题名碑记拓片

一律。我朝进士题名于篆额之下刊榜首圣制一道，于法为简质云”①。进士题名碑上的制诰与小金榜上文字完全相同，如同治七年（1868 年）碑文为：“奉天承运皇帝制曰：同治七年戊辰科四月二十一日策试天下贡士蔡以瑺等二百七十名。第一甲赐进士及第，第二甲赐进士出身，第三甲赐同进士出身。故兹诰示。”

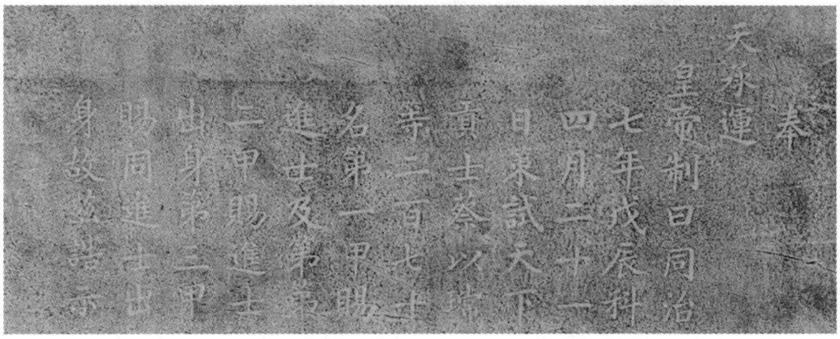

图 2 清同治七年进士题名碑制诰

进士信息。进士题名碑上记录有大量进士题名的信息，主要包括科目、姓名甲次和籍贯。明代的题名碑，分一、二、三甲次，每等次按士子名次从上至下分列书写。清代的题名碑，同分一、二、三甲次，按名次自右至左分行书写。进士题名碑虽为官方刻录的信息，但也存在错漏和漏刻的情况。如同治十三年（1874 年）题名碑上刻台湾进士蔡德芳与施炳修同为福建新化县人，但经查证，福建并没有“新化县”，二者籍贯应为“福建彰化县”。又光绪三年（1877 年）题名碑上漏刻台湾进士黄裳华，但在小金榜上却可查到其姓名。

考官信息。明代有 20 通进士题名碑碑阴刻录了当年科考考官的信息，如图 3 所示。这 20 通碑刻主要集中于明代早期，成化十四年（1478 年）后

① （清）梁治国等纂：《钦定国子监志》卷 48《金石》3“题名”，《文渊阁四库全书》第 600 册，台湾商务印书馆 2008 年版，第 527 页上。

不再刻立，唯独在嘉靖十一年（1532 年）的碑阴处还可见监考官信息。①考官信息分上下两行刻录，第一行刻有读卷官、监试官、提调官，第二行刻受卷官、弥封官、掌卷官、巡绰官、印卷官、供给官。

图 3　明永乐十三年进士题名碑碑阴拓片

读卷官是殿试中负责阅卷的官员，因殿试由皇帝主持，故只能称为读卷官。永乐十三年（1415 年）的读卷官包括夏元吉、吕震、方宾等 13 人，出身或为贡监生、或为进士。监试官是监督士子考试的官员，设置 2 人，永乐十三年由监察御史成务和黄宗载担任。提调官是负责殿试各项考务的官员，永乐十三年由蔚绶 1 人负责。受卷官负责收取考生试卷，洪武十三年由 4 人充当，分别是：翰林院编修周述、林志，礼科给事中朱芾，刑科给事中陈梅。弥封官负责将考生的个人信息和三代信息弥封起来的官员，永乐十三年设置 4 人担任。掌卷官负责掌管已被弥封的试卷，永乐十三年设置 4 人担任。巡绰官负责巡查考场，永乐十三年由锦衣卫指挥佥事牛伦和林观担任。印卷官是负责为应试者印卷的官员，永乐十三年由礼部官员王芳孙等 3 人担任。供给官是负责殿试所用物品的官员，永乐十三年有 2 人担任。

立碑信息。进士题名碑的立碑信息包括两个方面：一是立碑的人。二是立碑的时间。明代前期的题名碑上会刻有碑记撰文者和刻书者，如永乐十三年碑记末尾处刻有“翰林院学士兼右春坊右庶子、奉政大夫杨荣撰记。

① 参见邢鹏《明代进士题名刻石调查与研究》，《首都博物馆论丛》2012 年，北京燕山出版社 2012 年版，第 64 页。

徵仕郎、中书舍人朱晖书”。明代后期不再刻写碑记，但立碑人的信息会刻于碑身右侧，如万历二十六年（1598 年）至万历四十七年（1619 年）的题名碑上皆刻有“工部监督主事王振奇立”。在清代的题名碑上也会有立碑人的信息，但这种情况较为偶然，且多集中在道光朝以后。如咸丰六年（1856 年）的题名碑上就刻有“典簿依克机善、陈大栋，署典簿博士萨宾图、学正马金镗立石”。

并非每通题名碑都刻录有立碑的时间，但由于明清两代均有补立题名碑的记载，因此确定立碑时间非常重要。明代前期的题名碑多数会写明立碑时间，如永乐十三年刻“永乐十四年四月十七日”，但万历朝以后立碑时间多不再刻录。清代题名碑多未刻立碑时间，但清朝最初两通题名碑由于是补立，故在碑末处刻有立碑时间，顺治四年（1647 年）刻“康熙三十一年（1692 年）岁次壬申仲秋谷旦光禄大夫太子太傅兼礼部尚书加四级宛平王熙捐资建立”，顺治六年（1649 年）刻“康熙四十九年（1710 年）八月初一日立石”。

（2）进士题名碑的文献价值

如上所述，进士题名碑上记录有丰富信息，这些信息是对传世文献资料的补充，也是对当时历史情况最好的记述。

进士题名碑上记载的历史，是研究科举学的重要实物资料。一方面，明代进士题名碑记所载内容是围绕科考与进士的，是对历史的进一步印证。明朝对于科举最大的革新在于采取“南北分卷取士”制度，它的实行促进了科举取士的地区公平性，不仅对明清时期科考意义重大，对现代高考也有借鉴意义。在宣德二年（1427 年）的碑记中详细记载了这一制度：“自设科，兼取南北士，而前十有五科，南士往往数倍于北。皇上嗣统之初，诏礼部科举岁取百人，南士十分什六，北士什四，著为令。……盖简用人材，南北并进，公天下之道也。”在崇祯十三年（1640 年）特用碑记则表述了明朝末期的社会混乱，人才难以选用的困局，因此临时选拔岁贡生为官以解困局，“年来资格畛域，抑坏人才，有以仰窥我皇上仅思于立贤无方之大道，盖已有年。而特于此二百六十三人之身一大行其湛恩汪濊，真如曜灵中天，得光如暖”。同时，题名碑上的刻立信息也能反映出当时历史情况，如光绪三十年（1904 年）题名碑尾处刻有“学部国子丞衙门典簿哈卜齐显、景格、高文彬立石”。当时科举制度已经废除，国子监也已裁成归并学部，因此立碑人的官名为“学部国子丞衙门”。另一方面，题名碑上刻录的进士信息、考官信息是对当科科考情况的展示展现。元明清进士题名碑是根据官方名单所刻立，相较于其他地方志、同年齿录、家谱等文献资料更具有客观性，对于考订进士姓名、籍贯、甲次有非常重要的意义。

进士题名碑上文字多为当时官员或进士所书撰，不乏大家作品，对该时代书法的研究有一定参考价值。进士题名碑所刻字体均为正楷，刻写之人也是精通楷体者。明代题名碑的书写人是由皇帝亲自挑选，多为中书舍人一职，中书舍人是专门为皇帝起草诏令的官职，选他们作为书丹者盖因其书法颇有功力。在这些碑文中也有不少大家之作，如程南云书丹宣德二年（1427 年）丁未科碑记，他精通篆刻、隶书，在当时作品颇受推崇。又如黄养正，他的书法当时著称朝野，擅长丹青善工笔，山东曲阜孔子墓碑之“大成至圣文宣王墓”碑文也为他所书，他书丹宣德八年（1433 年）癸丑科题名记。清代题名碑能确定书写者并不多，有刻录的人中多为国子监的官员，如道光二十年（1840 年）题名碑为“祭酒花沙纳书”所书，光绪二年（1876 年）进士题名碑末刻有“司业汪鸣銮书”，题名碑也有其他官员参与刻写的，如光绪三十年（1904 年）题名碑末刻有“侍读衔翰林院编修岑光樾书”。花沙纳、汪鸣銮、岑光樾三人均为进士出身，书法功底深厚。

图 4　明宣德二年进士题名碑记拓片

2. 社会价值

进士题名碑是科举制度重要的实物遗存，见证着科举制度传承 1300 年的辉煌和最后的没落，也是诸多士子登科入仕的起点，见证着他们个人的兴衰和家族的荣辱。因此，进士题名碑的刻立本身就蕴含有深刻的社会价值。

从其历史流传上看，“进士题名”来源已久，最早可追溯到唐代的雁塔题名，“国子监进士题名碑始于唐时新进士榜，后于慈恩寺塔下题名立碑。自宋、明以至我朝皆建于国学，按诸进士甲第先后，刻姓名籍贯于上。凡所以重科名也"①。它的流传总体可概括为起源于唐朝，定制于宋朝，兴盛于明清，传承于金元，其演变的过程与科举制度的发展相统一，是科举制度的实物见证。

从其社会影响上看，进士题名碑是象征进士荣誉的功勋类碑刻，其形式上的意义大于本身的记录意义，明代宰相杨士奇曾指出刻立题名碑的意义在于"廷试有录，以示中外；题名有碑，以垂永远"。每次殿试出榜后，诸进士先赴孔庙行释褐簪花礼，后再由国家拨款立题名碑，"赐银一百两立石大成门外，由礼部奏请国子监行文，工部营膳司支领，典簿厅经历其事"②。元明清三朝的政府将题名碑立于国学之内供众人瞻仰，既是对进士的最佳褒奖和宣传，也是希望通过这些进士来鼓舞仍在求学的学生，从而更好地实施科考，为国家选拔人才。

在今天文化大发展、大繁荣的时代，各个地区都非常重视自身的文化建设，很多进士家族也在探寻自己的"家风文化"，而进士题名碑上的文献信息对他们尤为重要。相较于其他的传世文献而言，进士题名碑的影响更为久远，传播更加广泛。如今，进士题名碑则成为区域文化辉煌的标志和家族荣耀的象征。很多游客来到进士题名碑前搜寻乡贤的信息，探索先人的足迹，而这种寻求也对进士题名碑的展览展示提出更高的要求。

三　现有碑刻类文物的展示方式

目前碑刻类文物的展示可分为两种，一种为基于碑刻本身的原址展示，另一种是依托拓片的复制展示，进士题名碑也如此。

博物馆依据清末的规制对进士题名碑做保护与展示。元明清进士题名碑现展示于在北京孔庙的第一进院落，共展出 197 通（明景泰五年进士题名碑因折断现存于库房内）。2011 年，为更好地保护碑刻，博物馆为进士题名碑搭顶棚、树立栅栏，同时也配备有简要的图片展览和位置说明牌，如图 5。这种展示手法较好表现了元明清三代进士题名碑矗立的概况，充分体现了国家对于科举考试的重视，对于通过考试为国家选贤任能的期许。同时通过原址的集中展示，也可以让观众充分感知元明清三代科举制度的兴盛。但是由于很多碑刻较为高大，碑刻上部文字很难看清，且年代久远，碑文字迹漫漶，观众很难看清碑上的信息。同时出于保护碑刻的原因，栅栏的配置又妨碍了观众的游览线路，观众很难看到处于院落较深位置的题

① （清）文庆、李宗昉等撰：《钦定国子监志》卷 62《金石志十・进士题名碑》，北京古籍出版社 2000 年版，第 1105 页。

② 同上。

名碑信息。另外，受到场地、碑刻体量等条件限制，此种只能在原地展示，并不能实现文物的最终活化。

图 5　进士题名碑原址展示

相较于原址展示，拓片展示多运用于室内展示中。一种形式是将进士题名碑拓片垂挂展示，如图 6。这种展示手法较为常见，它体现出进士题名碑的古朴之风，能够观察到题名碑的细节。但是拓片太长、太大，且清晰度不高，这并不能满足需要快速获取所需信息的观众。另外，拓片的展示多只集中展示碑身，对于碑首、碑座、碑阴部分的信息没有充分展示，让观众很难想象到进士题名碑的全貌，不能充分表达出“进士题名”对当时社会的重要性。

图 6　进士题名碑垂挂展示

另一种展示手段是利用进士题名碑数字化拓片，将拓片以喷绘的形式，按原碑的大小比例做成展示模板，如图 7。这种展示方式弥补了拓片展示的片面性，也可以满足观众观看细节的需求，是现在较为好的展示手段。但是受制于像素高低等因素的影响，这种展示也很难准确表达题名碑的文献信息。

图 7 进士题名碑喷绘展示

可以看出，现有的方式大多只展示了碑刻类文物的某一方面，且大多是从其文物价值出发的，而忽略了它的文献价值。如今，随着科学技术的发展，数字化的展示方式日益成熟，形式也更加多样，若能将其运用于碑刻类文物的展示，就可以兼顾其多方的价值，以弥补这一缺憾。

四 碑刻类文物数字化展示的探索

基于前文所述，碑刻类文物的数字化展示需要满足以下两个要求：一是充分展示碑刻上的文献信息，二是尽量恢复立碑场景，让观众感知立碑的历史，发挥其社会价值。对于进士题名碑而言，一是要搭建集进士信息、考官信息、书写者信息的数据库，并配有搜索功能。二是复原题名碑碑林的场景，让受众了解题名碑立于孔庙的意义，并实现与单一碑刻合影的功能。

1. 搭建数据库系统，为数字化展示奠定基础

碑刻类文物数字化展示的第一步，应是结合传世文献资料、电子拓片、照片、图片等建立数据库。以“进士题名碑”为例，就应以其为底本，结合士子的考卷、文集、家谱、自传、实物、宗祠、祖坟等信息，建立“进士题名碑”数据库系统。

首先是对进士题名碑进行数字化扫描。一方面，要进行题名碑整体概况的扫描，包括碑额、碑身、碑座、碑文、大小、位置等图片信息存储。

另一方面，对题名碑上的文字进行提取和恢复。进士题名碑上的文字信息是其最重要的组成部分，是区别于其他传世文献的关键，所以在数字扫描时要重视对文字的提取和恢复。由于年代久远，题名碑上的文字漫漶情况严重，因此我们要结合民国时期的题名碑拓片、《元明清进士题名碑录》等资料进行文字的复原。这也为数据库的搜索功能奠定了基础。

其次是对碑刻本体信息的整理与搜集。进士题名碑的本体信息可以真实反映出碑刻的属性、状态，是搭建进士题名碑数据库的基础。应包括以下几类内容：

碑刻名称。即为哪一科进士题名碑，碑刻定名要准确，可依据《进士题名碑录》或《钦定国子监志》来确定。如明永乐十三年进士题名碑，明崇祯十五年（1642 年）特用出身题名碑等。

碑刻正文。题名碑上刻录的碑记、进士姓名、考官姓名是碑刻的核心内容所在，是真实反映当科科举情况的文献资料，也是进士题名碑发挥作用的本质所在。鉴于题名碑有错刻和漏刻的情况，在信息整理时要充分考证内容的对错，可依托《进士题名碑录》或“大小金榜”等资料。如若发现姓名、籍贯、甲次的错漏，应加以修改，并标出原因和出处。

立碑信息。如前文所示，进士题名碑的立碑时间、立碑人也是非常重要文献资料，可以从侧面反映当时的社会情况。但诸多碑刻上并未刻录立碑信息，这需要研究者结合个人文集、明清实录等文献资料进一步确定立碑信息。

再次是对碑刻衍生信息的整理与搜集。题名碑上有大量进士信息，他们是那个时代的参与者，也是那个时代的缔造者，广泛参与各项社会事务，他们身上有很多衍生的信息。在搭建进士题名碑数据库时，可以着重搜集以下几类信息：①进士科考的信息。包括进士的家传资料、乡试录、会试录、同年齿录、各类考卷等资料。②进士的个人资料。包括进士的画像、官职迁转情况、主要事迹、个人文集、文学作品、书画作品等资料。③进士的家族情况。包括进士的族谱、后人情况、故居照片、祠堂照片等资料。④科举学的研究资料。包括对于科举制度、进士生平、地域科举等方面的研究资料。这类资料的整理和搜集大大丰富了进士题名碑数据库的信息量，满足了受众对于探寻进士信息的要求，更好地展示当时进士对于社会建设，科举制度对于社会的影响。

搭建数据库的关键一步，是要实现信息的搜索功能。将上述信息整理、分类，实现人名、地域、家族等多方位的搜索功能，实现线上线下多渠道的信息共享，从而为受众提供一个了解进士生平、研究科举制度的平台，使进士题名碑数据库更有立体感和层次感。

2. 利用虚拟现实技术和互动技术，实现进士题名碑的数字化展示

在数据库系统建成后，可以利用数据库实现碑刻类文物的数字化展示，这种展示手法可以运用于固定展览中，也可运用于临展或巡展中。

进士题名碑体量庞大，气势恢宏，可以运用裸眼3D技术展示题名碑，让观众身处碑林中，充分感知题名碑林的氛围。裸眼3D技术是指“不需要任何辅助设备观看就能够获得立体视觉效果的立体显示技术，其主要是通过使用光学器件在显示屏幕上改变双眼视图的走向，使人的双眼能分别看到相对应的立体视图”①。进士题名碑的展示要满足多人同时观看的需求，同时也要很好地渲染出题名碑林古朴磅礴的气氛，因此选用裸眼3D技术来复原场景最为合适。进士题名碑的虚拟现实展示不应仅是对于全景的展示，还应有对单碑的全方位展示，择取重要碑刻，展示碑首、碑座的纹饰，碑身的长宽高，碑文的信息量等内容，让观众深层次了解进士题名碑。

体验时代的到来，让进士题名碑的互动展示不可或缺，依托数据库，也可实现题名碑的体验式展示，利用触摸显示屏等设备实现数据库资源的全部展示，让受众搜索关键词，选择自己感兴趣的碑刻、姓名、区域进行了解，实现个性化信息的展览展示。同时，也可利用3D打印技术实现进士题名碑展示的拓展。观众可根据自己的选择，截取部分原有碑刻，进行3D打印，也可以利用互动电子屏将自己姓名写于碑上，再进行3D打印。由于进士数量庞大，科举资料丰富，博物馆的信息搜集难免有错落之处，因此还应设置有观众互动留言区，充分利用社会资源，不断完善进士题名碑数据库系统。

五　结语

通过上文可以看出，若能实现进士题名碑的数字化展示，它不仅是对碑刻本体展示的延伸，而且可以丰富其背后的文化内涵，满足受众对信息的需求。这不仅完成了对碑刻本体的保护，同时恢复碑刻原有的功能，扩大了碑刻本身的影响，真正做到了文物的活化。

碑刻类文物的展示不应仅注重其原碑的展示，更应该注重其文献价值的表现。博物馆在对馆藏碑刻研究展示时，可以碑刻为平台，不断挖掘背后的文化价值，逐步搭建碑刻类数据库平台，并结合裸眼3D、3D打印、互动等技术，实现集保护、搜索、展示、利用为一体的多元化数字展示。

李晓頔，孔庙和国子监博物馆研究部，馆员

① 王婧：《裸眼3D技术的运用》，硕士学位论文，南昌大学，2012年。

◎从清乾隆御制双碑浅谈“三老五更”礼

◎ 马天畅

【摘　要】在国子监的中院，辟雍大殿的东南角和西南角各有一座御碑亭，御制石碑上的内容多次提到“三老五更”礼。本文旨在探析国子监清乾隆御制二碑碑文所刻内容，从而探寻乾隆帝多次提及“三老五更”礼的原因及其发展与消亡等。

【关键词】三老　五更　辟雍　张廷玉

乾隆二年（1737 年），在乾隆帝临雍视学前，与军机大臣们谈到关于复行“三老五更”礼，曾向他们咨询建议，与含糊其辞、模棱两可的鄂尔泰不同，张廷玉上疏极力劝阻此法不可行并写下《三老五更议》。乾隆四十三年（1778 年），乾隆帝又写下《三老五更说》以此批判历代儒家学者的荒谬解释。乾隆四十九年（1784 年），在辟雍系列工程完成后的《国学新建辟雍环水工成碑记》又有提到效法古国学之制而不必复行“三老五更”礼。乾隆五十年（1785 年），乾隆帝在避暑山庄查阅书籍时翻阅到了当年张廷玉所写的《三老五更议》不由得感慨万千，于是写下了《题张廷玉三老五更议》。并将上述四篇文章镌刻于石碑上，立于国子监太学门内，并在甬路东、西两侧建御碑亭保护。

这两座御碑亭规制完全相同，对称矗立在辟雍大殿的东南、西南两侧，其每座四间，四面各显三间，内明间阔八尺二寸，次明间各面阔六尺，柱高一丈四尺五寸。重檐周阿，有堵有栏，覆以黄琉璃瓦，周基甃以白石。[①] 东御碑亭内的御制石碑四面均有刻文，正面镌刻乾隆御书《国学新建辟雍环水工成碑记》，碑阴刻满文《三老五更说》，东面为乾隆皇帝御书《题张廷玉三老五更议》，西面为董诰奉旨所书的张廷玉《三老五更议》原文。西碑亭

① （清）文庆、李宗昉：《钦定国子监志》卷 19《辟雍志》，北京古籍出版社 1998 年版，第 307 页。

图 1 国子监东御碑亭

图 2 国子监西御碑亭

内御碑正面刻有满文的《国学新建辟雍环水工成碑记》，碑阴为乾隆御书汉文的《三老五更说》。这两座御碑亭与琉璃牌坊、钟鼓亭、辟雍大殿均为乾隆四十八年（1783 年）辟雍系列工程中的建筑。乾隆修建辟雍大殿的目的是效法古国学之制，行礼乐，宣德化，昭文明，复行“三老五更”礼旨在陈明悌道，明长幼之序，其最终还是以宣扬尊君、忠君、事君的伦理为目的。

一 “三老五更”其意

“三老五更”一词最早出现在《礼记·文王世子》：“天子视学……适东序，释奠于先老，遂设三老五更、群老之席位焉。”它是中国古代规格最高、场面最为盛大、仪式最为隆重的国家级敬老礼仪活动。这项礼仪活动起源于周朝，于西汉时期完善发展，宋朝后日渐衰落，明代后随着君尊臣卑的封建皇权思想膨胀而取消，在清朝的乾隆时期再度被乾隆帝提及然而最终未能得到复行，从此只存在于典籍中。

> 《后汉书·明帝纪》：“（永平二年〈59〉）冬十月壬子，幸辟雍，初行养老礼。诏曰：‘……尊事三老，兄事五更，安车软轮，供绥执授。侯王设酱，公卿馔珍，朕亲袒割，执爵而酳。祝哽在前，祝噎在后。升歌《鹿鸣》，下管《新宫》，八佾具修，万舞于庭。……三老李躬，年耆学明。五更桓荣，授朕《尚书》……其赐荣爵关内侯，食邑五千户。三老、五更皆以二千石禄养终厥身。’”又“（永平八年〈65〉）冬十月……临辟雍，养三老、五更。”①

《后汉书·明帝纪》有关于此礼详细流程的记载。汉明帝登基后的第二年冬天，率群臣来到太学，举行了“三老五更”养老大典，以此教化百姓，尊老敬贤。大典当日，“三老”身着御赐棉布袍子，头戴黑布冠，手持玉杖，“五更”着同样装扮，但不持玉杖。汉明帝乘辇至辟雍大殿，在东厢落座，派遣使者用安车将“三老”和“五更”接到太学讲堂，汉明帝则亲自在门口迎接，行跪拜礼。然后设宴，“三老”面向东方，三公设置几案，九卿整齐排列，汉明帝把袖子卷起亲自割取牲肉，奉送给“三老”，拿酱来进食，拿爵来漱口，并说：“慢点吃，不要哽住，不要噎住。”“五更”则面向南方，与“三老”不同的是，“五更”是由三公进献酒食，但礼节同皇帝对待“三老”一样。礼仪完毕后，群儒众臣会向“三老”和“五更”请教问题，聆听解答，圜桥观听，极具盛况。之后皇帝还会封赐“三老”“五更”每人各两千石的俸禄，另每人一石酒，四十斤肉。汉明帝在辟雍侍奉“三老”“五更”被认为是“三老五更”礼在上层礼仪系统于东汉出现的标志。

“三老”和“五更”是两种不同的称呼，但是对于“三老”和“五更”的定义历代学者有不同的解释。如郑玄一人便有两种解释，他在《礼记·乐记》中写注认为通晓三德五事的老人即可称为“三老”“五更”，孔颖达后作疏解释所谓三德即正直、刚、柔；所谓五事即貌、言、视、听、思；而在《礼记·文王世子》中又写注把“三老五更”解释为三辰五星，孔颖达又作疏“象三辰五星者，义相包矣”。如王若虚也曾《五经辨惑说》中将

① （南朝宋）范晔：《后汉书》，中华书局 1965 年版，第 102—103、111 页。

其解释为通晓天、地、人事的即为三老，精通五行更迭的即为五更。如蔡邕以为“三老”为三人，“五更”为五人，且“五更”实际应为“五叟”。

图3 国子监东御碑亭西面董诰书张廷玉《三老五更议》

二 乾隆帝与张廷玉对于“三老五更”的理解

乾隆二年（1737）董诰书张廷玉《三老五更议》：

臣伏思三老五更之名，始见于《礼经》，盖古养老尊贤之礼也。考养老之礼，如《王制》《内则》所云：则虞、夏、殷、周皆然。又云：五帝宪；三王有乞言。则伏羲、神农、黄帝以来已然，是其典为最古。至所云：食三老、五更于太学，天子袒而割牲，执酱而馈，执爵而酳，冕而总干。是其礼为最隆。我皇上至道在躬，式稽前典，以三老、五更之礼下询，甚盛心也。顾礼待人行，事因时起。臣妄参臆，议以为未可举行者，约有数端：皇上至德渊怀，圣不自圣，何难屈礼臣下？但天子有所施，必令臣下有可受。如所云“袒而割牲者”，其始亲袒衣割牲以为俎食也；“执酱而馈”者，其继执酱以馈熟也；“执爵而酳，冕而总干”者，既食毕，又亲执酒以酳口，且又端冕舞位，而以乐舞侑食也。礼如是，不已重乎？古有斯礼而今未行，似非皇上殷殷复古之意。如特行此礼，度臣下谁敢受者？此其难行一也。汉、宋均曰：三老乃老人知天地之事，五更乃老人知五行更代之事者，各以一人为之。所谓知天地人之事者，盖上通天文，下彻地理，中察人伦。三者明一，亦已难矣，况兼之乎？所谓知五行更代之事者，如伏羲以木德王，故风姓，代之者火也；炎帝以火德王，故曰炎帝，以火纪官，代之者土也；黄帝以土德王，故曰黄帝之类。此非洞达天人之际，孰能知其所以然者？惟其有如是之德，是以天子隆以宾师之礼，三公九卿，皆在执事之例。今此礼果行，必求其人以当之。窃思致仕诸臣，及现在居职者，谁克任之？恐皇上即下明诏，而其人必悚惕惭惶而不敢应。此事之难行二也。考汉以李躬为三老，桓荣为五更；魏以王祥为三老，郑小同为五更；周武帝以于谨为三老，其时五更无人。第未审诸公如前述之三老、五更，果克副其名而无愧乎？圜桥观听，汉明帝时极盛，然先儒胡寅讥桓荣仅能授经章句，不知仲尼修身治天下之微旨，故所以辅翼其君者，德业不过如是。观先儒之论，是桓荣犹不免讥评，下此者何足以当钜典？此其难行者三也。三老、五更之名，虽见于《乐记》《祭羲》《文王》《世子》诸篇，然不言何代。如以为虞、夏、殷、周皆然，则二帝三王，大经大法，载于《尚书》，何二典三谟，不见有老、更之名？如以为惟周有之，则保息养老，见于司徒献鸠以养国老，见于罗氏以财养死政之老，见于司门三百六十。如是之详且悉，何亦不载有老、更之名？臣愚以为：养老之礼，古时典制可稽。至所谓三老、五更者，疑属汉儒附会，此其事未可尽信，四也。是以唐宋至今已千余载，此礼未能举行。即本朝世祖、圣祖、世宗黄帝，重道尊师，明经造士，事事度越前古，而于老、更之礼，亦未之及。盖以典至古而礼尤隆，名实难副。尚有几微未称，必滋议论之端，岂不亵至尊而羞大典乎？此事似应停止举行，不必敕下廷议。臣敬陈管见，伏乞圣鉴。①

张廷玉上疏劝阻复行“三老五更”礼的理由有四个，其一，认为此礼太过隆重，皇帝施礼，臣子承受不住；其二，认为“三老五更”是为通晓天、地、人与五行更迭之事的人，其中任何一门已经难以研究透彻，何况三门、五门，因此没有人有资格称得上是“三老”“五更”；其三，汉明帝时期的桓荣被后世胡寅讥讽仅仅是能传授章句便能称为“五更”，颇有学识

① （清）文庆、李宗昉：《钦定国子监志》卷 68《艺文志二 · 奏议》，北京古籍出版社 1998 年版，第 1182—1184 页。

孔庙国子监论丛（2019年）

资历的桓荣都如此，何况如今的后辈？若是担此称谓，怕被后世讥笑；其四，他认为养老礼旧时曾有，至于“三老”“五更”之名，在后来的史书典籍中就少有记载了，有可能是儒士附会，不可全信。

图 4　国子监西御碑亭碑阴乾隆御笔《三老五更说》

乾隆四十三年（1778 年）御笔《三老五更说》：

三老五更之说，不见于诗、书，其见于《礼记》者，盖出乎汉儒，非孔子之言。惟《左传》“三老冻馁”之文为最古。然《传》谓“公聚朽蠹而三老反不见养遇”，非与五更相提并论也。注三老、五更者多矣，或谓工、商、农而不及五更，出《左传》孔疏。或谓明天、地、人与五行之事，出《白虎通》。或谓取象三辰、五星，出《后汉书·礼仪志》。或谓知三德、五事者。出郑康成《礼记注》。各以臆度，不堪偻指矣。至蔡邕《独断》，乃有父事、兄事之说。而《白虎通》之谬，直以为老、更各一人，且曰：父一而已，不宜有三。吁可怪哉！天子养老，即所以教孝于天下，何至以父事之？且即其说父一而已，则天子已自有父，今复事一父，是非二父乎？腐儒执虚文而谬大义，真不值一噱耳。邕复解“更”为“叟”，谓豕亥之讹。夫叟与老同，既有老，又何藉叟为哉？予以为三者，天、地、人之数，养老自以三举其

图 5 国子监东御碑亭碑阴满文《三老五更说》

数耳。若夫五更，则更事之说为近，而五伦、五常，莫不具于此。人数不必其备，行之以敬诚恺悌，则中和位育将在是矣。后儒一切穿凿之论，何足数哉！①

乾隆帝对历代学者对于“三老五更”的解释择其谬者进行了批判，他认为各路解释均为猜想，并无根据且十分荒谬。

乾隆四十九年（1784 年）御笔《国学新建辟雍环水工成碑记》：

……若夫三老五更之说，予以为括于养老化俗②之仪，而非天子临雍所必应并行而不遗者。盖弗见于诗书，乃特出杜佑《通典》之私耳。且予向有三老五更之说，已明辟其谬，兹不复缀乎词。……予之子孙臣庶，体予此心，于可复古者复之，其不可复者，断不可泥古而复之。③

① （清）文庆、李宗昉：《钦定国子监志》卷 55《金石志三·御制说经文石刻》，北京古籍出版社 1998 年版，第 990 页。

② 化俗：指风俗受德教而发生变化等，出自司马相如《难蜀父老》。

③ （清）文庆、李宗昉：《钦定国子监志》卷 22《辟雍志四·建置》，北京古籍出版社 1998 年版，第 353—354 页。

图 6 国子监东御碑亭碑阳乾隆御笔《国学新建辟雍环水工成碑记》

《国学新建辟雍环水工成碑记》中乾隆也曾提到过“三老五更”礼，并警示后代复兴古制要懂得变通，避免拘泥于古礼。

乾隆五十年（1785 年）御笔《题张廷玉三老五更议》：

> 戊戌年为《三老五更说》，亦既辟其踳驳，而勒之新建辟雍之碑矣。今秋驻避暑山庄，检续书之《四库全书》内文颖。集中有《三老五更议》之篇，而挂漏其名。因命检文津阁之书，乃知为张廷玉所撰。憬然忆之，事在乾隆戊午，为二十七，月既阅，诸礼毕举之时，于视学之前，曾同军机大臣等谈及三老五更，而咨其可行与否。彼时鄂尔泰依违其问，张廷玉则断以为不可，于是奏此议而遂寝其说。盖鄂尔泰固好虚誉而近于骄者；张廷玉则善自谨而近于儒者。且二人彼时皆可望登此席者也。以今观之，则廷玉之议为当。设尔时勉强行之，必有如廷玉所谓资后人之议者矣，若朕戊戌年之所为《三老五更说》。戊戌去戊午历四十年，其事早已忘之。盖戊午朕方二十八岁，而戊戌则六十有八。此亦足验四十年间学问识见之效，而年少时犹未免有好名泥古之意，至今则洒然矣。兹观廷玉之议，与朕之说不约而同，树之前旌焉。因命并勒辟雍碑，以识己学之浅深及不掩人之善也。夫廷玉

图 7　国子监西御碑亭碑阳满文《国学新建辟雍环水工成碑记》

既有此卓识，何不见及朕之必不动于浮言，遵皇考遗旨，令彼配享太庙？而临休致归里时乃有求入庙之请。此所谓老衰而戒之在得乎？朕又以廷玉之戒为戒，且为廷玉惜之。①

这篇《题张廷玉三老五更议》是乾隆帝七十五岁时在避暑山庄编著《四库全书》时发现了一篇《三老五更议》，随后查阅才知道是张廷玉所写，想起年轻的时候为了效法古制，修建了辟雍系列建筑。至于曾想恢复“三老五更”礼，最后被其婉言劝止，经过四十余年的沉淀，乾隆帝自觉年少时有些追求名利而复行古礼，现在已不再纠结于此，而之前所写《三老五更说》与张廷玉《三老五更议》观点不约而同。写下这篇并命人刻碑，可见晚年的乾隆帝反省自身，警示后代，以己为鉴。

三　结语

查阅史料典籍，虽然对于“三老五更”的解释各有千秋，但是不论哪种解释都足以说明能称为“三老五更”的老人一定是十分有智慧且令人钦

① （清）文庆、李宗昉：《钦定国子监志》卷首《圣谕、天章》，北京古籍出版社 1998 年版，第 26—27 页。

图 8 国子监东御碑亭东面乾隆御笔《题张廷玉三老五更议》

佩信服的，而且在史书中也确有皇帝在举行完“三老五更”礼后对其乞言的明确记录。因此，笔者认为，“三老五更”礼最开始实施的目的为皇帝对年事已高、有丰富经验和知识且颇有威望的老人问询疑难，得到解惑后向其施礼，之后便慢慢演变为一种正规的礼仪制度，选“三老”“五更”各一人作为代表进行施礼，以此表示对年老有为者的敬重，同时可以稳固政权、倡导孝悌，有利于社会发展和发扬淳正民风。

而对于其日渐消亡的原因笔者认为有二，其一，随着教育的普及，人民文化水平的提高，人才辈出，很难只选出两位德高望重的代表进行“三老五更”礼；其二，从元到清，君主集权制逐渐走向顶峰，君臣等级分明，臣子畏惧帝王的权力，不敢担此重名，受帝王的父兄之礼。因此在年轻的乾隆帝提出复行古制，重新举行“三老五更”礼时，张廷玉作为最有利人选上疏劝阻。

马天畅，孔庙和国子监博物馆助理馆员

◇清代翻译科考述

◎ 张慧

【摘　要】北京孔庙内现存的 198 通进士题名碑，是研究元明清三代科举制度最真实的史料记载。其中的 4 通翻译科进士题名碑，更具有特殊的历史意义。本文从翻译科制度的确立、考试内容等几方面向读者介绍了其发展的历史，以及翻译科对后世的影响及贡献。

【关键词】清代　翻译科　科举制度　进士题名碑

走进北京孔庙，首先映入我们眼帘的就是排列整齐的一座座石碑。它始建于元皇庆二年（1313 年）开科取士后，是元明清三代科举考试制度最真实的历史见证。石碑样式不尽相同，高低错落不一，斑驳的石碑上镌刻着 51624 名进士的姓名、籍贯、名次等，共计 198 通。千百年来，读书人最大的理想就是考中进士，报效国家。五万多进士也因在此留下了他们的足迹。中国科举制度创立于隋，历经唐宋元诸朝，至明清达到鼎盛，成为中国历朝历代培养、选拔人才的正途。

一　设立翻译科考试的目的

科举制度是中国历史上延续时间最久的一种取士制度，集教育制度、政治制度、社会制度于一身。采用考试方式公平、公正选拔人才，从根本上改变了用人制度，为朝廷源源不断地提供了优秀的人才，并担任各级官员。据记载：天下人才“学校以教育之，科目以登进之……学校者，储才以应科目者也”①。“科目”，即指科举制度。清代的科举考试承袭明制。科举选拔人才，无论是求得官吏还是个人为官，都必须经过教育。首先，在满汉文化交融的过程中，无论是语言表达，还是教材的使用等，绝大多数人使用汉语，构成了占绝对优势的语言文化氛围，使得八旗子弟的满语、

① 《明史》卷 69《选举志》一。

蒙古语逐渐生疏、遗忘，就连极为重视教育的乾隆皇帝也大为感慨：“国朝定鼎至今，百有余年，八旗满洲蒙古子弟，自其祖父生长京城，不但蒙古语不能兼通，即满洲语亦日渐遗忘，又复惮于学习，朕屡经训饬，而率教者无几……”① 其次，由于八旗教育享有特权的致命弱点，使得他们衣食无忧，缺乏进取心。这是因为八旗的贵族子弟可以继承贵族的封爵和世职，父兄有功可以荫及子弟为官，旗内大量的职位又是专为旗人所设，科举考试不仅旗人可以参加，而且还有专为旗人所设的科举项目（如翻译科举、宗室科举）。种种特权造就了这些贵族子弟骄纵奢华，不思进取，因而导致了他们满语水平的下降。鉴于满洲不断汉化，其民族特色有所丧失，雍正皇帝强调“清语骑射”之国策，其做法之一就是借鉴科举取士制度，为满、蒙、汉军之八旗子弟特设了翻译科考试，为的是保持满族人的根本，即“清语骑射”和为旗人创造更多出仕的机会。

二　翻译科考试形式及内容

翻译科是清代除文、武科之外特设的专供满、蒙旗人考试的科目。报考者限于满人以及八旗军中的蒙古人和汉人（清政府后又以满人八旗为核心建立了蒙古八旗和汉人八旗）。雍正时，开始录取翻译举人；乾隆时始定，会试中式后复试，及格者赐进士出身。满文翻译可以到六部任职，蒙古翻译则分发至理藩院任用。道光末年又规定，复试优等者可充任翰林院庶吉士，但员额仅一二名，无殿试分甲之例。凡由翻译科取得生员、举人、进士者，均加“翻译”二字，以区别于一般的科举考试。

考试时，能将满文译成汉文，并用满文写文章者，称满洲翻译；能将满文译成蒙文者，则称蒙古翻译。细分为童试、乡试、会试，与文武科相同。

1. 翻译童试

清朝在满汉文化冲突与交融时期，为了维护巩固长期的统治，将“国语骑射”作为满族教育的重要内容来推行。“国语骑射”又称为“清语骑射”。“国语”即满语，“骑射”即能在骑马奔驰中射中目标。“骑射”“国语”对于“满洲”的增强民族意识和促进民族共同体的形成具有重要的意义，所以报考者必须先通过骑射考试，且成绩合格后方能参加翻译考试，之后的乡试、会试亦同。翻译童试是最低一级的考试，分为满洲翻译和蒙古翻译。据史料记载，清政府从雍正元年（1723年）开始实施翻译科考。②

① 《清高宗实录》卷1088。

② 《清史稿》卷108《选举三·文科》。

乾隆十六年（1751 年）辛未翻译科进士题名碑（195 号）

当时只有满洲翻译，规定以《四书直解》内限三百字为题，令翻译满文一篇。[①] 雍正九年（1731 年）定，以蒙古翻译考取生员，题目于清字《日讲四书》内照汉字限三百字为题，翻译蒙古文一篇。[②] 之后经过多次修改后规定，乾隆元年（1736 年）以前，满文翻译试题从汉文《四书直解》内出题并译成满文。乾隆元年后改为从汉文《性理》《小学》里出题并翻译或作满文论二篇。

2. 翻译乡试

雍正元年（1723 年）定翻译乡试考三场，头场将《四书解义》《易经解义》《书经解义》《性理精义》《孝经衍义》《大学衍义》《古文渊鉴》《资治纲目》等书，限二百字内出题三篇，令翻译；二场以论、判、表、策为题，作二篇；三场于入场后，取现到通本一道为题，翻译。[③] 雍正九年重新规定：考试蒙古翻译，用清字《日讲四书》一道为第一题，加上清字奏疏一道为第二题，翻译成蒙古文。经过了多次的修改，最后于乾隆四十三

① 雍正《大清会典》卷 74《礼部仪制司·贡举三·翻译国书科举通例》。

② 《清世宗实录》卷 105，雍正九年四月壬戌。

③ 雍正《大清会典》卷 74《礼部仪制司·贡举三·翻译国书科举通例》。

年（1778 年）重定，翻译乡试照例只考一场，用《四书》清字论题一道，翻译题一道。[1] 至此，翻译乡试试题考论题一道、翻译一道成为定制。具体规定为：皇帝亲自出满文《四书》论题一道，满洲、蒙古士子均要求作满文论一篇；主考官再拟定，根据《四书》的内容出翻译题各一道，满洲士子将汉文翻译成满文，蒙古士子将满文翻译成蒙古文。

3. 翻译会试

（1）满文翻译科会试

从雍正元年（1723 年）已确立的会试考试制度，定为雍正二年（1724 年）乡试，三年会试，因人数较少，所以直到乾隆四年（1739 年）才开考。满字题由皇帝亲自出，翻译题由主考官出，第一场考《四书》满字文一篇，从《孝经》《性理》中出题作满文论一篇；第二场考汉字题翻译一篇。

（2）蒙文翻译科会试

蒙古题由皇帝亲自出，从满字《四书》《性理》等书中的内容选为第一题，再从满字奏事中选一道为第二题，并将两题翻译成蒙文。

4. 翻译殿试

清政府对八旗满蒙翻译殿试，也做了规定。雍正元年（1723 年）初定制时，有殿试之设计。[2] 殿试题目为古文、律诗、词赋等文，至乾隆四年（1739 年）首开会试，取中二十二人，因人数太少，奉旨停止翻译科殿试，取中者“俱著赐进士出身，吏部带领引见”[3]。所以在翻译科考试里，会试为最高级别的考试，考中者赐进士出身。

清代翻译科取士统计表

年号	年代	科次	公元	人数					备注
				满洲	蒙古	钦赐	汉军	合计	
乾隆	四年	己未	1739	20	2			22	
	十年	乙丑	1745	17	2	1		20	
	十三年	戊辰	1748	18	2	1		21	
	十六年	辛未	1751	16	2			18	
	十七年	壬申	1752	11	1		2	14	
	四十四年	己亥	1779	3	1			4	

① 光绪《大清会典事例》卷 363《礼部·贡举·翻译乡会试一》。

② 雍正《大清会典》卷 74《礼部仪制司·贡举三·翻译国书科举通例》。

③《清高宗实录》卷 99，乾隆四年八月辛卯。

三　翻译科考试涌现的人才

翻译科的设立使“国语”有了广泛的用武之地，同时也刺激了旗人学习满语的热情，通过考试涌现出了大批翻译人才，更为朝廷提供了许多重要官员，成为八旗子弟出仕的重要途径。清朝著名的翻译理论家魏象乾，乾隆四年（1739 年）翻译科进士，汉军镶红旗人，他精通满汉文翻译，并提出译者应遵循的标准——“正译”，要求译文必须遵从原文的内容，做到大意相近，语句规范，顺达通畅。魏象乾所著《繙清说》，对于满汉翻译的标准及论断有很多的发挥及创新。他曾被任命实录翻书房纂修，纂修、翻译满文本《大清世宗皇帝实录》等。

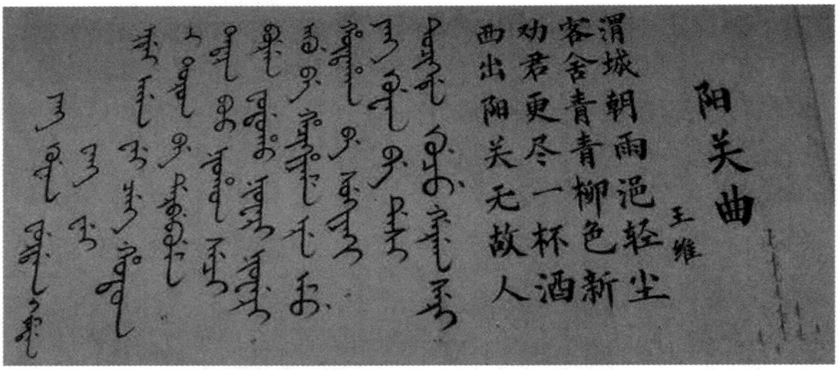

魏象乾（汉、满文《阳关曲》）

乾隆四十四年（1779 年）翻译进士富俊，蒙古正黄旗人。从礼部主事，做到礼部郎中。又从内阁蒙古侍读学士、内阁学士，兼任副都统。嘉庆元年（1796 年）被提升为兵部侍郎，充任科布多参赞大臣。嘉庆四年（1799 年）官授乌鲁木齐都统，后调任喀什噶尔参赞大臣。先后任叶尔羌办事大臣和乌里雅苏台参赞大臣。后奉召回京，署理镶红旗汉军都统和兵部侍郎等。除此之外还善写诗，对满蒙汉三种语言文字有较深造诣，著有词典《满、蒙、汉三合便览》最负盛名。道光皇帝称赞他“清廉谨慎，一心为公，勤勤恳恳，尽职尽责”。

因此，翻译科作为科举制度的补充完善，顺应了时代需求。清朝统治者为了维护满洲贵族的特权，贯彻“清语骑射”的国策，为更多的满、蒙人选官任职提供了稳定渠道；满族、蒙古族是北方的游牧少数民族，文化水平相对薄弱，翻译科的设立有利于满蒙民族文化水平的提升，同时也促进了民族文化交流和民族融合的发展，更推进了翻译事业的更高发展。

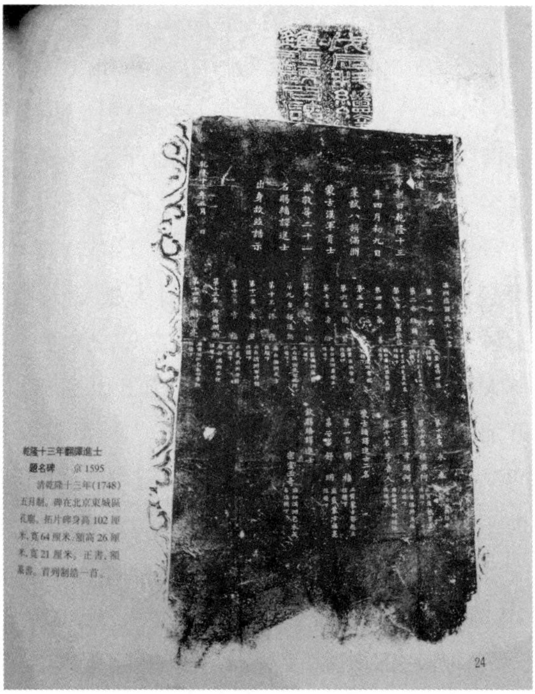

乾隆十三年（1748 年）戊辰翻译科拓片①

四 翻译科消亡的原因

“翻译乡、会试，自雍正元年（1723 年），定于子、午、卯、酉年二月乡试，辰、戌、丑、未年八月会试。嗣后或举或停，或止准乡试而停会试。至乾隆四年（1739 年）八月，复举行会试。题名之有碑刻，自是科始。二十二年（1757 年），仍议停止会试。四十四年（1779 年），照旧举行，并奏准赐进士出身。停其殿试，又奏准停止建立碑记。今翻译进士题名，故仅止四碑。详识于此。”② 其后均以入场人数不足六十名而停止。嘉庆八年（1803 年）重新规定，翻译乡会试三年一举，如遇恩科，一体加恩。此后翻译会试再未间断，行至光绪三十年（1904 年）。正如史料记载，为什么今天大家在北京孔庙内看到的翻译科进士题名碑只有四通，即乾隆四年（1739 年）己未翻译科卓林、乾隆十年（1745 年）乙丑翻译科安福、乾隆十三年（1748 年）戊辰翻译科武敬和乾隆十六年（1751 年）辛未翻译科宁舞立。虽然之后仍旧开设翻译科，但是从乾隆四十四年（1779 年）规定停止翻译

① 图片来源：北京图书馆金石组编《北京图书馆藏中国历代石刻拓本汇编》，中州古籍出版社 1989 年版。

② （清）文庆、李宗昉等纂修：《钦定国子监志》，郭亚南等校点，北京古籍出版社 2000 年版，第 1106 页。

进士建立碑记后，未见有专门记载清代全部翻译科进士的名录和索引。从雍正元年（1723 年）开考，经过乾隆年间的调整和发展，至嘉道年间逐渐稳定，最后在光绪三十年（1904 年）考完最后一科，总共持续了 180 年至最终消亡。主要原因：其一，“昨阅考试满洲翻译生员取中试卷内，清字讹错、翻译平常者甚多，其落卷内舛错尤甚者更不复少”①。由于清后期旗人不断接触汉文化，导致他们的满、蒙文字水平下降，逐步被汉语取代了。其二，乾隆皇帝对翻译科的设置失去信心，因为报考人数寥寥无几，生源质量差导致很难选拔到合格人才，其间多次停考。史载：“明年系届翻译会试之期，虽应试举人不足六十名之数，但自乾隆五十三年（1788 年）以后，日久未经举行，著加恩准于明年举行翻译会试。”② 其三，乡会试覆试制度的推行，指中试的举人和进士在成绩公布后，还要再次参加考试，意在惩处考场中舞弊的士子，并防止科场舞弊，达到拔取真才的目的。但由此却带来了翻译科的人数减少。不仅宗室人员参加翻译乡试的人数减少，就连满洲、蒙古举子也因惧怕乡试覆试导致人数大为减少。嘉庆二十四年（1819 年）八月，“昨因礼部具奏宗室翻译乡试投考人员八名，将届考期，报病者七人，仅余一人……显因本年满洲翻译乡试中式后新增覆试，该宗室等恐覆试森严，是以仅余一人应试。”③ 尽管清后期道光皇帝采取了必要的措施来扭转这一局面，但因很多士子学习满、蒙语的热情降低而无法改变，为此清末不得不废除翻译科考试。

科举制度是中国古代最为重要的一项政治制度，自隋朝创办以来，唐宋时趋于完备，到明清时达到鼎盛，至清末废除时前后经历了一千三百多年之久。作为中国的一项核心制度，科举的存在，无论从社会结构的变化，还是社会习俗等方面的变化，上至国家的长治久安，下至个人的功名利禄，无一不受其影响。科举与古代政治的关系错综复杂，会随着所处社会环境的变迁而变化。

五　结论

翻译科是在满洲不断汉化的背景下创立的。既是为了固守“清语骑射”这一国策，同时也是为八旗士子增开出仕之路。清代重视官吏的双语能力，一方面为大力培养满汉兼通的双语人才，另一方面重视满、蒙语言人才的

① 《清高宗实录》卷一千三百六十二页。

② （清）奎润等修，詹鸿谟等纂：《钦定科场条例》卷 60《翻译·翻译乡、会试》（下），第 4665 页。

③ 《清仁宗实录》第 5 册，卷 361，嘉庆二十四年八月戊戌。

培养，为人才的脱颖而出提供了新的、难得的契机。在文科举的影响下，翻译考试虽然没能延续发扬，但它毕竟使满族、蒙古族文化得以流传，少数民族的文化得到迅速发展，并为朝廷输送满蒙人才做出了贡献。在清代处理民族事务的理藩院和各部院满蒙中书、笔贴式等官员，有些位居卿相，多数是由翻译考试选拔出来的，可以说翻译科的设立，在清代政治和科举制度中的作用不可低估。

张慧，孔庙和国子监博物馆保管部，副研究馆员

◇《御制平定回疆剿擒逆裔告成太学碑》考析

◎ 黄茜茜

【摘　要】《御制平定回疆剿擒逆裔告成太学碑》以特定的艺术手法，真实地再现了道光年间（1820—1828 年）平定回疆叛乱这一重大的历史事件，为后人了解清代政治军事历史提供了难得的文字资料，传存至今，弥足珍贵。

【关键词】 清朝　道光　平定　张格尔

一　告成太学碑刻缘何立于国子监孔庙

《礼记·王制》载："天子将出征，类乎上帝，宜乎社，造乎祢，祃于所征之地，受命于祖，受成于学，出征执有罪，反释奠于学，以讯馘告。"

孙希旦《礼记集解》中载：

郑氏曰：师祭也，为兵祷，其礼亦亡。受成于学。定兵谋也。愚谓祃，《周礼·肆师》作"貉"，郑注云："祭造军法者。其神盖蚩尤，或曰黄帝。"受命于祖，告于大祖之庙而卜之也。受成于学，在大学之中定其谋也。卜吉然后定谋，谋定然后行类、宜、造之祭，而奉社主与迁庙主以行也。

由此可见这种礼仪的顺序是首先在太祖之庙占卜吉凶，然后再去太学定兵谋，谋定之后行类天、宜社、造祢之礼，而奉社主与迁庙主以行。

《释文》：训，本又作"谇"，音信。郑注：馘，或为"国"。释奠，设荐馔而酌奠，不迎尸也。训，所生获当问讯者。馘，杀之而割取其左耳者。出师之时，受成于学，故有功而反，则释奠于先圣先师而告之以克敌之事也。凡告祭轻者释币，重者释奠。①

古代天子将要出征的时候，要以此事告上帝，需要祭天，同时还要告自己的祖先，师祭于所征之地。因为受命于祖，兵谋成于太学。出征俘虏有罪之人，返回来要释奠于太学，以征伐所生获断耳者告祭先圣先师。正所谓“礼有三本：天地者，生之本也；先祖者，类之本也；君师者，治之本也。无天地，恶生？无先祖，恶出？无君师，恶治？三者偏亡，焉无安人。故礼，上事天，下事地，尊先祖，而隆君师。是礼之三本也”（《荀子·礼论》）。因为出师之时，兵谋成于太学，所以有功而返，则释奠于先圣先师而告之以克敌之事。一般告祭，地位轻微者释币，重要的则用释奠。天子诸侯释奠，则有牲牢，有乐舞。《曾子问》曰：“凡告用牲币，反亦如之。”

由此看出：立碑一方面固然有对士子宣谕圣功、夸示勋德之目的，而另一方面无疑从根本上是秉承《礼记·王制》上所载的这一套释奠礼仪。

孔颖达《礼记正义》：凡释奠者，必有合也。国无先圣先师，则所释奠者当与邻国合也。有国故则否。若唐虞有夔、伯夷，周有周公，鲁有孔子，则各自奠之，不合也。凡大合乐，必遂养老。大合乐，谓春入学舍菜合舞，秋颁学合声。于是时也，天子则视学焉。由此可知，释奠仪这一仪式早在周朝已经产生了。“释奠者，设荐馔酌奠之，不迎尸也。”也就是说，所谓释奠，是指向先师之位陈设祭奠的饭食、酒品等。释奠之所以没有尸主，是因为主要是为了向先师行礼，而非报答其功德。凡是天子使诸侯国立学的，一定要先释奠于先圣先师。等到行礼之时，一定要以奠币。这就是天子命诸侯兴教化、立学官。所祭奠的先圣，如周公与孔子。此外，凡是释奠，一定会有所合，也就是说一定会有与邻国所祭之人相合的。国家没有先圣先师的，所释奠者应当与邻国相合。国有先师先圣的则非如此。譬如唐虞有夔龙、伯夷，周有周公，鲁有孔子，是国故有此人，则不与邻国合祭也。后来，由于孔子生前非常重视教育，在教育事业上成就很高，影响深远，所以释奠的对象逐渐以孔子为主。而孔庙又是皇帝祭祀孔子的地方，综上所述，告成太学碑刻因此立于国子监孔庙。②

清代共有七次文庙献功，分别是康熙三十五年（1696 年）平定噶尔丹，康熙四十三年（1704 年）平定朔漠，雍正二年（1724 年）平定青海，乾隆

① （清）孙希旦：《礼记集解》（上），中华书局 1989 年版，第 333 页。

② 参见常会营《北京孔庙祭孔释奠及其文化意蕴》，《中国孔庙保护协会第十四届年会论文集》，2010 年，第 130—132 页。

十四年（1749 年）平定金川，乾隆二十年（1755 年）平定准噶尔，乾隆二十四年（1759 年）平定大小金川，道光八年（1828 年）平定回疆。而康熙、乾隆这两朝都是遣官代祭，唯有道光皇帝是亲自祭祀，并在午门举行了献俘礼和受俘礼。

二　《御制平定回疆剿擒逆裔告成太学碑》形制及碑文

《御制平定回疆剿擒逆裔告成太学碑》为汉白玉大理石质地，螭首龟趺式，首身一体，海墁其下为雕刻海水江崖纹的长方形地衬。外罩有同时期的御碑亭一座。此碑亭重檐歇山顶，四柱头置平板枋和立枋，其上面作转角斗拱，形式为四铺作单抄，重拱计心造，有补间铺作。

此碑自上至下可分为螭首、碑身、龟趺、海墁等四部分。碑首为四龙垂首式。四龙分置阴阳两面，每面各分两龙，屈身缠绕并盘踞于碑首，龙头垂于碑首两侧，两龙腹部缠绕处的下部为额题所在位置，碑体两侧雕飞龙祥云纹雕饰，雕工十分精美。

碑文为阴刻楷书 32 列行，首题“御制平定回疆剿擒逆裔告成太学碑文”，全文 1863 字，清宣宗爱新觉罗·旻宁撰并正书，额篆书“御制”两字。文中所载的时间、地点，为后人分析战争开始的原因、战争结束时间都提供了真实可靠的证据，并且碑文所记载的战争过程，为后人推测清军的布阵、行军提供了直接证据。从拓片数据显示，碑身有字界部分高 360 厘米，宽 153 厘米，额高 51 厘米，宽 44 厘米。

御制碑文录文如下：

征而灭之谓之剿。生而致之谓之捡。命将出师，声罪致讨，此可必得之数也；戟手张拳，生累骈系，此不可必得之数也。矧既已遁逃。而犹望其自投罗网，尤难之难矣。乃失之而复得之，且生得之，此岂人力哉？天也。逆回张格尔者，为萨木萨克之子，自称系和卓木后裔。嘉庆二十五年。冲巴噶什爱曼布噜特比苏兰奇，与张格尔纠煽回众，杀伤卡伦官兵。欲围喀什噶尔。经官兵击败，张逆等窜逸。道光四年，张逆复纠合回众，夤夜抢卡。官兵歼获助逆贼目，张逆复遁。五年，差人诈降，勾结四百余人为乱。因奈曼部落不从，仍复窜赴萨雅克部落，勾结汰劣克等，同来喀什噶尔滋事。巴彦巴图带兵出卡，遇贼接仗，中枪自刎。朕谕庆祥往喀什噶尔，督同永芹办理剿捕事宜。旋因永芹病殁，以庆祥为喀什噶尔参赞大臣。六年六月，张逆率安集延布噜特五百余人，夜由开齐山路、突至阿尔图什回庄。众回从逆者多，分投抢城。台路断绝，所调援兵。路栋未能猝赴。英吉沙尔、叶尔羌、和阗、既分兵应援，存城兵少。贼势猖獗，各城纷纷告急。乌什、阿克苏、二城，亦俱戒严。朕遂授长龄为扬威将军，杨遇春、武隆阿、参赞大臣。先后调派吉林轩龙江官兵三千名，各路官拴三万二千余名。又简派巴图鲁侍卫章京等，驰往带兵进剿。随颁发朱谕十条，指授机宜。而贼匪扰至阿克苏浑巴什河南岸屯聚，伺隙躧渡。经长清，达淩阿。巴哈布等，督兵昼夜严防，两路夹击，杀贼甚夥。贼首奔窜，追毙之。杨芳擠剿柯尔坪从逆贼匪，歼戮殆尽。七年，长龄等于二月初六日。统大兵进剿，二十三日至洋阿尔，巴特。尔经接仗，贼势披靡，布噜特俱奔窜。二十五日进至沙布都尔庄。两次鏖战，捡戮贼匪数万。二十八日进至阿瓦巴特回庄。三次续获胜仗。三月初一日，克复喀什噶尔。张逆先已乘间窜逸，长龄留喀什噶尔，杨遇春等带兵进剿。英吉沙尔、叶尔羌、以次收复。杨芳分剿和阗，亦克复其城。朕以四城虽定，逆首未除，谕长龄派兵各要隘安营，务确探张逆踪迹，期于必获。五月，长龄奏张逆在木吉地方潜匿。饬安福等出卡追捕，添调杨芳督办。张逆复窜拉克沙地方，檄令喀拉提锦部落助捡。朕谕杨遇春来京入觐，杨芳授为参赞大臣。长龄奏请仍留喀什噶尔，朕允其所请。并谕以张逆势虽穷蹙，难保其不复来窥伺，该将军等当严加防范，设法剿捡。张逆果于十二月二十七日，潜由开齐山路入卡。长龄、杨芳、分统将领，连夜剿捕。追及于喀尔铁盖山，两路并剿，众贼逃窜。张逆仅賸贼党十余人，情急将自绝颈，总兵胡超等夺刀生捡之。余贼歼戮无遗，随将张逆解大营，槛送阙下献俘，长龄等红旗报捷。阅二十日递至京师，爰锡封长龄为威勇公，杨芳为果勇侯。其余将士，升赏有差。朕思回疆自皇祖高宗纯皇帝平定以来，休养生息。六十余年，彼回众践土食毛，无不感承圣化。乃张格尔以逆裔遗孽，招集沙虫之族，潜行枭獍之谋。朕何敢不导杨先烈、勉迪前光？是役也，捡渠于万里而遥，奏绩于一年以内。傥胁从之众，一鼓就歼；而煽惑之魁，只身远遁。事未称为尽善，功犹堕于垂成。且逆首或畏罪自戕，或拒追被戮。虽伸国法，未快人心，是既得而犹未得也。今则飞蛾赴火，自蹈危机，临阵生捡，束手就缚。与檄谕外夷，设计获献者，厥功尤伟。然此岂人力所能为哉？罪人斯得，天夺其魄也；我武惟扬，天之所助者顺也。礼曰：执有罪，告成于学。故据事书之。系以铭曰：

惟我皇祖，拓土开疆；大小和卓，自取灭亡。背恩反噬，敢肆鸱张；爰敕将帅，翦彼披猖。二酋授首，献馘庙堂；慑威怀德，绥靖遐荒。济恶作奸，萨木萨克；邃匿深藏，苟延喘息。弗忍加诛，投畀有北；逞其诡谋，为鬼为蜮。助虐者谁？

狼心叵测；曰安集延，曰布噜特。根株弗断，滋蔓难图；蠢张格尔，甘自速辜。巧营三窟，雄长一隅；窥边越卡，常苦觊觎。有时击败，窘苦囚拘；乘间而遁，终为逃逋。煽乱游魂，稽诛遗孽；抢占城垣，弃离巢穴。虺毒豺凶，蜂屯蚁结；竟抗颜行，群效据窃。前围后攻，左牵右掣；燎之方扬，如火烈烈。恭行天讨，诘尔戎兵；卜云其吉，命将遄征。三战三捷，克复四城；以少胜众，猛助军声。狡哉鼠窜，惜死偷生；神人共愤，星埽欃枪。穷猿投林，枯鱼泣釜；遁迹莫侦。孰袭而虏。自夏徂冬，以防为堵；彼若不来，我焉能取？惟天不容，俾罹网罟；故智复萌，余勇欲贾。霜锋雪甲，桓桓我师；贼弃马走，高山䧢巖。挥弓电闪，激矢风追；逆渠生缚，援戈而麾。自我剿之，自我捡之；堂堂正正，荡定西陲。将军长龄，首功懋赏；参赞杨芳，壮猷优奖。尔公尔侯，用褒忠谠；大小臣工，恩波浩荡。押献戎俘，乂安边壤；紫阁铭勋，凌烟画像。凯歌除夕，庆洽元辰；万方送喜，九寓同春。肇应灵序，允惠黎民；如天之福，如天之仁。告功太学，勒碑成均；严恭寅畏，天命懔遵。

三　碑文所载道光年间平定回疆事件历史考

逆回张格尔者，为萨木萨克之子，自称系和卓木后裔。嘉庆二十五年。冲巴噶什爱曼布噜特比苏兰奇，与张格尔纠煽回众，杀伤卡伦官兵。欲围喀什噶尔。经官兵击败，张逆等窜逸。道光四年，张逆复纠合回众，黄夜抢卡。官兵歼获助逆贼目，张逆复遁。五年，差人诈降，勾结四百余人为乱。因奈曼部落不从，仍复窜赴萨雅克部落，勾结汰劣克等，同来喀什噶尔滋事。巴彦巴图带兵出卡，遇贼接仗，中枪自刎。朕谕庆祥往喀什噶尔，督同永芹办理剿捕事宜。旋因永芹病殁，以庆祥为喀什噶尔参赞大臣。六年六月，张逆率安集延布噜特五百余人，夜由开齐山路、突至阿尔图什回庄。众回从逆者多，分投抢城。

这段碑文详细讲述了张格尔之乱的背景：清初，新疆以天山为界，分为北疆和南疆。北疆由准噶尔占据；南疆被维吾尔族人占据。乾隆二十四年（1759 年），清朝平定了大、小和卓在南疆发动的叛乱之后，大和卓之子萨木萨克逃往浩罕国，他的次子张格尔多次骚扰边界。道光六年（1826 年）六月，张格尔再次进入喀什噶尔地区进行煽动，不满当地清朝官吏的统治的维吾尔族人便纷纷响应。

（一）柯尔坪之战

道光六年八月，道光帝得知张格尔叛军攻占和阗、英吉沙尔，并围攻喀什噶尔的消息之后，立即发布谕令：“刻下紧要机宜，总以严守东四城（阿克苏、乌什、库车、辟展）为要，阿克苏尤为适中扼要地方，更应加意固守。”① 清军在杨遇春等人的指挥下击毙和俘虏叛军 1000 余人，“大河以北，已就肃清”。张格尔企图再攻阿克苏。此时，清军已在阿克苏境内采取了严密的防范措施，并在河南岸搜剿叛军 300 余人。此举使得张格尔妄图攻下阿克苏的计划失败。

正当清军在阿克苏一带接连获胜的时候，道光帝于十月得知喀什噶尔城失守了。他立即颁发谕令，提出“以密速进取喀什噶尔为急”，一面向叛军“扬言官兵驻守阿克苏、乌什，且不进剿，以懈贼心”，一面分奇兵断敌归路，以主力由英吉沙尔等处前进，“两路会合夹攻”。长龄、杨遇春等人遵照道光帝的旨意，决定立即向战略要地柯尔坪（今柯坪）进军。柯尔坪地处阿克苏西南约 300 里，是清军进剿叛军、收复喀什噶尔的必经之路。正因为如此，张格尔派 3000 名叛军在柯尔坪恃险据守，并准备不惜一切代价阻挡清军的前进。长龄、杨遇春派陕西提督杨芳率部前去剿灭。杨芳挥军分两路突袭该地，叛军拼死抗拒。副将胡超身先士卒，挥刀接连砍杀数名叛军，清军将士一拥而上，剿杀叛军过半。接着，清军又两路追杀，将叛军全部消灭。②

柯尔坪之战的胜利，削弱叛乱势力，同时也打击了叛军的嚣张气焰，鼓舞了清军的士气，增强了清朝平叛的信心，更重要的意义在于打通了清军继续西进的道路，

（二）喀什噶尔之战

碑文中载“七年，长龄等于二月初六日。统大兵进剿，二十三日至洋阿尔巴特。尔经接仗，贼势披靡，布噜特俱奔窜。二十五日进至沙布都尔庄。两次鏖战，捡戮贼匪数万。二十八日进至阿瓦巴特回庄。三次续获胜仗。三月初一日，克复喀什噶尔。张逆先已乘间窜逸，长龄留喀什噶尔，

① 《清宣宗实录》卷 103，道光六年八月壬戌，《清实录》第 34 册，中华书局影印本 1986 年版。

② 参见李尚英《平定张格尔叛乱》，《清史镜鉴：部级领导干部清史读本》下卷，国家图书馆出版社 2010 年版。

杨遇春等带兵进剿。英吉沙尔、叶尔羌、以次收复。杨芳分剿和阗，亦克复其城”，记述的是道光七年（1827 年）二月六日，清军主力从阿克苏始向喀什噶尔进军。张格尔闻讯，纠集叛军二万临时筑起防线。二十三日长龄亲率官兵抵达洋阿尔巴特。分路扑杀，叛军纷纷溃逃。二十五日，清军向张格尔重点设防的沙布都尔庄发起攻击。长龄以敌众我寡，敌又据有利地形，恐其趁风霾之机反击，欲退营十余里，待风停再攻。杨遇春却劝阻说：“天赞我也，雾晦中贼不辨我多少，又不虞我即渡，时不可失；且客兵利速战。难持久。”三月初一日，清军迅速攻占了喀什噶尔城，张格尔在城破之前已先逃遁，流窜于柯尔克孜族的游牧处所。①

清军收复喀什噶尔之后，长龄留驻喀什噶尔，杨遇春率兵进剿英吉沙尔和叶尔羌并成功收复。杨芳率兵进攻和阗并成功收复。至此，南疆西四城全部被收复。

（三）生擒张格尔，战争胜利结束

在张格尔叛乱初始，道光帝就下过谕旨，要求必须生擒张格尔，治以重罪。但当清军收复喀什噶尔城的时候，张格尔早已事先逃走；清军收复英吉沙尔后，仍没有找到张格尔的确切行踪。道光帝为此下谕斥责长龄等人“未能仰体朕宵旰忧勤之意，致有疏纵，办理不善”。又质问道：张格尔“如竟不获，该将军等自问可称蒇功否?”②

碑文中载“张逆果于十二月二十七日，潜由开齐山路入卡。长龄、杨芳、分统将领，连夜剿捕。追及于喀尔铁盖山，两路并剿，众贼逃窜。张逆仅賸贼党十余人，情急将自绝颈，总兵胡超等夺刀生捦之。余贼歼戮无遗，随将张逆解大营，槛送阙下献俘，长龄等红旗报捷”，讲的是道光七年（1827 年）十二月二十七日，张格尔的叛乱队伍流窜至阿尔图什时，长龄得知消息，立即令杨芳带兵连夜前去搜剿。杨芳分兵追击，在喀尔铁盖山（今喀拉铁克山）将大部分叛军歼灭，胡超等人继续穷追不舍，消灭剩下的十多个叛军。走投无路的张格尔欲自刎。胡超夺下他的刀，将其生擒。

《清宣宗实录》卷一三六载：

> 己酉。献俘于太庙。社稷。都统哈哴阿等率解俘将校，以俘囚张格尔、自天安门入，至太庙街门外。俟承祭王至，俘囚张格尔北向跪

① 魏源：《圣武记》卷四，《道光重定回疆记》，中华书局 1984 年版，第 187 页。

② 《清宣宗实录》卷 116，道光七年四月辛酉，《清实录》第 34 册，中华书局影印本 1986 年版。

> 伏。承祭王入，行礼毕。都统哈哴阿等率诸将校，以俘囚张格尔。至社稷街门外，北向跪伏。承祭王入，行礼如前仪。①

又载：

> 庚戌。上御午门楼受俘。都统哈哴阿等率解俘囚将校、以俘囚张格尔。豫俟于午门外之西。大乐鼓吹金鼓全作。上升座。解俘囚将校行礼毕。令俘囚张格尔北向跪伏。兵部尚书跪奏、平定回疆。生获俘囚张格尔。谨献阙下请旨。命王大臣会同刑部严讯。刑部尚书跪领旨。兵部司官、以俘囚张格尔交刑部司官。自天安门出。王公百官行庆贺礼。②

上述两段内容讲的是道光八年（1828 年）五月十二日，道光帝登午门受俘。张格尔被都统哈哴阿等押解楼前，北向跪伏。道光帝命令交刑部严讯，刑部尚书跪地领旨。兵部司官遂将张格尔交刑部司官，自天安门出。随后王公百官行庆贺礼，受俘礼结束。

礼成之后，道光帝实施廷讯，随后谕内阁云：“逆裔张格尔，著即寸磔枭示。派协办大学士尚书富俊、尚书明山，侍郎钟昌、奕经，前往监视行刑。庆祥以喀什噶尔参赞大臣，遭变被困，力竭捐躯；领队大臣副都统乌凌阿，因带兵围捕，临阵陷殁。皆由该逆倡乱，以致伤我大臣，殊堪发指。著庆祥之子侍卫文辉、乌凌阿之子侍卫忠泰，同往市曹看视，俾抒积愤。并将该逆摘心，交文辉于伊父庆祥墓前致祭，用慰忠魂。”③

道光八年（1828 年）八月初七日，道光皇帝于圆明园正大光明殿举行盛大宴会，欢庆平叛胜利。

四　平定张格尔之乱后清朝采取的措施

平定了张格尔叛乱后，该如何来安置西四城便成为了重点问题。因为西藏在土司制度的管理下取得了一定的成效，于是部分官员便建议可以仿土司分封制统治西四城。但玉麟认为“西四城为东道藩篱，南八城为西陲保障，即前后藏及西北沿边蒙古番子部落皆赖以巩固。若西四城不设官兵，

① 《清宣宗实录》卷 136，道光八年五月壬午，《清实录》第 35 册，中华书局影印本 1986 年版。

② 同上。

③ 同上。

仅令回人守土，诚恐回性无恒，又最畏布鲁特强横，转瞬即为外夷所有，则阿克苏又将为极边矣。以形势论，唇亡则齿寒；以地利论，喀什噶尔、叶尔羌、和田三处为回疆殷实之区”①。

（一）建立有效的行政机构，强化中央对边疆的有效控制

道光帝在权衡利弊之后否定了土司分封的意见，而是决定将西四城置于清廷的直接管辖之下，并向西四城加派官吏、增加驻军、调整军事部署，更有效的巩固了西四城的治理。但清廷在西四城仍实行军府制和伯克制，在行政管理上的改革并不彻底。

（二）整饬吏治，安抚民心

《西域闻见录》中载：“喀什噶尔岁敛普尔钱八九千缗，叶尔羌岁敛普尔钱万余缗，和田岁敛普尔钱四五千缗，又土产、毡裘、金玉、缎布赋外之赋，索需称是，皆章京、伯克分肥，而以十之二奉办事大臣。”这段文字描述了新疆各级官员搜刮百姓的程度，正是官员们的索取无度引起了回民的愤恨，导致被张格尔利用了这一时机宣传自己的仁政以骗取民心。

那彦成在处理善后事宜时，先收抚了原来服从浩罕的布鲁特以削弱其浩罕的势力；又与位于浩罕西南、一向与浩罕为仇的达尔瓦斯部布鲁特取得联系，形成对浩罕的两面夹攻之势，并对归顺清廷的各布鲁特予以奖赏。这些措施在短时间内都起到了积极的作用。②

五 战争胜利原因

在整个平叛过程中，道光皇帝“始终经画，宵旰焦劳”，其所实行的战略战术和较为正确的政策和措施，是取得平叛胜利的主要原因。

（一）正确判断形势，调兵遣将

道光意识到调遣乌鲁木齐五六千军队增援南疆，已不能解决张格尔叛乱势力，便及时改变了过去实行的“陈兵以示威，悬赏以结信”的战略方针，自七月始，大规模地调兵遣将。首先，道光任命陕甘总督杨遇春为钦差大臣，令其统率陕甘兵五千余驰赴新疆办理军务。接着命令深悉新疆形势的山东巡抚武隆阿，驰释来京，委以重任。不久，又授大学士、伊犁将军长龄为扬威将军，同时命杨遇春、武隆阿为参赞，迅速组成平叛指挥组。在整个平叛战争中，道光先后调遣兵力总数达到三万六千多人，雄厚的兵力，保证了平叛战争的迅速胜利。制定厚积兵力，一鼓扫除的战略

---

① 柯劭忞等：《清史稿》列传一百五十四，中华书局 1977 年版。

② 朱亚非、李瑶：《从张格尔叛乱看清朝边疆防御之得失》，《西域研究》2006 年第 1 期。

战术。①

道光屡嘱长龄等将领“勇往之中寓慎重之意，养精蓄锐，务期厚集兵力，一鼓扫除”，“俾得养精蓄锐，为一鼓扫除之计，惟当加意慎重，无许冒昧轻进”。警告前线将领：“境有侦探不确，粮运不继，贪功深入，致有疏虞，即当治以轻率淡事之罪，不可不慎之又慎也。”② 在大军发动进攻之后，道光要求长龄等尤其要注意防后路，以免腹背受敌。道光还根据他所掌握的新疆舆地情况，不同的情形采取不同的处理办法。如当西四城可能已被叛军侵占时，道光及时下达了扼守阿克苏以保卫东四城的命令。阿克苏东界库车，西邻乌什，南接叶尔羌，北通伊犁，为南路之要区，北路之屏障，为回疆适中最要之区，所关甚巨。在征调大军近期内不能到达的情况下，道光令阿克苏办事大臣长清等“激励将士及伯克回众等尽力固守，以待大兵”③。由于准备充分，布置周密，浑巴什河一战，清军取得胜利。阿克苏的确保无虞为进军西四城奠定了基础。为了实现一鼓歼擒的战略目标，道光要求长龄“熟商一出奇制胜之策，或诱之使来就擒，或设法绕在近卡地方，分出奇兵，要截去路”。

道光帝疑惑回部“久已习为恭顺，何致遽思变乱”最后得出“总由近十余年来，历任参赞、办事大臣等贪淫暴虐”的结论，并令长龄对此“细加察访”。④ 不久，他根据长龄的奏报，将引起民愤的原喀什噶尔参赞大臣斌静等人定为斩监候，安抚了民心。同时长龄、杨遇春等人按照道光帝的安排，行军途中广而告之，对叛乱者根据不同情况予以区别对待：对“甘心助逆”而又“执迷不悟、抗拒大兵”者决不宽恕，而“被胁附合之众，果能解甲迎降，投诚乞命，皆可量于宽贷，乃令各复旧业”。

（二）要求前敌主帅赏罚得当，将士纪律严明

调赴新疆平叛的军队来自数省，为使各路人马团结一心，克敌制胜，道光在为平叛制定的十条方略中，第一条就是要求将军长龄、参赞大臣杨遇春、武隆阿做到“无论满汉官兵，总当视为一体，秉公持正，微功不掩，小过亦惩”。“分别功绩，秉公奖励，毋滥毋遗。”道光还要求赴援各军历经各省时，必须做到“队伍整肃，秋毫无犯”。在调遣吉林、黑龙江劲旅赴援新疆时，道光考虑到这些士兵经行四省，其中恐有愚鲁之辈，遂采取了许多预防性措施，“据实参奏，将犯事官兵按军法治罪，并将约束不严之领队

① 张玉芬：《论道光对张格尔叛乱的平定》，《辽宁师范大学学报》1985年第6期。

② （清）贾桢、花沙纳、阿灵阿、周祖培奉敕修：《大清宣宗成皇帝（道光朝）实录》15，中华书局1986年版。

③ 同上。

④ 《清宣宗实录》卷102，道光六年八月丁巳。

官员等分别严惩，决不宽贷”。为了进一步重申军纪，道光还特地将乾隆四十九年（1784 年）八月制定的行军纪律十条重新颁行。并再次重申，“大军经过地方，必当纪律严明，队伍整肃”，“如敢肆意违犯，则军法俱在，须应按律严惩”。①

（三）区别对待，示以恩信

道光分析完局势认为“自系逆裔张格尔煽惑所致，其中甘心助逆者，谅必无多”。他依据判断制定了“强者示之以威，顺者抚之以德”的区别对待政策。首先对那些渎职的官员大加惩创，以昭示“赏罚必信”的宗旨，使被裹胁的各部回民“输诚效顺”。如乌什办事大臣庆廉，在没有掌握确实证据的情况下，因回户失去马匹，将布鲁特部库图鲁克传到，革去翎顶，圈禁数日，嗣寻获马匹始行释放后来。又令阿奇木伯克木萨催逼库图鲁克来城，使之心存疑惧，不敢前来，并将木萨砍伤。道光认为庆廉“办理不善，咎无可辞”，将庆廉交部议处，最后降为二等侍卫。道光的这些做法，起到了赏罚必信、宣示国威的作用。②

道光在为平叛制定的方略中，明确规定：“各城大小伯克如能实心出力，著有劳绩者必当加以褒奖，以励其余。”③ 道光在平叛中实行的这种政策取得了良好的效果。道光吸取了近十年来各级官吏横征暴敛激起动乱的历史教训，特命将一切在回疆实行的科派陋规永远革除。并将此内容张贴勒石，以垂久远。

（四）保证粮饷及其他军事物资的顺利供应

道光对军事物资及粮饷的转输供应同样做了周密的部署，令“随时妥速拨运，务须源源接济，不可稍有短细迟误”。很快形成了鄂山驻兰州、卢坤驻肃州、恒敬驻哈密、英惠驻乌鲁木齐这样一个军需物资转输的方案，并在平叛大军经过之地广设粮台、腰站。当大军即将云集阿克苏、大规模军事行动即将开始时，道光要求“应放大兵云集之前，筹备三月之粮，以后源源滚运”。

为了防止叛军偷袭粮道，道光命长龄等“酌量分拨官兵放安设粮台处所，小心防范，务保无虞”。至于放其余的军事物资诸如马匹、驼只、鸟枪、弓箭、大炮等，道光屡令“宽为豫备，毋致缺乏”。此外，道光拨内库银二百万两，令户部拨饷银四百万两以应急需，继则令户部调拨各省饷银，同时飞咨各省，迅速起解。清廷用兵新疆一年多，前后共支出帑银一千一

① （清）贾桢、花沙纳、阿灵阿、周祖培奉敕修：《大清宣宗成皇帝（道光朝）实录》15。
② （清）贾桢、花沙纳、阿灵阿、周祖培奉敕修：《大清宣宗成皇帝（道光朝）实录》16。
③ （清）贾桢、花沙纳、阿灵阿、周祖培奉敕修：《大清宣宗成皇帝（道光朝）实录》22。

百一十六万余两。由于道光要求“诸将军大臣等务要正己率人，严明驭众”，严禁粮台各员夸奢竞靡，借款浮开，“如有犯者，从严惩办”①。

六 平定战争的意义

这次叛乱起于嘉庆二十五年（1820 年）到道光八年（1828 年）结束，前后历时八年。而与以往少数民族反清事件的性质不同的是张格尔是在英国人的支持下组织和装备军队的，且当张格尔攻打喀什噶尔时就有英国人参与其中：“喀什噶尔现有该族人二十人，内五人寸步不离和卓并支配其一切行动，自称和卓并著和卓服。……此等英人……在该地唆使张格尔和卓兴起此事，与之进入喀什噶尔城。”② 由此可见，平定张格尔叛乱对于维护多民族国家的统一和领土完整，反对殖民主义的侵略都具有极其重要的意义。

晚清士大夫龚自珍、魏源、姚莹等人纷纷撰写了有关边疆地理的论著，关于西四城设防及新疆建省的建议亦在此时被提出，顺应了时代发展的潮流，为清朝巩固边疆和抵御外辱提供了一定的理论基础。

张格尔虽死，但南疆的问题并没有彻底解决。一是张格尔之乱打破了新疆地区长期以来的稳定局面，此后动乱不断。二是喀什噶尔等西四城的社会经济系统均被破坏，不复繁荣。三是一系列的叛乱不断耗损了清朝国力，加速了清朝的覆亡。19 世纪 60 年代，南疆地区又爆发了大规模的反清叛乱，浩罕军队趁机再次入侵，并建立了所谓“哲德沙尔汗国”，如果不是后来的左宗棠、刘锦棠等将领收复了新疆，那么新疆可能已不再属于中国所有。此为后话，在此不作赘述。

古往今来，都是打江山容易，守江山难。没有变革创新的勇气和魄力的道光无法满足当时需要继往开来的国情需要，所以平定张格尔叛乱注定只能成为大清王朝的最后一次全胜武功。正如文元老师在《道光平叛》书中所写的那样：“当帝国进入道光朝时，虽说是桑榆暮景，盛世气象不再，但犹如日薄西山时的晚霞，也闪耀着它独有的炫目色彩，引人回望。”

黄茜茜，孔庙和国子监博物馆保管部，馆员

① 张玉芬：《论道光对张格尔叛乱的平定》，《辽宁师范大学学报》1985 年第 6 期。

② 车娟娟：《杨遇春与平定张格尔叛乱》，《丝绸之路》2012 年第 2 期。

◇试论明清国子监的教育管理

◎ 辛秀

【摘　要】 国子监是古代的官学机构，是封建王朝用来培养人才的场所，特别是到了明清时期，它不仅为培养高级统治阶级人才做出了很大贡献，而且也是封建统治者的决策咨询机构。从明朝开国皇帝朱元璋开始，一直到后来的多位明清皇帝，都十分重视国子监，每隔一定时间就要到国子监讲学、视学，并且会亲自审核与批准国子监祭酒的选拔与任用。基于此，明清时代的国子监祭酒、监丞、司业都比较重视国子监的教育管理，并积极组织相关管理活动。

【关键词】 明清时期　国子监　教育管理

作为明清时期最高学府的国子监，是全国学子最心仪的学习场所，它之所以成为众多学子心中最理想的学习场所，主要有两方面的原因：一是最高统治者关注国子监的管理，皇帝亲自过问监生学业，定期视学，还会组织讲经论义活动；二是全国最出色的教官全部集中于此，他们不仅有着丰富的学识，而且擅长教学管理。明清时代的国子监教官都有官衔品级，包括祭酒、博士、司业、典簿，还包括监丞、助教、学正、学录等。明清时期的国子监教官生活节俭、朴素，安贫乐道，他们在自己的工作岗位上兢兢业业，恪尽职守，为国家培养治理人才。明清时期国子监教官的日常生活、师生交往、教学活动是中央官学教师的主要活动。本文将从多个方面论述国子监的教育管理。

一　国子监教官的日常生活

在《万历十五年》这部著作中，黄仁宇描述了时任国子监教官的思想家李贽的生活状况：

李贽于 1552 年中举。由于家中生活贫困，考中进士的梦想只能破灭，于是只能按照惯例任职于官府机构。在此之后，他长期在低层机构任职，领取很少的俸禄，生活不得志。1559 年，他父亲去世，又不得不停职，守孝期满后他进京求职，耐心等耐将近两年后，他得以在国子监担任教官一职。在等待入职的这段时间里，他只能以教书为生，尽管他育有子女七人，可是只有大女儿活了下来。李贽曾经有一次连续七天都没怎么吃东西，饿得头晕眼花，甚至连“稻粱”和“黍稷”都无法区分开来。

通过以上论述可知，第一，李贽是在家庭贫困，不能继续参加京试，而且仕途前景渺茫的条件下才开始担任国子监教官一职，这说明国子监教官的社会地位以及俸禄可能对知识分子没有什么吸引力，只不过为了养家糊口罢了。第二，李贽在国子监担任教官一职，可是他的子女却接连夭折，这其中可能存在其他因素，可是收入有限、无钱医治一定是其中原因之一。甚至于李贽本人都一连几天都没有东西吃，饿得奄奄一息。我们通过描述可以判断出，明清时期的国子监教官收入较低，生活十分困窘。汪曾祺曾经专门描述了国子监祭酒（该机构最高管理者）的生活状况和基本待遇，为我们展现了国子监教官的日常教育活动，我们可以推测出他们的经济地位和社会地位：

国子监祭酒的生活较为清闲，每月只逢六逢一上班，去了之后，当差的在门口喝一声短道，沏上一碗盖碗茶，他到彝伦堂上坐了一阵，给学生出出题目，看看卷子；初一、十五带着学生上大成殿磕头，此外简直没有什么事情。清朝时，国子监祭酒承担着两项特殊职责：一是每年率领各位属官于十月初一那一天去午门领取第二年的黄历；二是每到月食、日食的日子，身着素服去太常寺和礼部去“救护”，可是这样的日子很难碰到，即使领取黄历，也才一年一次。在《藤阴杂记》中，戴璐将国子监教官一职描述为“清简恬静”，显然比较恰当，可是，这一官职的吸引力并不大，很多官员都没有多大兴趣。最高统治者好像也了解这一点，所以如果没有意外的话，祭酒超不过三年就会调迁，主要原因在于这一职位根本没有油水。国子监祭酒每月可以领取俸禄一百零五两，一年共计一千二百六十两，再加上每月可以领取三两的公办费，一年的全部俸禄加在一起才只有一千二百九十六两，实在是有点少。国子监是一个清水衙门，既没有工程可以承揽，也没有人打官司，教官们几乎没有额外的收入。祭酒的日常活动和教务活动主要包括如下几种：

第一，每逢初一和十五，国子监教官便与学生一起去孔庙大成殿祭拜孔子，主持祭孔仪式，行释菜之礼。国子监祭酒翁心存在《日记》中写道：“四月朔，清晨，浓阴满天，申刻雨至，二更后乃止，滋润渗漉，二麦可庆丰登矣。丑正起，趋诣太庙陪祀，是日定亲王恭代行礼。寅正二刻上祭，天已黎明矣。卯初礼成，回寓小憩，即诣文庙，偕善溥泉行释菜礼，入署治事。”国子监祭酒翁心存在农历四月初一这一天两点就起床了，他一早要感到太庙陪同亲王举行祭祀活动，整个祭祀活动时间长达三个小时。祭祀活动结束之后，翁心存稍稍休息，之后又前往国子监文庙举行释菜之礼。全部仪式结束之后，他才开始处理各种事务。

第二，奉旨引见新国子监教官。《翁心存日记》这样描述：“三月朔，晴暖。是日值日，丑正起，寅正三刻至园待漏，辰初引见拟补汉典簿赵景辰一员，奉旨依拟用。又引见汉教习期满初荣勋、叶钧二名，奉旨以教职用。退直后由土道回，沿德胜门城濠而行，春光明媚，柳稊蘸水，凫渚停舟，洵可悦目也。入安定门，进署治事，是日文园同年留署，代余行释菜礼，考到者三十名，已点名出题矣。”阳春三月的时候，翁心存担任国子监祭酒时间并不长，他心情不错。他凌晨两点钟必须起床，凌晨四点钟待漏，奉旨去往礼部引见新入职的国子监教官初荣勋、赵景辰、叶钧三人。

第三，每月农历初一和十五两天为监生命题，组织考试，并参与阅卷，了解监生学习情况和自己的教学情况。《翁心存日记》记载：“二月十五日，晴暖，午后风。黎明赴署，众犹未至也，入致斋所，默坐以待。辰初，文园同年至，偕拜庙，遂入东厢治事。是日大课，同事以属之，余辞不获已，乃出题，为‘事君敬其事而后其食’，诗题‘入学鼓箧得“先”字’”。

第四，每年农历十月初十率领教官前往午门领取黄历。这一活动每年一次，非常正规，每一位教官都要求身穿正式的官服，列队出行。不仅如此，祭酒还要在正月初一的时候率领全体教官去朝贺。

总而言之，明清时期的国子监祭酒、博士、监丞、司业等教官工作清闲，日常生活朴素、恬静、典雅。

二　内部管理活动

明清时期的国子监祭酒负责领导各种教育管理活动，但是具体的实施工作则由典籍厅、绳愆厅、典簿厅等机构来完成。各教育管理机构各司其职，互相配合，从不同角度对国子监学生开展各种教育管理活动，使国子监学生符合统治阶级的需要。

1. 祭酒的管理活动

国子监祭酒负责领导国子监教育管理工作，不仅要从宏观角度制定各种教育管理规章制度，还要对各管理机构的教育管理行为以及效果进行检查和督促，以便帮助这些机构及时做出改进。另外，祭酒要以身作则，严于律己，自觉为国子监的其他教官和学生树立榜样。祭酒的主要职责是

“六堂讲课诵业，定生员三等高下，定六堂师范高下”。

祭酒的具体管理活动包括四个方面：

一是充当礼部与国子监师生的交流媒介，将一方的信息传达给另一方。礼部通过祭酒间接领导国子监，而且朝廷教育经费的划拨、监生名额的分配以及皇帝旨意的执行等活动都必须通过祭酒来传达和执行；祭酒也承担着向礼部回报国子监师生情况和要求的职责。举例来说，祭酒要在年底的时候向礼部如实汇报国子监学生数量、人员变动、教育经费的使用等情况，并将汇报内容转呈皇帝阅览。二是对国子监师生的全部日常管理活动负责。祭酒不仅要负责学生招录、班级分配、教学日程设置，还要负责学业考试安排、教学设备的统筹使用以及钱粮的分配等，不仅如此，祭酒还负责审批监生请假情况。三是配合皇帝的讲学视学，而且庙学祭祀活动也由祭酒负责主持。明清时期的皇帝，尤其是清朝皇帝，热衷于前往国子监行释奠之礼，而且还会有讲学视学活动，因此皇帝亲临释奠，国子监祭酒会带领全部教官和监生迎接圣驾，同时还要向皇帝介绍国子监基本情况，回答皇帝提问，并主持祭祀仪式。四是定期主持祭祀活动，组织监生考试，负责命题工作。

2. 司业的管理活动

国子监祭酒的助手是司业，该职位是国子监管理的副职。明朝时期，仅一人担任司业，而到了清代，则增加为三人，并且三人要分别来自满族、汉族和蒙古族。司业的主要职责包括两个方面：

一是辅助国子监祭酒，共同管理国子监的日常活动。《清史稿·职官二》记载，“祭酒、司业掌成均之法。凡国子及俊选以时都授，课第优劣。岁仲春、秋上丁，释奠，释菜，综典礼仪。天子临雍，执经进讲，率诸生圜桥观听。新进士释褐，坐彝伦堂行拜谒簪花礼”。司业的职责之一是辅助祭酒完成管理活动，当祭酒因为某种原因不在国子监时，代替祭酒行使考核监生学业的职能，当皇帝前往国子监视学进学时，还要做好配合工作。

二是督促国子监师生的教育教学活动。司业负责针对教学工作进行督促，对学生的学业进行指导，还会在固定时间了解学生的学业，有时也会不定期抽查，他们会抽查学生的背诵情况，了解学生是否理解了经书的解释，或者抽查学生的出勤情况，为学生命题等，以便从不同方面了解学生的思想、学业情况。当学生请长假时，由祭酒进行审批，而当学生只请假一两天时，则交由司业进行审批。

三是帮助祭酒完成相关管理活动，如起草各种表奏公文，帮助祭酒上传下达，在礼部与国子监师生之间搭建起沟通的桥梁，同时还要针对典籍厅管理学生学籍和文档书籍的活动进行检查，并做好督促工作，还承担着对教师教学绩效进行考核的职能，考核结果要向祭酒汇报。

3. 绳愆厅的管理活动

监丞是绳愆厅的主要领导，明代时这一职位仅设置了一个人，清代改由满汉各一人共同担任。《明会典·国子监·监规》记录了绳愆厅及监丞的主要管理活动，即“凡教官怠于师训，生员有戾规矩，并课业不精，禀膳不洁，并从纠举惩治。务要夙夜尽公，严行约束，毋得徇情，以致废弛”。显然，绳愆厅及监丞的主要职能包括负责国子监的卫生、伙食和日常教学活动两个方面。

绳愆厅及监丞的管理活动具体包括如下五个方面：第一，约束和规范师生的言行，一旦出现违纪学生，必须严肃处理，还要记录学生的错误行为，并开展相关教育活动。第二，负责学生考勤，在课堂或寝室点名。监丞在固定时间对学生进行点名，如果学生不在课堂或寝室，就要受到训斥或者惩罚。第三，为学生设立专门的言行簿，了解学生思想和行为。明代的国子监绳愆厅为学生设立了堂官巡风簿、六堂签筒及班簿、友伴门差名次簿，还设立了整班友长名次簿、习礼公侯伯簿等，每天都需要将监生的言行详细记录下来。第四，管理后勤服务和钱财，监督后勤服务质量，确保钱财使用合乎规定。绳愆厅及监丞每隔一定时间就要检查食品的使用情况，了解伙食水平和卫生情况，并对银两的发放进行审核。第五，组织安全防护工作。每当举行祭祀活动或者皇帝前来视学讲学的时候，绳愆厅要严格做好安全防护工作，维护良好的活动秩序，使活动能够正常开展；绳愆厅一旦在国子监发现外来人员，发现对教学活动进行干扰，就要立即将闲杂人等清除出去，保证正常的教学活动不受影响。

4. 典籍厅及其管理活动

国子监的典籍厅藏书众多，相当于现代的图书馆。图书的登记、储存、借阅和修补等工作都由典籍厅负责，而且国子监的各种规定以及制度都由典籍厅负责印刷，该机构还要负责印刷学生的试卷；当国子监教官批阅试卷完毕后，还要由典籍厅整理试卷，并形成档案。典籍厅不仅相当于如今的档案馆，还相当于后勤处、财务处，负责保管国子监的各种文件、票据等。典籍厅的管理活动包括两大类：一是管理钱粮票据。国子监钱粮出入经祭酒批准后，由典簿厅在绳愆厅的监督下备造入簿，并将钱钞如数支给掌馔厅。二是负责日常用品的发放。国子监用来维系日常教学所用物品或钱粮如纸笔砚墨、茶香柴炭、俸禄馔粮等的发放均由典簿厅负责。

三 教学管理活动

明清时期的国子监教学管理活动与之前朝代相比，更加规范，但同时也更为严格和复杂。明清时期国子监开展了多种教学管理活动，有力地规范和约束了国子监学生的行为，使其安心学习，为培养统治阶级人才做出了重大贡献。

1. 分堂管理

明清国子监为了使教学活动更加规范化，划分出不同的部门，彼此协同合作，共同参与管理。国子监学生分别在初级班、中级班和高级班学习，初级班为正义、崇志、广业三堂，助教和学录各一人分管教学；中级班为修道、诚心两堂；高级班为率性堂，包括助教和学正各一人。助教、学录以及学正的主要工作是辅助博士开展教学活动，并为监生自学提供指导。

2. 选举

国子监设立了斋长管理制，以便更好地对学生言行进行约束，斋长通常由年龄较大、稳重、成绩优异且有威望的监生来担任。《明史》记载：每班选一人充斋长，督诸生工课。衣冠、步履、饮食，必严饬中节，夜必宿监，有故而出必告本班教官，令斋长帅之以白祭酒。监丞置集愆簿，有不遵者书之，再三犯者决责，四犯者至发遣安置。其学规条目，屡次更定，宽严得其中。堂宇宿舍，饮馔澡浴，俱有禁例。在国子监的日常教学管理，尤其是寝室管理中，斋长扮演着极其重要的角色，不仅有助于营造良好的学习秩序和休息秩序，而且有助于教官了解学生的言行。

3. 课堂礼仪

国子监重视课堂礼仪，对学生的管理涉及穿着、言谈、行为等多个方面。监生在课堂中应保持严肃认真的态度，对待教官要恭敬，不仅要作揖行礼，而且听课时要垂手而立；发现有问题时，要举手向教官请教，而且要跪着听从教官的讲解。“诸生衣巾务要遵依朝廷制度，不许穿戴常人巾服，与众混淆”。当教官出入，监生“必当端拱立俟其过，有问即答，毋得倨然轻慢”。

4. 严查出勤

国子监的教学方法单一、落后，教学过程中根本没有灵活性和趣味性而言，只是一味要求学生背诵，而学生对这种学习方式容易产生厌倦，因而逃课也便屡见不鲜了。面对学生逃课的现象，国子监对学生出勤情况的核查十分严格，严格要求学生在规定时间内学习，不允许学生无故不参加教学活动。一旦发现学生旷课，国子监对逃课学生严肃处理，绝不姑息。

《清史稿·选举志一》记载："六堂肄业分内外班。……旷大课一次，无故离学至三次以上，例罚改外。置集愆册，治诸不帅教者。出入必记于簿，监丞掌之。"

5. 控制言行

明清时期对学生的言行进行严格控制，不允许学生谈论政治时事，六堂学生之间不能有任何交集，一旦发现学生私下交往，一定会给予重罚。"止许本堂讲明肄业，专于为己，日就月将。毋得到于别堂，往来相引，议论他人长短，因而交结为非。"举例来说，洪武年间国子监学生赵麟因不满被压制，便以张贴小字报的形式进行反抗，绳愆厅查明真相后为其扣上侮辱师长的罪名，原本按照规定应对其杖责一百，然后充军，可是国子监为了以儆效尤，判处其死刑，并将其首级悬于大门前的高杆上。

四　生活管理活动

国子监主要从住宿、饮食和出入三个方面对学生的生活进行管理。

1. 住宿管理

学生入学后，国子监祭酒或司业便为学生安排住宿房号，任何人需按照编号住宿，"违者痛决"。学生宿舍要整洁卫生，不能破坏公物，不能损坏住宿设施。监生即使外出办事，也应该晚上赶回宿舍，不允许在外住宿。《明会典·国子监·监规》明确规定："生员每夜务要在号宿歇，不许酣歌夜饮，因而乘醉高声喧哄，违者及点闸不在者，各加决责。……不许燕安怠惰、脱巾解衣、喧哗嬉笑、往来别班、谈论是非，违者痛决。"

2. 饮食管理

明清时期国子监饮食管理活动包括：一是设立专门的钱粮管理簿，详细记录掌馔厅的钱粮出入情况，保证管理的规范化，钱财出纳以及账目由典簿厅负责，钱粮的使用以及运转监督工作则由绳愆厅负责。国子监实行收支核算制度，各项票据证件保存完整，还要记录在册，确保每一个环节都能达到公平化、规范化。二是按照规章质素管理师生饮食，通知簿上详细、明确记录每一位教官领取的俸禄、米粮、肉、椒油等，不敢有丝毫的大意；每天详细统计用餐学生数量，如果学生在没生病的情况下不按时就餐，该生当日饮食则取消。如果学生因不满意饮食水平而随意绝食，绳愆厅会对其进行严格处罚。不仅如此，学生要按照相关利益进餐，不随意喧哗，不允许将饮食带出餐厅。

3. 出入监管理

明清时期国子监严格管理学生的请假、出行，禁止学生在没有请假的情况下随意外出，禁止学生随意离开国子监。一旦学生有事请假外出国子监，国子监会为请假的学生发放的“出恭入敬牌”，一旦没有此牌任意出入或者有私藏此牌者，给予“痛决”。明代国子监规定：“生员果有病患无家小者，许于养病房安养，不许号房内四散宿歇；有家小者只就本家，若无病而称病出外游荡者，验闸得实，痛决。”洪武年间的国子监学生至少入学三年才能回家探望。对于不同省份的学生，国子监批准的假期期限也不相同，如直隶学生假期期限为四个月，而豫、鲁、浙以及湖广等地的期限为半年，北平、陕西、山西、福建、两广等地的期限更长，长达八个月。监生还可以享有三个月的探亲假。如果监生所在地发生天灾，国子监会批准学生回家乡省灾，并在规定期限内回监。如果监生不在规定期限内回监，则对其进行处理。

总而言之，明清时期的国子监在借鉴中央官学管理经验的基础上，设立了完善的内部管理机构，各机构职责分工明确，互相配合，同时还制定了健全的管理制度，组织多样化日常管理活动，一方面为决策者提供了政策咨询服务，另一方面也为加强中央集权统治培养了大批人才。也正是因为如此，国子监是明清时期最高教育管理机构，也是众多学子最向往的学府。

辛秀，孔庙和国子监博物馆社教部，讲解员

◇进士趣事（十一）

◎ 魏黎瑾 郭小铨

【摘　要】本文是《进士趣事》系列的第十一篇，介绍了明代金涛、周洪谟、景旸、孙居湘，清代张汧、孙嘉淦、陈宏谋、杨以增、沈葆桢、张元济等古代进士的趣闻轶事。

【关键词】科举　进士　趣闻轶事

一　明代首次科举

明代科举制度沿袭了宋、元之制，并逐渐发展完善，进入了鼎盛时期。洪武三年（1370 年）朱元璋下诏举行明代第一次科举考试，次年（1371 年）在京师应天府（南京）进行了辛亥科会、殿试。共取进士 120 名，一甲三人分别为状元江西金溪人吴伯宗；榜眼山西壶关人郭羽中；探花浙江丽水人吴公达。

考中的进士中，三甲第五名是来自高丽（朝鲜）的学子名叫金涛，他是和另外两位高丽考生朴实、柳伯儒同来参试的，不过那二人落榜了。其实自科举考试制度建立以后，就有许多国外的学子参加，也有不少人中了进士，在中国做官。金涛被授予了安丘县（属山东潍坊）县丞一职，不过金涛以语言不通，难以交流为由辞职了。本来洪武皇帝见自己建国后头一次科考，就有外国人参加中了进士很高兴，可他竟给官不做要回家，虽有些不快，但也没有难为他，而且还下旨给了丰厚的路费，金涛和同来的二人回国了。回国后金涛受到高丽恭愍王重用，做了宰相。可惜没过多久恭愍王被弑，金涛也一齐遇害。

是科考试后，朱元璋认为这样选拔人才有些误事，其时王朝初立，急需有能力，有实践经验的人。而那些新进士多为年轻人，还需经过磨炼，不能马上发挥作用。所以洪武六年（1373 年）下诏，罢科举实行察举选才。直到洪武十五年（1382 年）科举考试才得以恢复。

二　鸱鸮公

周洪谟，字尧弼，四川长宁人。明正统九年（1444 年）乡试第一名（解元）。正统十年（1445 年）乙丑科中一甲第二名（榜眼），授翰林编修。他自幼生活在一个世儒之家，饱读诗书，后来为官非常重视教育。任南京国子监祭酒时，国子监中常有鸱鸮（猫头鹰）在校舍树上喧闹鸣叫。人们一直认为此鸟是不祥之鸟，同时也影响学生学习。于是他让学生动手捕捉，并规定凡有捕获者可得假三日。对于常年苦读的学生们，这可是放松的机会，于是大家纷纷加入。不过有人认为这是对学生的放纵，讥讽他为“周鸱鸮”“鸱鸮公”。后周洪谟改任北京国子监祭酒，当时学监管理混乱，学生多不守学规，于是他上疏成化皇帝：请以洪武帝时学规张榜公布，以示戒谕，一改以往的混乱局面。他又奏请以天子之礼祭祀孔子，舞用八佾，豆笾为十二，皇帝准其奏。祭孔用天子礼乐之制起于此。

周洪谟为官 46 年，历任翰林院侍读、国子监祭酒、礼部侍郎、尚书、加封太子太保。经正统、景泰、天顺、成化、弘治五帝，经常上疏言事，其建议多被采用。弘治元年（1488 年）周洪谟告老回乡致力于办学，参与了著名的“翠屏书院”的建院，还亲自讲学，虽然年事已高依然乐此不疲。

三　为母祈祷

明正德三年（1508 年）戊辰科榜眼（一甲第二名），景旸，字伯时，江苏仪真（今江苏仪征）人。授翰林编修，一般中一甲第一名授修撰，第二、三名授编修。后为经筵讲官，每次进讲，景旸都要斋戒沐浴，他认为觐见皇帝，礼仪大事不可不慎重。正德十二年（1517 年）景旸出任北京国子监司业，他为官恪守清廉，虽然家贫，有士子就教他必认真讲解，但绝不接受任何馈赠。那时在去往国子监的道上，人们常见一位官员模样的人，骑着一头瘦弱老牛，一步三晃慢慢地走着，那一定就是景旸了。其时太监刘瑾及其党羽把持朝政，镇压异己、反逐廷臣、飞扬跋扈，许多大臣皆不敢得罪。而景旸刚直不阿、不卑不亢，刘瑾等反而敬之。出任北京国子监司业的第二年，景旸以母亲体弱需要照顾申请到南方工作，获准任詹事府左春坊，管南京国子监司业事。

景旸对母亲非常孝顺，其母因眼疾双目失明，他多方求医。凡有能医眼的药方他都前往求之。据说共得医方近万种，但并无效果。景旸没有放弃每日早晚为母祈祷，忽一日其母双眼竟复明了，这不能不说是个奇迹。也许是造化弄人，景旸有一女自幼亦有眼疾，到了该婚嫁之时，让景旸很是着急。有人劝他不要对媒人提及眼疾之事，但他对前来提亲的人，据实相告，女儿的婚事耽搁了下来。他有个朋友叫潘隼，很佩服他的为人，听说了此事特来找他，对他说："我有一子尚未娶妻，你女儿也未嫁，咱们正好结个亲家。我知道她眼睛不好，但这又有何妨呢。"此事一时成为佳话。

四　湘峪古堡

山西省晋城市沁水县东南大约50公里郑村镇湘峪村，矗立着一座欧式建筑风格的古堡。它就是被今人誉为"北方第一明代古城堡"的湘峪古堡。该堡背山面水东西长280米；南北宽100—150米；面积约35200平方米。城堡民居依山而建，鳞次栉比。有高大巍峨的城墙包围，城前有护城河，城中建有藏兵洞、瞭望楼，是集民居、防御、物资储备一体的城堡式建筑。

明朝末年兵灾匪患频发，为防止袭扰，以期自保，许多地方纷纷修城筑堡。湘峪古堡就是那时修建的，主持修建的是时任户部尚书的孙居湘、任督察院副都御史的孙鼎湘兄弟。孙居湘，万历二十年（1592年）壬辰科三甲第173名进士，累官至户部尚书；孙鼎湘（"湘"进士题名录上皆为相），万历二十六年（1598年）戊戌科三甲第26名进士，累官至督察院副都御史。城堡大约在天启三年（1623年）始建，于崇祯七年（1634年）竣工。实际上整个工程基本是孙鼎湘具体操作的，他曾任职工部营缮司主事，与在华的西洋传教士有过来往，了解一些西方建筑理念，所以在设计时加入了西洋建筑元素。而孙居湘在城堡开工不久因被弹劾罚去戍边，城堡完工那年逝于戍所。孙鼎湘官副都御史，在兄弟中行三，特将其家名为"三都堂"，由于他建城的功劳最大，所以湘峪古堡也叫"三都古堡"。

虽经近400年的风风雨雨，这座古堡至今基本完好，已被列入全国首批古村落保护利用试点，进行了大规模修缮，对此有兴趣的朋友不妨去看看。

五　张汧贪腐案

清康熙二十六年（1687年），一日早朝，山西道御史陈紫芝参劾新任湖广巡抚张汧，到任伊始大肆向地方勒索、摊派，贪银九万余两。

张汧（qiān），山西高平人。顺治三年（1646年）丙戌科三甲第196名进士，授庶吉士，依附首辅明珠，履迁至福建布政使、湖广巡抚。任上亏空官银达30万两，为补亏空不择手段，因属明珠一党，几无人敢言。于是康熙皇帝下旨派人调查，结果不但查出张汧，连带查出荆南道祖泽深、枝江知县赵嘉星等人的贪腐问题。康熙觉得这是背后可能还有隐情，又派直隶巡抚于成龙、山西巡抚马齐继续调查。严查之下张汧供出他曾向刑部尚书徐乾学、侍读学士稿士奇行贿，还牵连到工部尚书陈廷敬，以及保举张汧出任布政使、巡抚的许多大臣。最终张汧、祖泽深以贪腐罪被判绞监候，保举过张汧的官员一律革职。而徐乾学、高士奇并未处罚，陈廷敬只是与张汧是儿女亲家并无勾结不予追究。不过这几位心里明白，皇上不追究自己不能不有所表示，于是主动辞职，康熙也就顺水推舟以解任修书以示惩戒。后徐、高二人再被弹劾，回了原籍。陈廷敬不久被重新起用，一直做到文渊阁大学士兼吏部尚书，成为康熙朝的重臣。至于被入监的二位，并未上绞架，祖泽深病死狱中，康熙念张汧年事已高，网开一面放了他，不久死于家中。

六　砖头换银子

孙嘉淦，字锡公，号静轩，山西兴县（今属吕梁市）人。清康熙五十二年（1713 年）癸巳科三甲第 14 名进士。历任国子监司业，顺天府府尹，工部、吏部侍郎，都察院左都御史，刑部、礼部尚书，直隶总督等。为官勤政清廉，不论官职大小皆以利国为民为做官之本，查贪官、平冤狱、兴修水利、扶持手工业，深得百姓爱戴。

孙嘉淦生性耿直，敢于直谏，雍正刚即位，为稳定局面，采取了一些非常手段。孙嘉淦上疏建议皇上：亲骨肉、停纳捐、罢西兵。雍正大怒要杀了他，但考虑到自己刚承帝位，就杀直谏大臣恐遭非议，放了他一马，此后还起用他为国子监司业。通过这件事按说孙嘉淦应该接受些教训了吧，但他禀性难移。雍正驾崩，乾隆即位他又上疏了，进了篇《三习一弊疏》所谓三习一弊是：习惯颂扬之声；习惯谄媚之姿；习惯唯命用事，他劝诫乾隆远离这种近小人、远君子的弊病。还好这回得到皇帝的认可。

孙嘉淦所处的时代，正是康乾盛世，他没有因逢盛世而为己谋私，做了 40 年官，一直过着清贫的日子。乾隆十二年（1747 年）他以年老为由请求退休获准，回乡时看看自己寒酸的家当，这样回去让人看见也太没面子了，这还不说，这不是给朝廷抹黑嘛！于是他叫人买了几只大木箱，装上砖头浩浩荡荡出发了。不料有人竟向乾隆告发说他平时假装清廉，实则是个贪官。乾隆大怒派人查看，派去的人打开箱子一看见都是砖头，很是奇怪，就问孙嘉淦怎么回事，他见事已至此只得以实相告。听了回报，乾隆看着告发之人说道：你不是说全是金银珠宝吗？好吧那你就拿出你说的东西装上吧！此人吓得连连扣头请罪。不过乾隆皇帝确实很感动，传旨沿途官府用金银换下砖头。孙嘉淦本不想要，但这是皇上的赏赐不能不要，可这也太多了！最后他按一块砖头一两银子收下了，将余下的退了回去。

七　桂林腐乳

腐乳也叫豆腐乳，俗称酱豆腐，是用豆腐经过发酵、腌制而成的一种风味独特的佐餐食品。根据地域及加工方式的不同，分为红腐乳、白腐乳、青腐乳。这里所说的桂林腐乳属白腐乳。相传桂林腐乳最初是清乾隆年间，由临桂四塘横山村一户做豆腐的人家，无意间得来的。一日这家的豆腐没有卖完，剩了不少，可这家人因事要外出几日，剩下的豆腐舍不得扔。于是就滩放在笸上，几天后这家人回来后，发现豆腐生出了许多白色的菌丝，开始以为坏了，但闻起来有一股独特的香味，这家人觉得反正也不能卖了，留下自己吃吧，但这样吃没什么味道，干脆放上点盐加点酒，放到罐子中腌腌试试。过了几日打开一尝，味道还不错，赶忙请别人吃，大家都说好吃。此后这家人经过不断尝试，使之形成了一种风味独特食品，后来这种食品越来越受欢迎，因是豆腐腌制的，所以都叫它腌豆腐。那么后来怎么就叫“腐乳”了呢？这就得提到一个人，陈宏谋。

陈宏谋，广西临桂（今广西桂林）人，字汝咨。清雍正元年（1723年）癸卯恩科，三甲第 12 名进士。原名弘谋，后为避乾隆皇帝弘历讳，改为宏谋。历任布政使、巡抚、总督、东阁大学士兼工部尚书。为官 48 年，其中外任就 37 年历三府十三行省，二十一任官职。为官政绩卓著，每到一地根据不同情况采取相应的策略，在云南革新吏治，兴少数民族教育；在天津、河南、江西兴修水利、疏浚河道、修堤建闸；巡抚湖南为洞庭湖私筑堤垸，与水争地的事两次上疏请禁。他惩治污吏、打击黑恶势力、维护民生得到任地百姓拥护。他为官时间之长，职务之繁在封建官吏中可以说是绝无仅有的。

那么陈宏谋怎么和桂林腐乳联系上的呢？原来一次乾隆皇帝偶感风寒不思饮食，陈宏谋向皇上推荐了家乡的腌豆腐，乾隆吃后觉得十分好吃，立时食欲大开。就问他这是什么，陈宏谋想说是腌豆腐，又觉得不太好听，因其汤汁类似牛乳，就随口说是臣老家临桂的乳腐。乾隆大加赞赏，此后临桂乳腐就成了进贡的贡品了。后来大家觉得乳腐念着不顺口，就叫成了“腐乳”，也就是今天的桂林腐乳了。

八　海源阁

海源阁，清道光时山东聊城进士杨以增所建的藏书楼，与浙江归安（今湖州市）陆氏（陆心源）的皕宋楼；江苏常熟瞿氏（瞿绍基）的铁琴铜剑楼；浙江钱塘丁氏（丁申、丁丙）的八千卷楼，并称为晚清四大私人藏书楼。

杨以增，字益之，号至堂，山东聊城人。清道光二年（1822 年）壬午恩科，二甲第 83 名进士。后官两淮盐运使、陕西巡抚等。他酷爱藏书，致力于古籍善本的收集。随着藏书的不断增加，道光二十年（1840 年）杨以增在自家宅院内（聊城光岳楼南，万寿观街路北），开始修建藏书楼。建好后，他取《礼记·学记》中“三王之祭川也，皆先河而后海，或源也，或委也，此之谓务本”之句，定楼名为“海源阁”。其楼南向，单檐硬山脊共二层，面阔三间，上层用于收藏宋元珍本和手抄本。下层作为杨氏祠堂，以供奉杨家先人。楼前有两座读书亭，后院是明清版本收藏处。

清末时局动荡，许多藏家再无心藏书，大量书籍包括古籍善本流落民间，杨以增利用外放任职之便大量收集，其时江南各地藏书具出，他尽皆收购。经杨家四代人，上百年的积累，海源阁藏书达四千余种，二十余万卷，其中宋元珍本逾万卷。其藏书可比北京文渊阁，宁波天一阁，可以说是历史上公私藏书的典范。可惜的是后来海源阁屡遭战乱毁于一旦，藏书大部失散，只有少量书籍辗转被北京图书馆和山东省图书馆收藏。新中国成立后，海源阁遗址被列为山东省省级重点文物保护单位，1992 年由聊城市政府出资在原址按原结构样式，重建了海源阁，并以此为基础成立了“海源阁图书馆”。

九　林则徐的女婿

林则徐大家都很熟悉，他是中国近代史上著名政治家、思想家、民族英雄。他做的最有名的事就是“虎门销烟”。这里我们不是要说他，而是他的女婿沈葆祯。

沈葆桢，原名振宗，字幼丹，又字翰宇，福建侯官（今福州）人。清道光二十七年（1847 年）丁未科二甲第 39 名进士。其实林则徐与沈葆桢原本就是亲戚，林则徐是沈葆桢的舅舅，林则徐的妹妹林惠芳是沈葆桢的母亲。在沈葆桢 11 岁（一说是 10 岁）那年他的父亲沈廷枫中了举人，进京会试。将沈葆桢送到南京林则徐处，时林则徐在那里任江宁布政使。可沈廷枫并未考中，回去时将沈葆桢接走了。也许在与外甥的接触中林则徐觉得其是个可造之才，第二年把自己的小女儿也就是沈葆桢的表妹林普晴许给了他，定了娃娃亲。道光二十年（1840 年）二十岁的沈葆桢考中举人，与林普晴正式结婚。

沈葆桢进入仕途后，咸丰五年（1856 年）任九江知府，继署广信知府。同治十一年（1861 年）升广西知府。同治五年（1866 年）接替左宗棠任福建船政大臣，主办福州船政局，创办中国早期的海军学院——福建船政学堂，培养海军人才，可以说他是中国海军奠基人之一。同治十三年（1875 年）日本军队以四年前琉球船只遇风飘至台湾，遭当地人袭击为由，进攻台湾。清廷派福建船政大臣沈葆桢为钦差大臣，赴台全权处理日军侵台事宜。到台湾后他一方面向日军交涉撤军，另一方面积极布置全岛防御，在台湾军民共同配合坚守下，日军在与清廷讨价还价后撤走。沈葆桢针对台湾的具体情况，加强海防，实施开禁、开府、开路、开矿措施，使台湾逐步进入近代化。后任两江总督兼南洋通商大臣，参与经营轮船招商局，并派船政学堂学生赴英法留学。在中国近代沈葆桢是一位有所建树的人物。

由此看来当年林则徐的这个女婿没有选错。

十　出版家张元济

张元济，字菊生，浙江海盐人。清光绪十八年（1892 年）壬辰科，二甲第 24 名进士。授翰林院庶吉士，后任刑部主事，署总理衙门章京。1898 年由于参加“戊戌变法”，并同康有为受到光绪皇帝召见，被列为“维新党”之列。慈禧发动“戊戌政变”，他被革职永不叙用。经李鸿章推荐，赴上海主持盛宣怀兴办的南洋公学译书院，其间出版了严复翻译的《富国论》等政治、技术、社会科学方面的著作。

1902 年后，张元济进入商务印书馆，历任编译所所长、经理、董事长等职。他的加入给商务印书馆树立了新的出版方向，标志着当时知识精英的最高层进入出版业。1903 年他主持编印了中国第一部小学教科书，亲手编写了初小《修身》和高小底《国文》，奠定了商务印书馆出版多种教科书的基础。出版了在民众中有广泛影响的杂志《东方杂志》《教育杂志》《小说月报》。1915 年推出了中国第一部新式辞书《辞源》及《中国名人大辞典》《中国地名大辞典》等。陆续整理出版多部古籍，编印了《四部丛书》《四库全书珍本》《百衲本二十四史》。张元济致力于文化出版事业，是中国近代史上著名出版家、教育家、爱国实业家。新中国成立后他参加中国人民政治协商会议；当选为全国人民代表大会代表。

张元济见过清朝光绪皇帝爱新觉罗载湉；见过中华民国临时大总统孙中山；见过洪宪皇帝袁世凯；见过中国国民党总裁蒋介石；见过中国共产党主席毛泽东，全是一把手。

魏黎瑾，孔庙和国子监博物馆助理馆员

郭小铨，孔庙和国子监博物馆助理馆员

◇福州文庙历史建制及祭孔考述

◎ 陈炘

【摘　要】 福州文庙，俗称“圣人殿”，位于今福建省福州市鼓楼区圣庙路。唐大历八年（773年）观察使李椅将州儒学移建于此。本文从福州文庙历史建制、祭孔历史等方面进行了较为详细的论述。

【关键词】 福州文庙　祭孔　考述

一　福州文庙历史建制

福州文庙，俗称“圣人殿”，位于今福建省福州市鼓楼区圣庙路。唐大历八年（773年）观察使李椅将州儒学移建于此。

五代后梁龙德元年（921年）闽王王审知置四门学。北宋太平兴国中（976—984年）转运使杨克让始作孔子庙。景佑四年（1037年）权州事谢微表请于庙立学。嗣后，郡守范亢，许宗寿踵其事，历五载乃成。

明洪武七年（1374年）构大成殿，建明伦堂。永乐四年（1406年）以学厅为乡贤祠，成化十三年（1479年）大修庙学，凿泮池，为桥其上。弘治初（1488年）改作棂星门、易木为石。嘉靖十一年（1532年）诏庙称“先师庙”。

清康熙十一年（1672年）大修庙学、棂星门。

咸丰元年（1851年）八月（丁酉）初三遭火灾。现存大成殿、庙宇重建于咸丰元年（1851年）十月至四年（1854年）六月竣工。按建筑中轴线自南而北，依次为外门埕，棂星门，泮池、泮桥、左右有廊对列，大成门。门楼厅，东、西殿庑对列，乡贤祠、名宦祠，埕、月台，大成殿和后照壁等。占地面积约7552平方米，建筑面积约4000平方米。

棂星即天田星，或称灵星，据载称汉高祖刘邦，凡祭天，先祀灵星。宋《景定建康志》《金陵新志》所载，“以尊天者尊孔”亦称先师门。为石牌坊式建筑。现存属明代所建。六柱三门。中间高，两边低，对称布局。每根柱脚均使用两块夹杆石，前后对夹锁固，造型古朴典雅。左右另辟拱

福州文庙棂星门

门方便出入。东、西两翼墙上镶嵌着“江汉秋阳”“金声玉振”联句石刻，花岗岩石，分别长 2. 62 米，宽 0. 73 米，楷书，阴文。

江汉秋阳

《孟子·滕文公上》载：“昔者孔子没，三年之外，门人治任将归，入揖子贡，相向而哭，皆失声，然后归。子贡反，筑室于场，独居三年，然后归。他日，子夏、子张、子游以有若似圣人，欲以所事孔子事之，强曾子。曾子曰：‘不可，江河以濯之，秋阳以暴之，皜皜乎不可尚已。’”可以解释为：“从前孔子逝世，他的学生们为他守孝三年之后，才收拾行李准备回家。他们走进子贡的住处与他作揖告别，彼此相顾痛哭，泣不成声，随后挥泪离去。子贡送走同学，又返回到孔子的墓地。在祭场上搭了住棚。又独自为孔子守墓三年，才肯回家（此即‘子贡庐墓’）。过了些时候，子夏、子张、子游等同学认为有若的相貌有点像孔子，便想要用过去敬事孔子的礼节来敬事他，竭力地要曾子同意他们的做法。曾子说：‘不行，他老人家像是用江河之水冲洗过，用夏天的阳光曝晒过，光明洁白，谁能比得上他呢?’”以此赞美孔子的道德崇高伟大无人替代。

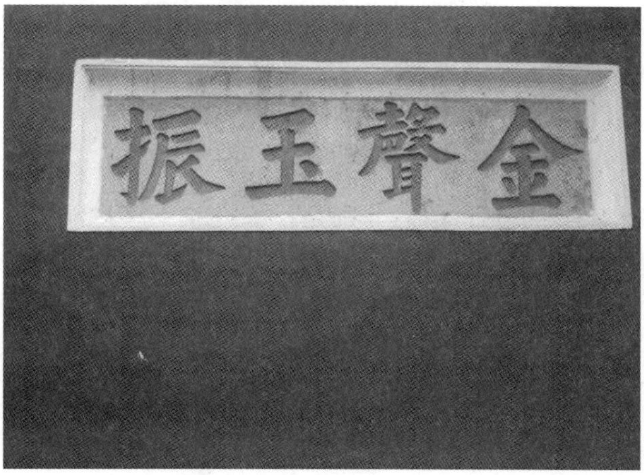

金声玉振

《孟子·万章下》孟子曰：“伯夷，圣之清者也；伊尹，圣之任者也；柳下惠，圣之和者；孔子、圣之时者也。孔子之谓集大成。集大成也者，金声而玉振之也。”意思是说：伯夷是圣人之中清高的人；伊尹是圣人之中负责任的人；柳下惠是圣人之中随和的人；孔子是圣人之中识时务的人，孔子、称得起“集古圣今贤之大成的人”。集大成譬如奏乐，按演奏程序，“金声”，是指首先敲击镈钟宣布演奏的开始。“玉振”，是指敲击玉磬收束奏乐的过程。既有从开始到结束的整个演奏乐曲的过程，喻意全部都有，以此来赞誉孔子学问博大精深，且具有引领作用并到达尽善尽美的程度。

“文革”开始之时，由原福州市少年宫陈禧宫长，带领同志们在这两块石碑上铺以石灰并饰以毛泽东同志为青少年书写的“好好学习、天天向上”的题词，有效地保护了这两块珍贵历史文物。1999 年福州文庙收归文物部门，整治时，剔去石灰，重现石刻碑匾原状还福州文庙的原来面貌。

棂星门内为前庭院，以花岗石铺砌，中凿有泮池、上跨泮桥。据《礼记·王制》记载：天子的学宫叫“辟雍”。诸侯的学宫曰頖（泮）宫。辟者，璧也，象璧圆，又以法天，于雍水间，象教化流行也。如到北京，抽空到东城国子监街的北京孔庙和国子监一游，便能一清二楚地知晓此典型建筑的轮廓形象和结构。

大成门，又称戟门。立戟于门，谓显贵之家，唐制官阶勋俱三品，始听立戟见。宋初称仪门，宋崇宁三年（1104 年）因大成殿，取孟子“孔子之谓集大成”“语意”得名大成门。大成门面阔五间，宽 18.5 米，深 14.4

米，厅前左右列钟鼓。又修复了乡贤祠、名宦祠。

福州文庙大成门内左侧新建有“福州历代进士名录”，在 51 块长 1.95 米、宽 0.71 米、厚 0.083 米的青石板面上镌刻着始于唐贞元十年（635 年）甲戌科陈讽榜闽县进士陈通方至清光绪三十年（1904 年）刘春霖榜，时间跨度历经 1269 年，录制以福州市现今管辖的地域，产生的历代进士 4073 名，其中唐、五代 43 名，宋代 2625 名、元代 19 名，明代 654 名，清代 732 名。此中最为奇特的是：南宋乾道二年至八年（1166—1172 年）福州府永福县七里七年三科三状元；他们分别是：乾道二年（1166 年）丙戌科萧国梁，乾道五年（1169 年）己丑科郑侨；乾道八年（1172 年）黄定。纵观我国封建社会一千三百多年的进士史，上述举例堪称中国科举史上的绝唱。吹糠见米，由此可见，福州在历史上是享誉中外的文化之区，究其深层次的结构中，“进士文化”应是这座拥有两千多年灿烂文化积淀的历史文化名城的重要特色之一。

在进士碑栏的南面中间，有福州文庙现存《咸丰元年重建福州文庙碑记》石碑两方。碑通高 2.68 米、宽 0.84 米、厚 0.21 米，由刘永松篆书碑额，郭柏荫撰记并书写 190 字碑文，刻工为蒋学心。当你按照指定的位置站立在二碑前，静心注目凝视观赏会发现阴刻的碑文会逐渐地凸显出来，呈阳文碑刻的奇异效果。探讨其二方碑刻奇异的效果，无论篆书碑额，还是楷书碑文，从书法角度审视，都中规中矩，笔力遒劲，可谓书法中的精品。刻工匠心独运，镂刻较一般碑文的字体要深、笔画间的深浅分配得当，而不是一味地都刻深至 5 毫米。该碑驻立于大成门内左侧，加之光的折射缘故。笔者曾用小太阳灯从碑额的上方照射，多方变换位置观察，都未观察到碑文凸显效果，而采用两把大手电筒从西侧照射，就能观察到凸显的阳文效果。

或许你曾瞻仰过曲阜孔庙，北京孔庙，然而，福州文庙这两方碑刻的奇异景观，祖国的书法艺术和碑刻工艺竟能如此巧夺天工，会给你留下深刻的印象。

抗战胜利后，福州文庙曾被辟作学校，名为——“福州市大根区中心小学”。

中华人民共和国成立后，曾先后作为市人民政府文化部门办公场所，市公安局交警一支队队部、红卫商场、市少年宫等场所。1961 年 9 月福州市人民委员会公布为第一批市级文物保护单位；1996 年 9 月，福建省人民政府公布为省级文物保护单位；1999 年，中共福州市委，市人民政府把修建文庙列入当年为民办实事项目之一。遵照《文物保护法》“必须遵守不改变文物原状的原则”以原构为依据，以文字史料为佐证，遵循福州地区传

《咸丰元年重建福州文庙碑记》

统营造法式、做到“拆除有理，保存有据”，切实保留原建筑物的总体布局，工艺特色和艺术风格。鉴往知来，借以形成福州文庙保护和合理利用的共识。

笔者便是在此时，奉命来到福州文庙，担任馆长。2000 年 5 月，福州文庙获得较大额修缮启动资金。2006 年 6 月，福州文庙被国务院公布为第六批全国重点文物保护单位。

大成殿殿庑东、西对列。东殿庑辟作福州古代教育展。有前言；第一，孔子和儒学的教育思想；第二，古代教育制度在福州，该部分展出复原的私塾课堂，有栩栩如生的多个学童和饱学经文的教师的蜡像；第三，古代科举制度在福州，这里复原了两间考棚，模拟两位经过十载寒窗苦读的举子，在考棚考试的场景；第四，福州古代教育的延伸——福建船政学堂等部分内容组成。

西殿庑辟作“孔子圣迹展”，以大量的珍贵的照片、图片和表格制作的展板，向观众介绍“孔子生平”“儒学发展概况”“现代孔子研究状况”以及“世界孔庙掠影”等内容，帮助观众了解二千五百多年前孔子的诞生、儒学的创始，直至今日在全球的传播状况。帮助观众理解 2008 年北京奥运会开幕式上，几千位表演者面对来自全世界的参赛者高声呼喊出“有朋自远方来不亦乐乎！”“四海之内，皆兄弟也！”这两句来自距今两千多年前东汉郑玄融合各本汇编而成的《论语》中极平凡的语录，被当今祈愿世界和平的人们所共识，作为时代最强音被呼喊出来，在北京的上空震荡着，激励着人们向往世界大同、人文崇安的精神世界。

当您站立在大成殿前的月台上时，您可曾想到，当年，就在这月台上，伟大的爱国者林则徐十二岁时取得了府试第一名，十分荣耀地在此月台上与众佾生跳起了八佾舞，以示闽都文风之甚，而如此殊荣并不是一般人想做就可做到的事。

每当太阳照射在这长 33 米、宽 9 米、高 1.21 米的月台之上时，您走下月台，在月台与护栏之间的缝隙中，您的视线沿着月台石铺地面水平方向望去，就能观察到月台大石板相连着的缝隙中有冉冉升起的瑞气。究其原因：一者，文庙地下水位较高，这可以从文庙月台下现存的水井中的水位观察到；再者，月台全部用石板砌就，由于月台埕面均采用大石板铺就，缝隙较一般条石铺的小且少；三者月台内里没有填充物，在太阳光强烈照射下，整个月台就如同一台太阳能热水器，月台内的空气密度比月台周围的空气密度小时，空气在受热作用下，其阿基米德浮力引起上升运动，热气蒸腾其实是一种强迫对流。为此，月台的位置经测定为正南偏西 7°—15°，每当太阳东升西下，正好横过于月台上空，形成光折射，让我们的眼睛与月台平视就能观察到月台埕面冉冉上升的瑞气。心怀对孔子的敬仰之情，又置身在冉冉上升的瑞气的奇异现象之中，令人油然而升起奋发向上的情感和精神的愉悦。

福州文庙是八闽域内保存较好的府级文庙。古朴的石牌坊式棂星门，花岗条石平砌的前庭院和月台；重檐九脊顶的大成殿，殿内有绿辉岩石雕孔子像、四配雕像和七十二弟子全身雕像。此组绿辉岩石雕像为宇内仅有；斗拱式木雕的殿顶藻井，藻井绘有二十八宿及北斗座天文图像。

绿辉岩石雕孔子像

二　福州文庙祭孔历史

唐贞观二年（628 年），太宗李世民依“左仆射”房玄龄、博士朱子奢建言，停止将周公祭祀为先圣；开始单立孔子庙堂于国学，并于贞观四年（630 年）下诏，历史上第一次将“所有州县皆作孔子庙”定为规制中。此即天下各州县建有文庙的开始。国家礼制祀典为孔子庙制度的形成，呈现

七十二弟子全身雕像

出政教合一的特色，使国家的政治措施、意识形态，得以民间信仰的形式逐渐深入其间，根深而蒂固。至此，文庙便成为集祀孔与学校为一体场所的另一种称谓，建制中如“左庙右学”“左学右庙”“前庙后学”。庙中有学，学中设庙，庙学合一，这便是文庙的特征了。

在八闽大地诸多文庙的历史发展轨迹中，可以看到闻名于世的闽学，看到闽中儒学先贤杨时、胡安国、李侗、黄干、游酢、罗从彦、李纲、陈淳、真德秀、蔡沈、蔡清、黄道周等先贤活动的身影。孔庙从祀的77位先贤中，八闽先贤即占有十二席。世誉谓“海滨邹鲁”“理学名邦”，由此可见一斑。

祭：祀神，祀祖皆曰祭。祭服：祀天及其他祭礼所用之服也。衣裳殊制。创自黄帝。上玄下纁。始于虞舜。是为祭服之始。古时爵弁。皆玄衣纁裳。（日冠礼爵弁服纁裳纯衣）自天子至士通用之。民国采其制。定为通祭之服。衣玄色。裳纁色。值用丝。①

祭祀，势必就要涉及孔子的生辰年月日。那么，为何如今确定为阴历八月二十七日呢？据《辞源》“孔子生日”条目载称：“阴历八月二十七日也。孔子生于鲁襄公二十有一年（周灵王二十一年〈前551年〉）〔公羊传〕十有一月庚子孔子生。〔谷梁传〕‘冬十月庚子孔子生’。据《春秋长历》，是年十一月无庚子，十月庚子在二十七日。若是从夏正，则为八月，考《孔氏家谱》及《祖庭记》等均从《谷梁传》。前清之末，学校皆以是日为纪念日，今因之。”（见《辞源》）

民国年间福州文庙祭孔，据载：民国成立，政体变更，祭时改三跪九叩首为三鞠躬礼。1914年，袁世凯政府规定凡庶在省会所地祀孔子，由巡

① 《辞源》午部，第192页。

按使主祭，同城的道尹和县知事充分献官和陪祭官，后来巡按使撤销，就由督军或省长主祭，以崇孔会（由前清的遗老和举贡生监们组织）襄助祭事。李青（福州晚清举人）曾将 1917 年刊行的《宗圣月刊》一册送给笔者，其中对清代及民国祭孔有较为详尽的描述：

> 我是 1916 年仲秋丁祭始充佾生的。……祭孔之前必须先祭孔子的五代祖宗（《左传》说："子虽齐圣，不先父食"），祭礼在明伦堂后面崇圣祠举行。崇圣祠的主祭官员的地位，例比主祭孔子的低。祭用 1 只羊、1 只猪、8 笾、8 豆，是祭诸侯的礼。清代主祭孔子的是总督或巡抚，主祭孔子先人的是学台或布政使。在崇圣祠举行的祭典比在孔庙的要简略得多。
>
> 按规定，参加祭孔的官员先期要散斋 2 日，致斋 1 日（按："致斋"，即祭祀前集中思想，想象先人的声音笑貌和行止意志），不得饮酒、吃荤，不吊丧问疾，不听乐，不行刑，不判署刑杀文字，不预秽恶之事。……
>
> 清代祭前一日，主祭官致斋，专理祭事，要到省牲所验明牲口是否合用，亲视宰杀，并率执事人等习仪，乐生、佾生习乐、习舞。民国成立后，简化了程序，于祭祀当日宰杀牲口，习仪，乐生、佾生习乐、习舞均各自先期处理。
>
> 举行典礼时，除主祭和陪祭官员外，还有 1—3 个地位较高并熟悉典仪的在职或退职官员担任纠仪，行指挥与纠察失仪之权。执事人员有司祝、司香、司帛、司爵、司馔、司麾、司节、引赞、引班等名目，多由前清秀才担任。
>
> 祭典开始之前，执事人等要先把祭品、祭器准备好。祭孔子以全牛、全羊、全猪，四配则每位四分之一羊和四分之一猪，十哲每位十分之一羊和十分之一猪，两庑每边统列 1 只羊和 1 只猪。
>
> 孔子牌位的横案陈列 12 笾和 12 豆，四配各 6 笾和 6 豆，十哲各 4 笾和 4 豆，东西两庑各 4 笾和 4 豆。笾贮干的祭品，豆贮湿的祭品。笾是竹编的，豆是真铜制的。所用祭器还有：笸（竹制）、簠（铜制，外方内圆）和簋（铜制，内方外圆），用以贮谷类祭品；爵（铜制，三足，腹作饕餮形），爵垫（木制，容三爵）、樽（有三种，用以分贮初献、亚献、终献的酒），毛血盆（淘制，白色）、登（铜制，柱作饕餮形，用以贮太羹——不加调味料的肉汁）和铏（铜制，用以贮和羹——配上调味料的肉汁）等。此外，还有铜制的炉和烛台，木制的

馔盘，锡制的勺和布制的幂。

“国民党统治时期，定公历 8 月 27 日为孔子诞辰，抗战期间改为举行纪念会。”①

1999 年笔者担任福州文庙馆长以后，在此后近十年的从事福州文庙修建时间里，及退休后也有近十年从事孔庙保护工作的时间里，福州文庙得到了北京孔庙李超英老师、王贵金老师、魏黎瑾老师和董艳梅老师、山东曲阜文物局孔祥峰书记、孔德铭主任和孔君老师、孔子研究院孔祥林院长、浙江衢州孔庙孔祥楷院长、中共衢州地委蔡奇书记、香港孔子学院汤恩佳博士和福州市文物局同志们的齐心合力的帮助。2004 年 8 月 27 日，在中共福州市委书记何立峰的领导下，在福州文庙首次举行祭孔大典。李超英老师、王贵金老师、魏黎瑾老师和董艳梅老师亲临福州指挥和辅导。

大凡在孔庙、圣人殿或文庙举办祭孔典礼，这样的典礼仪式，宛如就是一台在舞台上上演的大型艺术剧。经验告诉我们：要认真对待，如灯、服、道、效、话。此时专指祭祀典礼展开行进中，灯光、服装、道具、效果（专指音响效果）、话语（专指诵读者的普通话的标准）的操作、控制的技术规范。恳望列位同人逐一推演，反复演练，以求祭孔典礼开展的隆重和顺利，隆重而肃穆流畅地展开，直至结束，由此才能产生良好的社会效果。

结　语

2013 年 11 月 26 日上午，习近平同志来到孔府和孔子研究院参观考察，在听取大家关于中华传统优秀文化研究的情况介绍后。习近平同志强调：一个国家、一个民族的强盛，总是以文化兴盛为支撑的，中华民族伟大复兴需要以中华文化发展繁荣为条件。对历史文化特别是先人传承下来的道德规范，要坚持古为今用、推陈出新，有鉴别地加以对待，有扬弃地予以继承。习近平同志指出：国无德不兴，人无德不立。必须加强全社会的思想道德建设，激发人们形成善良的道德意愿、道德情感，培育正确的道德判断和道德责任，提高道德实线能力，尤其是自觉践行能力，引导人们向往和追求道德、尊道德、守道德的生活，形成向上的力量、向善的力量。只要中华民族一代接着一代追求美好崇高的道德境界，我们的民族就永远充满希望。

陈炘，福州市文庙保管所原所长，研究馆员

① 见陈衡铨撰《福建文史资料·祭孔典礼见闻录》。

◇“想得玉楼瑶殿影”

——从南京夫子庙探寻中国文庙未来的发展

◎ 高睿泽

【摘　要】南京夫子庙始建于东晋成帝司马衍咸康三年（337 年），最初被作为学宫使用。后于宋仁宗景祐元年（1034 年）在东晋学宫的遗址之上扩建成孔庙，形成了前庙后学的建筑形制。明清时期又在文庙东侧增扩江南贡院，方有今日夫子庙的布局。南京夫子庙几经战乱，数毁数复，于 1984 年获得政府支持，进行了大规模的修葺整理。夫子庙现存三大古建筑群，即孔庙、学宫与被作为中国科举博物馆的江南贡院，规模宏大，游人如织。作为南京市乃至全中国旅游文化名片的夫子庙，既是名扬海内的旅游胜地，又是南京市民情怀与回忆的寄托。近年来，夫子庙为在当地政府提供丰厚旅游收入的同时，也因其浓重的商业气息而遭到了“过度商业化”“重商轻文”的质疑。如何在保持自身文化尊严与借助旅游市场的经济活力持续发展中寻找平衡点，是现下南京夫子庙乃至中国的文庙都面临并亟待解决的问题。

【关键词】南京夫子庙　文庙　保护与发展　文旅融合

一　南京夫子庙的概况

（一）夫子庙的历史沿革与建筑布局规则

南京夫子庙始建于东晋成帝司马衍咸康三年（337 年），最初被作为学宫使用，后于宋仁宗景祐元年（1034 年）在东晋学宫的遗址上兴建了孔庙。其在元时，为集庆路学。明初为国子学，后为应天府学。晚清以前长为江宁府学。[①] 明代又在孔庙旁增扩了江南贡院，其为明清两朝最大的考场。自此，夫子庙方大有今日之格局。此后，夫子庙屡经战乱，四毁五建，于

---

① 明洪武十五年（1382 年），南京国子监于今鸡笼山以南建成，国子监遂由夫子庙迁往今天南京四牌楼一带，夫子庙则作为江宁府学的所在。清同治四年（1865 年），李鸿章改南京朝天宫为文庙和江宁府学。此后，夫子庙便失去了作为学府的功能。

1984年在南京市政府的支持下进行了数次彻底的修复。当时的专家学者经过严密的论证和规划，在过往的建筑遗存上依照明清风格进行了大规模的修葺和复建，从而有了今天夫子庙古建筑群的整体景观。

夫子庙的地面建筑主要可以划分为三大古建筑群，即孔庙、学宫与江南贡院（中国科举博物馆）。具体布局如下所述：

孔庙与学宫相连，构成一处整体建筑，规模宏大，修缮完备。建筑前半部分为孔庙，后半部分为学宫。相传，学宫最早为东晋名臣王导倡议建立，今日我们所见的学宫则是近代以来复建、修缮的结果。孔庙最前端沿秦淮河泮池石栏树有宝顶柏木大牌坊“天下文枢”一座，石制棂星门与木质鎏金大成门在牌坊后次第伫立，庙旁有售票处①。孔庙学宫内部配备免费的专业讲解员，会在询问游客需要后导览其进行参观。

自入大成门，可见到迄今为止全国最大的孔子铜像与配飨广场。广场两侧分立着孔门十哲中八人的石像，并在其下配有具体的文字介绍。穿过广场，拾级而上，即可见到孔庙的主体建筑大成殿，大成殿的屋顶为重檐歇山制式，其上雕双龙戏珠纹。殿内堂上挂巨幅孔子像《孔子圣迹图》的摹本，下有四配，享太牢礼。殿顶周围悬有乾隆、嘉庆两位皇帝题写的诸多匾额，环殿四周有用彩玉雕刻的孔子生平故事，系民国时期玉雕作品。

出大成殿，即入学宫所属区域。孔庙与学宫之间有两座钟楼分列东西，里面的钟铃相当于古时的上课铃与下课铃。庙宫相连之处的墙壁上刻有孔子入周问礼的相关图碑。

学宫主体建筑为明德堂，匾额为文天祥所书。此处培养过欧阳修、王安石、唐寅、曹雪芹等才子名家。现于堂中举办常设展览——华夏教育展，展览内容为历朝历代与儒学教育相关的文物。学宫后为雅乐宫，雅乐宫上有尊经阁，阁内为南京地方非物质文化遗产的展览，管理保存较好。阁两旁商市林立，主要销售南京地方特产，如金陵折扇、金陵丝绸等。

文庙与学宫外隔一条东市长街，沿秦淮河雄列排布的，便是江南贡院，也称“南京贡院”。江南贡院是中国历史上规模最大、影响最深远的科举考场。贡院有泮池、龙门、明远楼、至公堂等地面建筑，现为中国科举博物馆，也是国内唯一一座讲述科举文化相关历史的专业性博物馆，占地面积极大。贡院在历史上是明清两代江南地区的考场，最多可容纳两万多名考生同时在内应试，其数为各省之冠。明清两朝全国有一半以上的官员都从这里走出，因而也素有“天下才子半江南”的美称。该博物馆讲解专业，

① 票价为15元，学生8元，老人免费。

内容丰富，广受各地旅客欢迎。

（二）作为秦淮风光带中心的夫子庙

南京夫子庙在 2010 年被评定为中国首个 5A 级历史文化街区，同时，它也是南京蜚声中外的旅游名片——秦淮风光带的中心，每年为这座城市带来了大量旅游业的收入。夫子庙和十里秦淮、明城墙等众多国家级、省级和市级的文物保护单位一起，将荟萃南京的璀璨历史文化传递给前来游玩的海内外观光客。它不仅是中国文庙里旅游开发的一座高地，也是当下所提倡的“文旅融合”“全域旅游”等新型旅游模式中具有借鉴意义的典范。它在旅游界的地位与名气不亚于甚至盖过了它在文庙界等学术领域的声誉，这其中暴露出来的一些问题，也值得其他文庙在旅游和商业开发中吸取教训、加以规避。

总体而言，南京夫子庙在建筑形制以及历史上所发挥的作用看，其具有中国文庙在教化百姓、宣扬儒学、培养人才等方面的共性。但它也有自己的个性，作为中国四大闹市中唯一的古代文教建筑，南京夫子庙具有自己独特的市井烟火气，或可称为“六朝金粉气”。不同于北京的国子监、曲阜的孔子家庙，南京夫子庙所处的地理位置决定了它在明清两朝必然会由文教重地走向商业中心的趋势，这也是同治以后的江宁府学迁往朝天宫一带的原因之一。就算在国民政府营建首都南京，使得新街口成为了新的商业中心以后，它的庙会、灯会、东西市等商业因素依然在南京城内具有不可撼动的地位。此外，值得注意的是，“夫子庙”这一概念在南京并不专指一座庙或是一处学府，而是位于老城南的一大片区域，这片区域里不止有像夫子庙这样的文化符号，同时还囊括了大片住宅区与商业区以及它们的混合体。可以说，夫子庙在当今是儒家文化与市井气息相融合的存在，是庙堂与江湖并行不悖的融合点，而对它的保护与利用，也应当从这点上出发，不能有所偏颇。

孔庙国子监论丛（2019年）

二　南京夫子庙的保护与利用现状

由于历史原因，夫子庙现存可见的地面建筑大多为 1949 年以后在原址上复建，因而对其的保护基本上是对目前建筑的维护和修缮。江南贡院内尚有几处明清两代遗留的碑刻，如今也保存得相当妥善，供来往游人参观。大体上可以说，夫子庙是基于明清两代的框架、图画和遗存上，经过考证后精心修复和还原的一处文庙景点，它并没有对于整体、大片的文物遗迹进行保护或者修复的压力。此外，在政府部门的高度重视以及夫子庙自身每年带来的强大的旅游效应下，它拥有着相当全面和完善的维修保护体制，几乎不存在“年久失修”“疏忽破坏”的情况。

从利用现状上说，南京夫子庙的利用如今可以大体分为两个方面：

第一个是经济方面的利用，这也是当前对夫子庙最主要的利用方式。夫子庙的经济利用最早可追至民国时期的夫子庙闹市，而对其真正的系统化利用则应从20世纪80年代的改革开放算起。在商业化的浪潮下，夫子庙以旅游开发为中心，融合餐饮、文化、艺术等多方面因素，走出了一条差强人意的文旅融合的道路。夫子庙在经济上的利用开发是依托商业而不断延伸开来的，这里面既包括参观游客的直接消费，例如门票购买、黄包车乘坐体验、收费讲解、画舫乘坐、民俗表演等夫子庙景区自带的商业功能，也涵盖了来访者的连带消费，即餐饮、酒店住宿、纪念品购买等与夫子庙密切相关的商业内容。夫子庙带来的经济效益往往与其本身的文化地位与内涵有着密不可分的联系，然而基于这一效益而存在的，必然是以盈利为目的的经济行为，它可能有文化宣传的附加作用，但取得积极的经济反馈一定是它的主要作用。

第二个则是文化教育方面的利用，这是夫子庙同其他所有文庙一样，自诞生之初就天然存在的一种利用。这种利用基于的是夫子庙深厚的文化价值，即博大精深的儒家思想和多姿多彩的地方特色。夫子庙作为祭祀至圣先师孔子的场所和传承儒家思想文化的重要载体，在对中华优秀传统文化的利用与发扬方面有着义不容辞的责任和得天独厚的优势。同时，夫子庙所在的地区是南京地方特色文化集中的区域，以夫子庙为平台，向海内外游客展示南京丰富多彩的物质财富和精神文化，也是夫子庙文化利用的一个点。这一方面的利用主要是以文化导览和展示来进行的潜移默化的宣传。诸如大成殿内的免费讲解，贯穿整个正月的秦淮灯会，相关文化手册的发放以及白局老艺人的义务演出，都属于此。它们或以文化宣讲为唯一目的，或穿插在所有与夫子庙相关的商铺酒肆中，将科举文化、儒学文化、金陵文化等润物无声地传递给游客。值得一提的是，在孔庙的大成殿旁，建有南京历史悠久的夫子庙小学，该校始终以儒家文化的优秀部分为本，教育学生亲仁爱礼，传承中华优秀传统文化。学校与孔庙合作密切，每年新生入学，都会由老师领至大成殿内，在家长的关注下举行古时入学必备的“开笔礼”。该校还有三本自编的校本教材，名为《星星论语》，内容均取自《论语》，以故事的形式向学生传授中华优秀传统文化，这是夫子庙在文化利用方面的一个经典体现。

三　南京夫子庙在利用中存在的问题

正如之前提到的那样，南京夫子庙虽然在经济方面的利用发挥了巨大的商业价值，也取得了良好的旅游效应，但也正是因为其在发展道路上片面地追求经济效益，从而导致了夫子庙在发展和利用的过程中逐渐暴露出了诸多问题。

其一，夫子庙在对自己所辖区域内的商业管理上，缺乏一套完整而严格的规范，从而导致其缺乏精品购物项目，产品同质化现象严重。并且小吃种类良莠不齐，缺乏秦淮特色。① 由于商业化、市场化的迅猛发展，夫子庙的旅游产品在设计、生产、宣传上千篇一律、如出一辙，从包装上就给人以“批发货”“大路货”的乏味感，缺少“各美其美”的精品层次体验。此外，作为夫子庙招牌的秦淮传统小吃，其制作者往往因为各种原因不得不降低品质或是外迁他方，以至于夫子庙的食品市场呈现出“鸠占鹊巢”的局面，即非夫子庙本地的小吃或是制作上偷工减料的食品打着“秦淮小吃”的旗号大行其道，真正美味的传统小吃则黯然退场。旅游产品上缺乏文化内涵和地方特色，珍藏价值不高，纪念品“全国通用”。这些问题不仅极大地削减了游客购物消费的兴趣，也对夫子庙的文化宣传与景区声誉造成了不良的影响。

其二，夫子庙过分追赶“潮流”，打造所谓的“网红街”，缺乏对自有的丰厚文化资源的充分开发与合理布局，在宣传与旅游娱乐项目的开发上都不到位，导致其失去了本来可以吸引游人的名人资源（王谢世家、秦淮八艳、江南才子等）、民俗资源（南京白局、秦淮歌舞等）以及历史资源（儒学文化、科举文化等），最终在国内的著名文化景点里“泯然众人矣”。迷失在“网红店”“网红街”的打造之中，对自身的特色文化的发掘浮于表面，不肯深挖，相关著名历史景点布置粗糙、门可罗雀，这在本质上仍然是对商业化的过分偏颇。如此一来，这既没有对口当下游客文化旅游的真正需求，也使得夫子庙自身无可比拟的文化内涵遭到埋没，自然便会让游客的参与度与体验感降低，减少了“回头客”，也难以达到宣扬文化、文旅融合的目的。

四　关于以南京夫子庙为代表的中国文庙未来发展的思考

南京夫子庙迄今为止所取得的成就与所存在的问题几乎都是当下中国的文庙正在面临或将要面临的事情，如何从文庙自身的文化特质出发，结合地方特色，继而走出一条文旅融合、以文为本的创新发展之路，是值得中国各地的文庙去反思、改进、完善的。

① 王路扬、胡晓莹、秦晓茜：《南京历史文化街区发展模式探索——以夫子庙街区为例》，《产业与科技论坛》2014年第13期。

摆在第一位的，必然是对传统文化的挖掘、保护、展示和传承的高度重视。文庙作为中国文化中最具代表性的文教建筑，自国至野，其分布之广、影响之深是中国历史上其他类型的建筑所不能比拟的。正因如此，文庙的任何利用、开发都应建立在对自身文化内涵的充分理解与发掘上，并且在开发利用中要将文化宣传放在首位，要坚持用高质量、深层次的文化作为对外交流的内容。文庙须打造出自身的特色品牌，凸显自身的文化高度，要让文化作为文庙开发利用的“轴心”，不能喧宾夺主、主次不分。具体到相关措施上，则可大致分为三条。其一，各地文庙应全面地整理、熟知与自身紧密相关且富有地方特色的文献典故，并对其做出系统的研究和整合。对文庙所代表的儒学文化、诗文礼俗等要有透彻的研究，尽可能地聘请有关学者作为研究员来进行学术上的指导。其二，加强同其他地区文庙的交流与合作，取长补短，在完整保护并传承文庙所代表的传统文化的基础上，借鉴其他文庙的成功经验，开创出一条适合自身发展的道路。其三，文庙应积极同高校以及地方文化单位开展合作研究，借助社会资源和科研力量，最大限度地将自身背后的文化发掘出来，并制订出一套行之有效的保护和传承方案。有条件的还可以创办学术刊物和著作，广泛地欢迎社会各界参与投稿，提出相关意见，最后进行出版和发表，以学术争鸣促进对传统文化的研究。

其次，要充分实现文庙的“以文促游”，在保证自身所代表的儒学文化充分发掘和展示的前提下，让文庙与旅游、休闲相结合。利用市场和商业的手段，进行详细周密的调查分析，开发出具有文庙自身特色的吸引人的产品，或不断地开发与文庙相关的文化体验项目，充分调动游客的参与度和积极性，达到真正“润物无声”“化人无形”的宣传教育目的。使大家充分认识到文庙的特殊性与崇高地位，深刻感受到其在物质和精神方面的价值，从而唤起广大群众对文庙的珍惜和保护意识。文庙并不能仅仅被当作一座古建筑或是一个旅游景点来对待，它应该更多地承担引导大众文化品位的职能，即引导大众去认知、欣赏、传扬优秀的传统文化，而不是被动地迎合市场经济的需求。针对文旅融合的问题，文庙单位应当利用多种方式进行供需调查，从而精准地了解到观光者真正的文化旅游需求和兴趣所在，继而对文庙相关的活动、项目进行充实和改变，提升参观者的旅游体验，使传统文化变得更易亲近和接受。同时，值得注意的是，这种改动一定是基于文庙本身的，要充分尊重文庙的文化尊严，不能为了满足一部分参观者的需求而抛弃文庙的文化或是生搬硬套地在其中加入不合理的要素。文旅融合的核心是“文”，目的在于让观光者在愉悦旅游的过程中感悟文化，或多或少地提升其文化素养，若是无法达成这个目的，甚至为了迎合市场而做出一些与该目标相悖的举措，都是不合适的。

文庙在未来道路上的发展，需要相关部门文化意识和观念的更新，需要相关学术研究的推进和完善，也需要群众文化意识的觉醒，归根结底，需要社会方方面面的参与和努力。恰如南唐后主李煜词中所言“想得玉楼瑶殿影”，希望今后以南京夫子庙为代表的中国文庙，不仅是人们心中的“影”，而是真正根植在群众文化意识里的“玉楼瑶殿”。

高睿泽，中南民族大学民族学与社会学学院，文博专业 2018 级本科生

博物馆探索与实践

◇传统文化类主题巡展活动探索与实践

——以“悠悠太学　莘莘学子”主题巡展为例

◎ 杨晶

【摘　要】“悠悠太学　莘莘学子”巡展是以孔庙和国子监文化为主题的巡展，于2018年7月19日在安徽名人馆开幕。展览分为四个部分——“巍巍学府，源远流长”；“莘莘学子，奋发图强”；“学以致用，国家栋梁”；“进士题名，安徽贤达”。孔庙和国子监博物馆发挥自身资源优势，以传播中华优秀传统文化为使命，打造传统文化类主题巡展，促进博物馆工作的全面提升，进一步落实习总书记讲话精神，切实做好传承民族文化，弘扬中华优秀传统文化方面的工作，让传统文化活起来，更好地为当今社会服务，为人民服务。

【关键词】 国子监　孔庙　传统文化　巡展

“悠悠太学　莘莘学子”巡展于2018年7月19日在安徽名人馆开幕，展出39天。本文将对本次巡展的意义、内容等进行详细说明。

一　巡展活动背景和意义

党的十九大报告指出：“要坚持中国特色社会主义文化发展道路，激发全民族文化创新创造活力，建设社会主义文化强国。”“中国特色社会主义文化，源自于中华民族五千多年文明历史所孕育的中华优秀传统文化。”①在十九大精神的指导下，孔庙和国子监博物馆作为历史类博物馆，肩负着传播中华优秀传统文化的重要社会责任，举办传统文化类巡展活动是落实十九大精神的重要举措。孔庙和国子监博物馆以北京孔庙和国子监文物文化资源为载体，传播以儒家思想、科举制度、古代高等教育为核心的孔庙

① 习近平：《决胜全面建成小康社会　夺取新时代中国特色社会主义伟大胜利——在中国共产党第十九次全国代表大会上的报告》，光明网，http：//politics. gmw. cn/2017—10/27/content_26628091. htm。

和国子监历史文化，扩大北京孔庙和国子监的知名度，对全国观众进行传统文化教育，充分发挥博物馆的社会教育作用，有效地推动了中华优秀传统文化的传承与发展，有力地增强了中华优秀传统文化的凝聚力、影响力、创造力。

二　整合资源　确定主题

“悠悠太学”体现了孔庙和国子监悠远的历史，“莘莘学子”讲述的是国子监的主角——国子监监生通过在校的学习，学有所成，成为国家栋梁。其中包含着优秀传统文化的精华——儒家文化、科举文化等。之所以确定“悠悠太学　莘莘学子”为巡展主题，是从十九大精神出发，整合孔庙和国子监博物馆与巡展展出地——安徽名人馆的文物文化资源，两地统筹兼顾，传播中华优秀传统文化的同时，加强地域间的文化交流和爱国主义教育。

1. 孔庙和国子监博物馆文物文化资源

北京国子监是元明清三朝国家管理教育的行政机构和最高学府，是高等教育的核心、高级人才的汇集地。这里的教学理念、政策制度、教学方式方法等极大地影响了全国各地的学校。北京国子监的中心建筑辟雍大殿是目前全国仅存的一处皇帝讲学专有场所，更是国家最高统治者宣讲教育理念的历史见证。北京孔庙则是元明清三朝皇家祭孔的场所，如今是研究儒家思想和传播以儒家思想为核心的中华优秀传统文化的重要窗口。孔庙院内的 198 座进士题名碑记载了元明清三朝 5 万多名进士名录，是研究中国科举制度的重要史料；“乾隆石经”记录着儒家十三部经典，是目前全国仅存的一套最完整的官刻石经。这些都是中华优秀传统文化的积淀和历史传承的见证。

孔庙国子监论丛（2019年）

2. 安徽名人馆文物文化资源

安徽名人馆是全国首家地方籍名人展馆，馆藏丰富，它将安徽历史和文化精髓相融合，展现史前至现代安徽历史上的杰出人物，如老子、庄子、华佗、朱元璋、刘铭传、李鸿章、胡雪岩等，对安徽、中国乃至人类发展所做出的重大贡献，体现安徽物华天宝、人杰地灵的美好形象，既是重要的校外素质教育基地，也是海内外游客了解安徽、认识安徽的重要窗口①。

三　结构脉络

巡展主题确定后，依托双方的文物文化资源，我们开始设计巡展的结

① 渡江战役纪念馆（安徽名人馆）管理处官网，安徽名人馆介绍，http：//www. ahmrg. org/custom1616190. html。

构脉络。整个展览的结构脉络非常简单，通俗易懂，如同一幅画卷，带观众进入校园，探知最高学府的前世今生，欣赏传统的人文建筑，了解莘莘学子的学习生活以及学有所成，成为国家栋梁；使观众在短时间内提取最大的知识量，并有效地记忆，达到宣传孔庙和国子监博物馆及传播中华优秀传统文化的目的。

第一部分“巍巍学府，源远流长”，介绍了孔庙和国子监的历史沿革和人文建筑，使观众对孔庙和国子监的职能、整体环境和人文景观有了初步的了解。第二部分“莘莘学子，奋发图强”和第三部分“学以致用，国家栋梁”，整体介绍了国子监监生（国子监学生统称“监生”）的学习生活，从细节上介绍了国子监的组织机构、学制、教学内容、考试以及监生毕业后的出路，使观众不仅从整体上对最高学府的教学机制有了宏观了解，而且通过大量的图表更加细致地讲述如何成为国子监监生，监生都学什么、学多久、考什么，日常上课方式，毕业后去哪里等，为观众提供了大量古代高等学府的学习生活信息，使观众充分了解高等学府及其教育。第四部分“进士题名，安徽贤达”，以科举文化为桥梁，将孔庙和国子监博物馆与安徽名人馆的文物文化资源连接和融合，引起共鸣，增强当地市民自豪感以及对优秀传统文化的认同感，更易于优秀传统文化的传播。

四　展示重点　打造亮点

一进展厅便是一扇打开的“太学门”，上面是本次巡展主题“悠悠太学　莘莘学子”，透过大门，观众直接看到金碧辉煌的辟雍大殿——目前全国仅存的一处皇帝讲学的场所，巨幅画面烘托整体氛围，皇家建筑令人震撼，随之，正式进入展览。展览的整体设计摒弃了传统的 90cm×120cm 块状展板，而是采用了展墙平铺，以画卷方式展示孔庙和国子监源远流长的历史，突出了主题“悠悠太学”。本次巡展的基本色调为黄色、红色、黑色，与北京国子监整体环境和建筑色彩一致，营造了最高学府的氛围。国子监中的大部分建筑是红墙黄瓦，黄色是皇家建筑的代表颜色，体现了国子监最高学府的地位，黑色代表了国子监教育行政机关的职能，体现了国子监又不同于一般的皇家环境与建筑。简洁的色彩，恰如其分的装饰，所塑造的整体氛围可以加深观众对展览的整体印象和理解。

展览的第一部分讲孔庙和国子监的历史沿革和建筑，重点是孔庙和国子监的职能和建筑景观。本部分的亮点是“太学门”及孔庙和国子监平面示意图。馆内的平面示意图通常只是简单的文字，起到位置示意的作用，对于初识孔庙和国子监的观众难免困惑，我们利用整面墙绘制平面示意图，在此基础之上，标注每一个重要的建筑和人文景观，并加注文字说明，图文并茂，一目了然。该方式既弥补了示意图的单调，又避免单一展示建筑图片，缺乏整体性，既加强了观众对孔庙和国子监整体建筑格局的认知，又可以使观众细致地了解建筑景观局部，易于加深对孔庙和国子监的印象。配合着平面示意图，我们搭建了“太学门”主题场景，将国子监的太学门缩小比例，立体呈现在展墙上，把电视嵌在太学门里循环播放宣传片——“孔庙国子监记忆”。从平面图到影像纪录片，从平面到立体，从静态到动态，充分调动观众的各种感官，使观众进一步加深对孔庙和国子监的认识，为后面的知识点做铺垫。

“太学门”主题

孔庙和国子监平面示意图及“太学门”主题场景

展览的第二部分主要讲国子监监生学习情况，重点是日常学习内容和考试。亮点在于“十三经”主题场景和“临雍讲学”主题场景。国子监监生的学习内容主要是儒家经典，而北京孔庙的“十三经”是乾隆年间所刻的儒家十三部经典著作。即《周易》《尚书》《诗经》《周礼》《仪礼》《礼记》《左传》《公羊传》《穀梁传》《论语》《尔雅》《孝经》《孟子》。总计六十二万八千余字，全部出自雍正年间江苏金坛贡生蒋衡一人之手，他历时十二年整理抄录“十三经”。乾隆石经是我国现存最完整的儒家经典刻石。我们将十三部经书以大型竹简形式展示，并对每部儒家经典进行详细说明，既让观众了解了国子监教学内容，又进一步向观众宣传以儒家经典为核心的中华优秀传统文化，增强文化自信。“临雍讲学”主题场景以四个灯箱和多媒体展示了皇帝亲临辟雍大殿讲学的整个过程——“东华门出行”“西口跪迎圣驾”“祭孔”“临雍讲学”，作为国子监的学生可以聆听皇帝授课，授课的内容除了儒家经典外，也是在聆听国家教育政令，再次凸显了国子监作为最高学府的地位以及身为国子监学生的荣耀。

“十三经”竹简主题场景

“临雍讲学”主题场景

第三部分主要讲监生毕业后的出路，重点是介绍科举制度，亮点是

“号舍”主题陈设和“大金榜”主题展区。监生毕业后，有四个出路：走科举入仕之途、甄除、“历事”制度、分配到地方学校当老师，最主要的方式还是参加科举考试。科举制度是中国传统文化中的重要组成部分，它对中国社会发展有着深远的影响，它的产生是社会发展的需要，它的灭亡也是历史的必然，我们要让观众认识它、了解它，并且将科举制度中的优秀内容广泛传播。“号舍”主题陈设再现了古代考试场景。贡院是官设的科举考场，贡院内按千字文排列号舍，考生在这里答题、休息、吃喝、睡觉。每科连考三场，一场考三天。考生不得随便走动和交谈，一切活动都要在这狭小的号舍里进行，可谓“三场辛苦磨成鬼”。观众通过这种最直接的方式去了解和感受科举考试的森严和古代学子读书考试的不易，引起共鸣，加深对科举制度的理解。考生通过一系列的严格考试最终考中进士，榜上有名，也就是通常所说的中国人四大喜事之一“金榜题名时”。这个“榜”就是公布考试名次的金榜。我们为此选取了同治七年这一“金榜”进行复制陈设，该科的状元洪钧是安徽籍，容易引起本地观众的共鸣和自豪感。另外，巡展展出时间正值暑期，参观的学生很多，他们对这个主题陈设非常感兴趣，一方面了解了“金榜题名”的知识点，另一方面，“金榜”上的前辈都是榜样，学生们希望像前辈们那样在将来的大考中能有佳绩，金榜题名。这样的主题陈设拉近了和观众的距离，既了解了中华优秀传统文化，又能达到传播传统文化的作用。

“号舍”主题陈设

第四部分主要讲进士题名，重点介绍安徽籍进士名人，亮点是“进士

“金榜”主题场景

题名碑”主题展示区。进士题名碑是科举文化中重要的历史文物，北京孔庙存有元明清进士题名碑 198 通，共记载五万多名进士的姓名、名次和籍贯，安徽籍进士数量更是全国名列前茅，名人辈出，如晚清名臣李鸿章、李文轩（李鸿章之父）、张英（张廷玉之父）、张廷玉、张廷瓒（张廷玉之兄）、张廷璐（张廷玉之弟，榜眼）、光绪帝师孙家鼐等。我们找到这些进士名人中榜的那一科，仿照原碑制作，并将这些名人标红，以便观众迅速地找到他们的名次，既了解了科举文化中的重要文物——进士题名碑，又向观众宣传了名人事迹，切实做到讲好文物背后的故事。

进士题名碑展示区

五　巡展活动效果

“悠悠太学　莘莘学子”主题巡展活动在安徽名人馆展出历时 39 天，

共接待观众 11.7 万人次。配合主题巡展，我们还举办了《儒学的精华与文化自信》主题讲座，传统碑拓及雕版印刷等社教活动。观众反响热烈，对此次展览给予了高度评价，很多观众写下留言寄语，并参与了问卷调查，满意度极高。《中国文物报》、在线文博、合肥市电视台新闻频道、《合肥日报》、万家热线、中安在线、《新安晚报》、《江淮晨报》、合肥在线、中国新闻社、安徽电视台移动电视新闻、《人民日报》数字安徽等多家媒体对巡展活动进行了深度报道。通过本次主题巡展活动，安徽当地观众认识并了解了北京国子监深厚的传统文化内涵，加深了观众对于本地历史文化名人的认知，引导广大市民学习和弘扬民族传统文化，促进中华优秀文化的传播与发展，增强民众的文化自信。与此同时，孔庙和国子监博物馆与安徽名人馆之间增进了了解，为今后进一步加强馆际间的交流与合作奠定了基础，促进博物馆工作的全面提升，让传统文化活起来，更好地为当今社会服务，为人民服务。

开幕式现场

六 关于传统文化类巡展的思考

通过对“悠悠太学 莘莘学子”主题巡展的梳理，我们对传统文化类巡展的认识不断提高，主要有以下几点：

第一，立足现有文化文物资源，认真梳理传统文化主题脉络，深入分析，针对巡展地的不同，适当调整巡展主题，宣传优秀传统文化的同时融入当地的文化习俗中去，切实做到入乡随俗、因地制宜。

第二，邀请展出地的馆方参与展览大纲的审阅，并提供能展现地方文化、广大市民所熟悉的藏品或展品，以配合巡展。这样既能丰富巡展内容，又具有地方文化特色。

讲解员分批次为观众们现场讲解展览

体验雕版印刷和传统碑拓技艺

《儒学的精华与文化自信》主题讲座

第三，选取合适的巡展时间。合适的巡展时间可以扩大展览的辐射面，

现场观众接受采访

趣味主题拍照区

增加参观流量，使优秀传统文化普及更加广泛，扩大社会效益。

第四，打造巡展专业队伍。从展览大纲的编写、陈列内容设计、形式设计到后期布展、宣传、社教活动等都离不开专业的工作人员。巡展工作人员的文化素养和专业水平直接影响展览的质量，要加强理论培训和实践锻炼，提高整体业务水平。

第五，巡展期间，开展传统文化教育活动。目前在展厅内开展了一系列传统文化类的互动体验活动，但时间短，注重体验性和趣味性，以后可以在巡展期间安排短期的传统文化课程，注重知识性，巡展工作人员和观众均可参加，双方均受益，这样既丰富了巡展的教育形式，又扩充了巡展中的传统文化内容。

第六，积极开展巡展评估。博物馆巡展目的五花八门，有的为了完成年初目标，有的为了人员外出交流，如果没有有效的展览评估，巡展则难以提高水平。

七　结束语

习总书记指出：“中华优秀传统文化是中华民族的精神命脉，是涵养社会主义核心价值观的重要源泉，也是我们在世界文化激荡中站稳脚跟的坚实根基。”① 作为历史类博物馆，我们有责任和义务挖掘和阐释中华优秀传统文化，既要弘扬和传承，又要立足时代，推动中华优秀传统文化创造性转化和创新性发展。“悠悠太学　莘莘学子”主题巡展是传统文化类主题巡展活动的一次探索与实践，它得到了社会各界的肯定，其中也存在着不足。孔庙和国子监博物馆将继续完善丰富巡展内容，提高巡展水平，开展更多的传统文化类巡展，构筑文化自信，共同实现中国梦。

杨晶，孔庙和国子监博物馆社教部副主任，副研究馆员

① 习近平：《坚持以人民为中心的创作导向　创作更多无愧于时代的优秀作品》，人民网，http：//cpc. people. com. cn/n/2014/1016/c64094—25843852. html，2014. 10. 16。

◇数字媒体技术视域下的数字化博物馆

◎ 张雅薇

【摘　要】随着信息化时代的急速发展，科学技术的发展得到了惊人的成就，社会文明与科学进步的进程不断加快。信息化时代已经来临，它在各方面的应用得到普及。数字化博物馆可分为两种：基于现有实体的博物馆的数字化改造和纯网络虚拟博物馆信息的展示平台。实体博物馆则是通过建立和管理藏品信息数据库系统等方式来展示数字化展陈，就是我们经常说的实体博物馆上网；然而虚拟网络平台的博物馆则没有特定、相关的实体博物馆相对应，只是运用数字化的形式实现博物馆的收藏、陈列、研究、教育、娱乐等功能。无论是实体博物馆上网还是纯粹的虚拟博物馆，对于用户而言，数字博物馆最核心的价值都是不受时间、空间的限制，方便快捷地获取博物馆藏品的有效信息。

【关键词】数字媒体技术　数字化博物馆　陈列展

孔庙国子监论丛（2019年）

一　绪论

（一）研究背景

伴随着科学技术、信息技术的不断发展，各行各业都在使用新技术、数字化、信息化进行管理。随着数字媒体技术的飞速发展，很多工作已经不再是传统模式的类型，而是应用数字化。为了顺应时代潮流，适应当下社会工作的开展，博物馆作为收藏文物和陈列展览的非营利机构，拉开了数字化建设帷幕。没有人会否认随着数字化信息时代的成长，网络已嵌入我们的生活中，它似乎无所不能，我们可以消费、娱乐、社交，享受精彩的虚拟世界。网络是虚拟的，但同时它也是多样的，我们应探索让中规中矩的博物馆行业走上数字化之路，让文物活起来，让数字化开启博物馆的另一扇大门。

（二）研究问题

传统博物馆陈列方式主要是以展厅和陈列设施作为藏品展示载体，参观者则是以在展厅游览的方式进行交流和欣赏。一般的博物馆主要是通过陈列展览以主题形式展示藏品，缺乏趣味性和形象化特征，难以吸引人们的关注和兴趣。而随着科技的进步，如今虚拟的互联网时代来临，使数字化博物馆应用到陈列展览中的数字媒体技术越来越先进，利用互联网将文物以数字化博物馆展览的形式出现，使藏品呈现方式更加活跃和主动，充分展现和让公众了解到文物背后的故事、意义和价值。

二 学术概念界定

（一）数字媒体技术

数字媒体技术是一种开放式的平台，主要包含场景设计、角色形象设计、游戏程序设计、多媒体后期处理、人机交互技术，是主要针对游戏开发、网站美工和创意设计类工作设计的专业。

（二）数字博物馆

数字博物馆即虚拟博物馆，它脱离了传统博物馆的概念，在没有场地、没有展品的情况下，立足于计算机技术和网络技术，以视频和音频为介质，通过人机对话让参观者体会到别样的博物馆氛围。

（三）博物馆陈列展览

博物馆陈列展览是在一定空间内，以学术研究资料和文物标本为基础，以展示空间、设备和技术为平台，按照一定的主题、序列和艺术形式进行组合，实现面向大众进行知识、信息和文化传播，具有一定思想性和观赏性的文化创造。①

三 数字媒体技术对博物馆展陈设计的影响

时代在变，参观游客的品位也不断提升，对传统博物馆展品配说明牌、图片的展陈方式有些审美疲劳，他们呼唤全新的展陈形式，希望得到更高的精神享受。数字化博物馆符合了观众的口味，表现在：

（一）展陈设计的互动性——开辟了新的参观途径，增强了趣味性、个性化、时尚感

在某种角度上说，想要了解一个地方的过去和现在，首先要从博物馆开始。一座博物馆就是一部物化的发展史，人们通过文物与历史相连，穿过时空的组合，俯瞰历史的风风雨雨。现实中的博物馆是在固定的时间、固定的场所，以固定的形式向人们展示，而数字化博物馆全面突破了这一

① 参见单霁翔《解读博物馆陈列展览的思想性与观赏性》，《南方文物》2013 年第 3 期。

限制，无论你在咖啡馆小憩，还是蜷在冬夜温暖的被窝里，只要你处在网络中，点开APP或者鼠标，进入各个博物馆的网站，一座座文化圣殿为你打开，一件件展品任你观赏，你可以根据自己的喜好去参观，不打扰任何人，也不被任何人打扰。博物馆最需要吸引的观众是青年人，而青年人与时尚是分不开的。网络是青年人传播时尚的平台，博物馆必须在这个平台上占有一席之地，才能博得青年人的好感。2010年上海世博会上，中国馆内数字化的《清明上河图》（如图1所示）吸引了无数中外学者的目光，流动的《清明上河图》是一次时空的穿越，是古典艺术与现代科技的完美演绎，文物离时尚不远①。孔庙和国子监博物馆内的“中国古代官德文化展”中“临雍讲学”（如图2所示）幻影成像吸引了无数观众观赏，技术基于“实物模型”和“立体幻影”的结合，以多媒体动画形式展示了乾隆皇帝庆祝登基50年，第一次使用辟雍殿讲学的盛况，生动描绘出古代皇帝重视教育的规制。

图1　《清明上河图》

（二）展陈设计的虚拟性——转变了博物馆与观众的关系，延伸了博物馆的空间

现实中的博物馆，你必须走起来才能看到自己喜欢的展品，获得需要的知识，听讲解也是跟随讲解员的思路和路线，观众基本处于被动地位。数字化自助导览系统，可以弥补此类状况，为观众提供多元化、多层次的导览服务。即时了解博物馆的展陈内容、历史沿革、服务信息，尽情享受现代科技发展带来的便利与新鲜的深度体验。故宫博物馆的微故宫中“玩

① 参见邹鑫《开启博物馆的另一扇大门——数字化》，《孔庙国子监论丛（2011年）》，北京燕山出版社2011年版。

图 2　临雍讲学

转故宫”（如图 3 所示）有效地为游客提供多种游览路线及解说环节，通过电子语音导览和规划路线强化了观众参观路线并节省许多时间，使观众更好地体会中国传统文化的魅力①。也许你不远千里来到一座闻名已久的博物馆，对其中的展品流连忘返，但是你太累了，或是观众太多了，无暇慢慢欣赏你心中的精品，不免有些遗憾，不要紧，回家打开手机或者电脑，登录网站，你的“最爱”仍在眼前，你可以各种角度欣赏她，参观不够尽兴，不要紧，登录网站，可以随时踏入博物馆中，感受中华文化的精髓。②

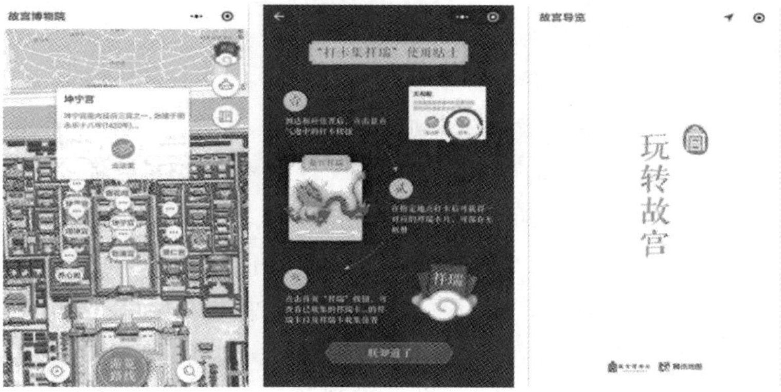

图 3　玩转故宫

（三）展陈设计的技术——前所未有的视觉享受

博物馆展示的一大功能就是能带给观众视觉的享受，这样的博物馆才

① 中国新闻网：《年轻人爱上故宫文化　故宫文创为什么这样潮》，《银川晚报》2019 年 3 月 12 日。

② 王彩霞：《当前数字化博物馆建设的实践思考》，《丝绸之路》2016 年第 24 期。

能让人流连忘返，印象深刻。陕西汉阳陵博物馆的幻影成像节目“走进汉阳陵”使不少人印象深刻：在汉代建筑的背景下，一个个身着汉服的人物陆续登场，皇帝、皇后、宫女、大臣在这小小的舞台上演绎了一段汉王朝的历史，汉景帝刘启的功绩与汉阳陵的兴建尽在亦真亦幻的大汉雄风中呈现在你面前。这项壮观的景象是澳大利亚 The Shirley Spectra 公司的一项针对博物馆、科技馆、展览馆等进行创意和制作的国际领先的全新展示技术，利用多台机器、多方位摄像技术以及人眼视觉的心理特性，给予观众逼真的视觉效果。河南安阳中国文字博物馆展现的 4D 电影《甲骨文》，以动画形式演绎了形象文字到传统文字的演化过程，再与先进技术相结合，让每位观众在其中充分感受到“风”的轻抚、“雨”的清凉、“雷”的轰鸣、“鸟”掠过时空气的振动，达到了寓教于乐的效果。2010 年年底央视播放的纪录片《颐和园》，就是数字化博物馆采用的一种探索形式。即便参观多次颐和园，但观看了六集纪录片后，仍能被颐和园的美深深震撼。四季更替中的颐和园，一草一木、一亭一院无不散发着中国皇家园林独特的魅力，高远深邃的视角和温婉厚重的解说带给观众“大美颐和园”的享受。①

（四）数字化博物馆带来博物馆工作理念的突破，提升展陈效果

数字化博物馆的出现对传统博物馆的工作理念产生了深远影响，数字化在博物馆中的应用已很广泛，如文物库房管理、安保工作、展览设计、社会教育的多媒体课件开发等。我们在工作中会自觉运用数字化手段使工作更加完善，效果更加出色。

1. 全新的文物、文化保护手段

传统的记录方式包括账目、卡片、胶片等，这些是文物保管工作最常用的，数字化带给我们更加高效、安全的文保技术。2018 年 9 月，拥有 200 年历史的巴西里约热内卢国家博物馆发生火灾，由于当时火势难以控制，整座建筑物被大火吞噬，馆内收藏多达 2000 万件珍贵文物估计已被烧毁。当时巴西总统特梅尔表示，多数藏品被烧毁，造成“无可挽回”的损失，受到了重创，形容是“悲伤的一天”。② 2008 年汶川地震给羌族聚居区带来几近毁灭性的灾难，古老的羌族文化也遭到了重创。但是就在这时，“羌族文化数字博物馆”应运而生。建立一个不断丰富更新的网上展示平台，将相关的学术论文、专题报道、新闻、文物说明等信息整理起来，保存了古老文明的原生态，也承载了文明的传承和传播。文物保护不仅仅局限于博物馆的工作室中，通过数字化建立起三维模型数据库，文化、文物、古建

① 参见单霁翔《解读博物馆陈列展览的思想性与观赏性》，《南方文物》2013 年第 3 期。

② 参见王彩霞《当前数字化博物馆建设的实践思考》，《丝绸之路》2016 年第 24 期。

等人类文明的数字信息可以准确、永恒地保留起来①。孔庙和国子监博物馆馆藏中440块石碑，都是元明清时期留下的珍贵文物，由于时间的迁移以及自然和非自然等的影响，受到了不同程度的破坏，这将造成我国传统文化的重要缺失。因此需要借助虚拟现实技术（如图4所示）和先进的数字媒体对古代文化遗产进行数字化展示和有效保护。通过非接触式的数据采集（如图5所示）及光学测量技术，可以永久地保存文物信息，减少人为因素对文物的损坏。此举既可实现博物馆资源共享和有效地进行文化传承，在某种意义上还促进了文化的传播。

图4　3D建模师在制作三维数字化文物作品

图5　文物三维扫描工作

① 泉州网：《巴西博物馆大火：200年馆藏几乎付之一炬　民众悲痛》，新浪网2018年9月4日。

2. 转变工作理念，提高博物馆工作效率

博物馆的工作流程一直很“传统”，只有办展览、搞活动时几个相关部门才会坐到一起，而平时各部门各司其职，馆藏资源很难共享，文物安全得以保障，但研究工作却受到制约。博物馆建立数字化文物档案后，研究人员可以非常方便地随时“提取”文物，做专题研究；管理人员也可以便捷地查找各种数据，了解历史传承和最新状况，工作效率大幅提高。在工作理念上，数字化带来前所未有的冲击。① 孔庙和国子监博物馆收藏元明清时期科举制度的产物 198 块进士题名碑，记录了 51624 名进士的名次、名字和籍贯，有许多寻根问祖的海内外后代前来查询，将这些名录数字化，无疑为博物馆提供了一种全新的实现社会效益的途径。除此之外，博物馆建设先进的智能售票系统，采用实名制网络预约购票，既可采集观众信息，又可统计不同季节不同时段观众流量。北京故宫博物院在 2017 年 10 月 10 日起正式开启了“博物馆全网售票”时代（如图 6 所示），停止了多年的现场售票柜台。此举保证了观众的参观质量，形成淡季不淡、旺季不挤，全力维护观众参观的安全性、有序性、舒适性。通过限制人流量的方法，使观众有序参观，并享受到更加优质的博物馆服务，正是故宫博物院精细化管理的目的和意义所在。只有观众支持全网售票措施，故宫博物院才能更好地做到精细化服务。

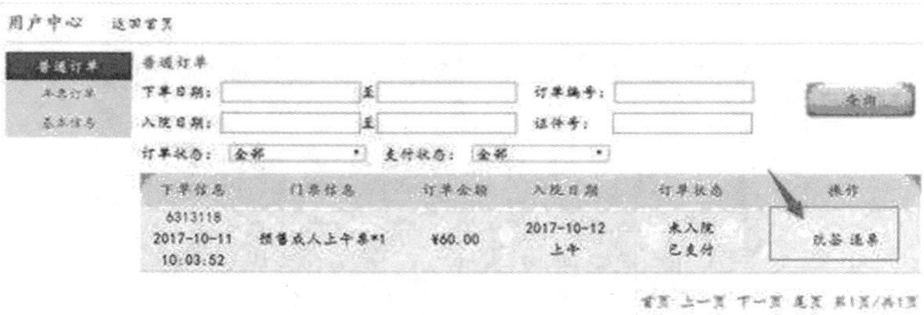

图 6　博物馆全网售票

3. 新媒体时代博物馆宣传之路

文物具有丰富的内涵，富有折服人心的巨大力量。党的十八大以来，以习近平同志为核心的党中央高度重视文物工作，多次做出重要指示，为我国文博事业的发展增添了新动能。要让博物馆的人气旺起来，最关键的一点就是要创新博物馆宣传方式，让博物馆宣传“活”起来。那么如何能使宣传“活”起来？这就离不开互联网和新媒体这一重要渠道了。传统媒

① 参见周一川《博物馆陈列展览中的数字媒体技术分析》，《文艺生活》（下旬刊）2017 年第 10 期。

体是相对于互联网媒体而言的，它包括电视、报刊、广播三种，其优点在于品牌化、知名度高，拥有专业化的新闻传播理念及信息加工能力，但互动性较弱。而新媒体的传播速度快，交互性强，正好与传统媒体相互补充①。在信息化爆炸的互联网时代，博物馆的文化宣传已不再是过去被动、单调的“一张报纸知天下”的时代，而是与网络技术、数字技术、移动技术交汇融合，传统媒体与新媒体共同作用的工作模式。除此之外，文创产品也是文物宣传的手段之一，通过网络的宣传，将博物馆中的文创产品以数字化的格式，美化、生动地展示出来，激发人们探究文化的冲动。比如近一年来故宫的雪、故宫的猫、故宫文创、故宫展览。如今的故宫已不再仅仅是一座皇家宫殿、历史博物馆，更是利用文化创意产品（如图7所示）走入百姓生活的一个样板。随着文创产品热销，故宫文化也受到越来越多年轻人喜爱。沉睡在博物院里的传统文化受到青年一代的喜欢和接纳，现如今参观故宫的年轻人日益增多。让人们通过文化创意直接触摸到文化，是故宫发展文化创意事业的出发点，也是落脚点（如图8、图9所示）。作为一个拥有600多年历史的文化符号，故宫拥有众多古代建筑群的文物古迹，成为中国传统文化的典型象征。一座博物馆的价值，不仅仅在于它拥有多悠久的历史、存有多少丰富的藏品，更在于应用这些文化资源为人们做些实实在在的贡献，在于将这些文化资源融入人们的现实生活。通过文化创意为观众架起一座沟通文化的桥梁，奉上一场文化盛宴，正是很好的表现形式。

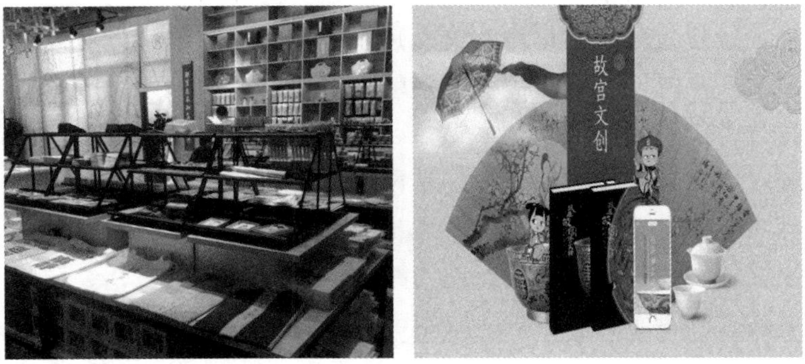

图7　故宫文创

（五）数字化展陈设计展望

1. 设立特有的博物馆，展现不同的数字化

博物馆数字化随着时间的推移将成为一种必需。每个馆要根据各个馆的

① 参见张伟疆《博物馆的数字化创意》，《中国科技博览》2017年第2期。

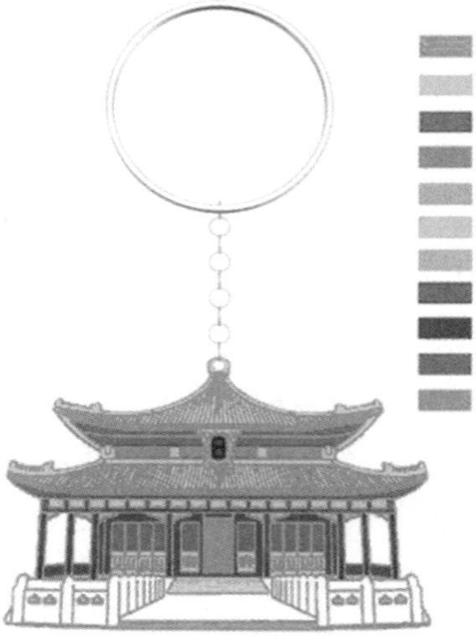

图8　文创（1）

图9　文创（2）

特点制订适宜的数字化方案：有的可以全盘数字化；有的可以巧妙采用数字化技术；而有的可能就没有数字化的必要和价值。中国各地经济发展不平衡，对文教经费的投入不一，所以各地博物馆数字化要与本地社会经济发展适应。如何用预算内的投入使用恰当的技术取得最好的效果，对文博工作者是个不小的考验。①

2. 展陈内容要与展品相结合

我们大谈特谈的数字化博物馆永远不会完全取代传统博物馆，因为文物、艺术品、建筑等本身散发的独特魅力，带给我们的视觉、精神享受是任何高科技手段都无法实现的。试想，你仰望太和殿，荡漾在昆明湖中或是站在蒙娜丽莎画像前的感受和你在网络上接触它们的感受能一样吗？我们只有深入挖掘展品的价值才能研发出激发观众兴趣的数字化产品，融入自己的生活中去，脱离了展品，博物馆数字化就是无源之水，结果是浪费了大量金钱、时间而缺乏活力，缺少价值。② 每年的9月28日是北京孔庙祭孔大典（如图10所示）的日子，当日会在大成殿前举办隆重的“释奠礼”。祭祀孔子两千多年从未间断，是华夏民族尊崇与怀念至圣先师孔子的隆重祀典。当随着典仪高唱“启户”，钟、鼓齐鸣，肃穆的音乐响起，场面声势浩大，只有身临其境才能感觉到“八佾舞”（如图11所示）的美和高

① 参见北京联合大学、北京数字科普协会《博物馆的数字化之路》，2015年12月。

② 参见曾一果、陈爽《博物馆文物的数字化展示和传播研究——以台北故宫博物院为例》，《广州大学学报（社会科学版）》2019年第1期。

声朗读“礼运大同篇”的气势恢宏。这是数字化代替不了的。但数字化博物馆可以与此同时推出此祭祀的历史发展及深挖历史的内涵，让世人更了解传统文化的精髓。

图 10 祭孔大典

图 11 八佾舞

（六）结语

数字化博物馆在中国已取得了很大的发展成就，大型博物馆如首都博物馆、上海博物馆、南京博物院等早已进行了这方面的探索，并取得了不俗的成绩。观众可以通过手机接收展览信息，预约展览，以文字、图片、音频、视频方式浏览各类展览、鉴赏各类文物。

可以看出，博物馆作为我国重要的文物聚集地，体现着中国文明的发展历程，应该在时代的发展中追求进步和不断超越过去，并且应该面向大众，使文化遗产得到广阔的流传。博物馆数字化是大势所趋，博物馆的另一扇大门已经打开，它对我国文化遗产的传播以及研究有深远的影响①。博物馆迎来了新的发展机遇，也面临突破传统的各种挑战。数字化博物馆带来了更广阔的发展空间，让文物走出博物馆，覆盖更大的空间和人群，提高博物馆的吸引力、影响力。虽然通过一系列活动的宣传工作可以收获到一定效果，但还要主动向故宫博物院、广东省博物馆等利用新媒体平台掀起社会公众“博物馆热”的成功案例学习经典方法，不断摸索，不断尝试，不断创新，使传统、枯燥的方式向现代、活泼的教育方式转变。总之，文博事业的发展离不开各个博物馆的合力，作为新时代的文博工作者，我们理应善用新方法、新思想，把博物馆事业推向新的发展高度，更好地为广大观众服务。

张雅薇，孔庙和国子监博物馆社教部，讲解员

① 参见王炯《浅谈历史类博物馆文物陈列展览的内容设计》，《重庆科技学院学报》（社会科学版）2012 年第 2 期。

◇论博物馆文化传播的新途径

——以故宫文创为例

◎ 姜珊

【摘　要】博物馆当中含有丰富的历史遗留宝藏，其是启迪人们智慧的文化殿堂，是所在区域的文化象征，有着多方面文化内涵，对人们文化层次的提升有着重要意义。为此，本文以故宫文创为例，对博物馆教育与文化传播之间的关系、国内外博物馆文化传播的方式和现状以及博物馆文化的新传播途径进行研究，对我国故宫文创产品的设计内涵、现状以及故宫文创产品对博物馆文化宣传的推进进行详细分析，通过对文创产品促进博物馆文化传播、抵制博物馆庸俗化发展的论述和研究，对我国博物馆文创产品的发展及博物馆文化传播都有着重要意义。

【关键词】博物馆　文化传播　新途径

随着社会的不断发展和进步，人们对文化层次的需求逐渐提高，博物馆的设立在很大程度上满足了人们的文化需求。博物馆有着文化传承、情感教育等多项文化传播功能，在现阶段国际交流逐渐频繁的形势下，我国的博物馆需要与时俱进，不断在时代发展过程中进行革新与改进，不断尝试文化传播的新途径，提高我国博物馆文化在国际上的地位。

一　博物馆教育与文化传播之间的关系

博物馆工作的主要核心是教育，而教育的最终目的是实现博物馆优秀文化向社会公众的传播，为人们的全面发展提供帮助。

（一）博物馆工作的核心

国际博物馆界一直对博物馆的定义处于动态的探索当中，目前最新的定义为：博物馆是一个非营利性的常设机构，主要对公众开放，其主要存在目的是为社会的发展提供帮助，为包含教育在内的多方面领域征集、展示人类相关的物质以及非物质文化遗产。

博物馆的各项日常业务全都以教育为主，其收藏、展示、研究等工作虽具备其他目的，但长远来看都是为博物馆教育工作提供服务，其各种文物的研究价值也会体现在教育环节当中。博物馆的收集工作即通过征集，对与人类相关的物证进行保护，是博物馆日常的基础工作内容之一，并且，收藏工作也是博物馆教育“教材”的来源之一。而研究工作主要是通过对各种藏品信息的挖掘，将藏品的文化价值和艺术价值揭示出来，为博物馆的教育提供更加生动、深入的知识。陈列和展览是展示藏品的两种最基础的方式，都是实现博物馆教育的重要手段。博物馆如果不通过教育向社会展现其价值，那么收藏、研究等工作的意义便不能得到实现。

（二）博物馆教育主要为了传播优秀文化

博物馆教育的最终目的是实现博物馆优秀文化向社会公众的传播，不同种类的博物馆所传播的文化也有所差异。对于历史博物馆来讲，其主要代表的是民族的文化底蕴，是民族的“根”，是国家不断发展、走向未来的精神纽带。博物馆内所珍藏的文化传承物证，其存在的意义是向人们传授历史文化，使国家的文化能够实现薪火相传。由此可见，通过对文物的收藏、研究与展示，实现文物文化的诠释与传播，是博物馆的核心使命。

现阶段，各博物馆主要是通过陈列、展览以及建立在互联网基础上的数字博物馆信息化等手段，来实现文化传播与博物馆教育。其主要教育手段还是基本陈列和专题展览，基本陈列是我国博物馆常用方式之一，将一些特色内容以及展品通过特殊的艺术形式组建成完整的陈列体系，并保持长期的陈列。而针对一些小型、样式丰富、更换频率较高的展品则需要采用专题展览的方式，这种陈列方式不仅选择空间更大，且流动性更强。

近年来，随着信息化技术的不断深入与发展，一些先进的科学技术也被应用于博物馆当中，其中包括网上数字博物馆以及博物馆展厅触摸屏、多媒体节目等辅助性展示工具等，在一定程度上促进了博物馆行业的深入发展。博物馆在进行社会教育和传播文化的过程当中，无论是通过实体展厅陈列展览的方式，还是借助网上数字博物馆，都不能只是单一地灌输空泛理念，还要保证藏品的科学价值、审美价值能够得到有效体现，帮助人们提升自身的文化素养。但在实际当中，由于民众文化素质和意识的提高，单纯地通过陈列展览方式进行文化传播难以实现对文物内涵更深层次的挖掘，以至于难以实现更深层次的文化传播，从而无法完成博物馆民族文化传承的核心使命，因此，博物馆文化传播需要尝试开辟新的传播途径。

二　国内外博物馆文化传播的方式和现状

随着社会的进步和发展，人们对于文化方面的需求逐渐增加，博物馆在文化传播方面的建设显得尤为重要。国外一些发达国家的博物馆已经通过对先进技术的整合运用，逐渐实现了博物馆企业化管理。现阶段，博物馆应对保守、陈旧的管理观念进行改进，将博物馆转变为符合人们喜好的场所，坚持与时俱进的经营理念，紧跟社会发展的需要，实现博物馆文化的有效传播。

（一）国内博物馆文化传播方式与现状

近年来，随着人们精神文化需求的增加，我国博物馆的参观人数逐渐增多。群众的综合文化水平得到了较高的提升，并且更加重视儿童的教育问题，每到假期便会有很多家庭到博物馆进行参观。据相关数据统计，2018年北京故宫博物院的参观人数超过1700万，充分显示出了国内群众对博物馆的需求。为此，我国很多博物馆都提高了对服务方面的重视程度，目前包括餐饮、摄影、演出等多种服务方式，通过多种丰富的经营方式不仅提升了对观众的服务水平，还增加了博物馆的收入。有很多大型博物馆根据自身的文化内涵制订了具有丰富创意的旅游纪念品以及文化演出，这些内容的制订在为博物馆带来收入的同时，也在无形之中向群众传播了博物馆的文化。同时，一些博物馆还与当地的广告商、媒体进行合作，使博物馆的宣传领域得到有效的拓展。不仅如此，还有很多博物馆设有多种形式的文化会员服务，吸收了大量的志愿者，这些志愿者通过层层的甄选，都是对博物馆文化充满热情的群众，不仅提高了群众的服务意识，还提高了对博物馆文化的认知。

（二）国外博物馆文化传播方式与现状

国外的博物馆文化传播由于发展情况的不同，其所达到的层次也有所差异，本文主要针对机构健全的美国博物馆和形式多样的法国博物馆进行分析。

美国对于博物馆文化传播的政策是提倡共享，例如史密桑尼机构，其宗旨便是“增进及传播知识”，除这一理念之外，史密桑尼机构先后成立了十余所博物馆、二十余个研究机构，成为目前世界上最庞大的博物馆组织，这便是美国博物馆协会的由来。这种庞大的博物馆运营体系，很大程度上带动了人们知识的再生，促进了博物馆文化的传播与交流。美国博物馆协会具备十分健全的运营体系以及各种教育的功能，为国家人才的培养提供了很大帮助，具有较强的文化影响力。

法国自从1990年“文化输出计划”提出以来，使世界更多的人逐渐对法国文化的本质产生了深刻的了解，其用数百年搜集的艺术品与文化资产可以使世界各国的人们共享，并且有计划地将其具有代表性的展品进行展示。这种方式在很大程度上强化了法国博物馆文化艺术的发源与领导地位，使法国文化得到了巩固。不仅如此，法国博物馆的文化传播方式还独具特色，例如卢浮宫，在文化传播方面拥有数条主体参观路线，具有十分优秀的接待质量，并且还具备多种优惠方案反馈于社会，免费向未成年人开放，充分地展现出法国人对于文化传承的重视。

三　博物馆文化传播的新途径——以故宫文创为例

（一）故宫文创产品的设计内涵

1. 具有文化性

文创产品是通过对博物馆藏品或建筑内涵的提炼，由专门的设计团队进行设计而产生，具有丰富的文化元素，博物馆可以通过这种方式向大众传播历史与文化。博物馆具有的文化底蕴十分丰富，是城市历史文化的见证，这也是博物馆肩负文化传播职责的原因。因此，博物馆应该对具有代表性的藏品文化和精神符号进行提取，再由专业的设计团队将现代化艺术与博物馆文化进行有效的融合，最终成为具备一定文化性的文创产品。

2. 具有艺术性

作为拥有博物馆文化的艺术产品，文创产品需要具备一定的美观性，符合现代人的审美观念。这样，才能得到观众的注意和喜欢，激发大众的收藏兴趣和购买欲望。由此可见，文创产品无论是在造型方面还是工艺方面都应该积极迎合现代人的审美观，在具备厚重文化的同时还要赏心悦目。

3. 具有商业性

在传统的经营模式当中，门票是博物馆主要的收入来源，但由于博物馆免费参观这一政策的实施，使博物馆失去了基本的收入方式。但文创产品的出现很好地解决了这一问题，不仅对博物馆文化有着积极的宣传作用，还能为博物馆带来稳定的经济收入，不仅满足了博物馆的建设需要，还能够有效缓解博物馆因缺乏资金而形成的窘境。

博物馆是民族数千年历史的见证，具有厚重的历史文化底蕴。因此，博物馆文创产品形成的初期应该重视品牌的树立，同时也不能仅在博物馆中进行销售、展览，还要在人流量较多的区域或者网店进行销售，通过这种方式增加文创产品的销量以及博物馆文化的传播。

（二）故宫文创产品的设计现状

现阶段，我国在博物馆文创产品发展方面已经取得了一定成果，以故宫文创产品为例，本文对其成功以及不足之处进行分析。

1. 成功之处

故宫文创产品的成功之处主要体现在两点：①符合公众的心理需求。故宫文创产品之所以能够在我国博物馆文创产品当中取得较好的销售成果，除了故宫博物馆自身具有较高的参观价值之外，与故宫文创产品的实用性也有很大关联。故宫文创产品将现代设计与传统文化进行了完美的融合，具有较强的实用性和趣味性，在一定程度上激发了消费者的购买欲望。②借助先进科学技术。随着信息化时代的深入发展，互联网已经走进了绝大多数人的生活，故宫博物馆很好地把握了这一发展形式，通过淘宝网店的开设，使文创产品销售不再局限于故宫博物馆内，拓宽了销售途径。同时，故宫还打造了数字博物馆，大众能够通过手机或电脑随时随地获取到故宫博物馆的信息，了解其中的藏品，提升了故宫文化的影响。

2. 不足之处

现阶段，故宫文创产品虽然取得了较为理想的成果，但还是存在一些不足之处，其中最大的问题就是文创产品的创意不足，并没有将博物馆文化更深层次的内涵融入其中。故宫文创产品虽然注重文化内涵的融入，但实际上只是单一地开发了藏品表面的含义，并没有实现更深层次的挖掘，使创造的文创产品缺乏特色。想要提高故宫文创产品的深度和整合力度，需要借助于现代媒介或技术，将文物的内涵和文化进行移植，并且在具备美感的基础上进行设计和开发。故宫博物馆当中拥有大量具有深刻历史文化内涵的艺术藏品，只有进行更深层次的挖掘，才能将其特色通过文创产品体现出来。

（三）故宫文创产品对博物馆文化宣传的助力

1. 促进了博物馆文化的传播

故宫文创产品的衍生，不仅使博物馆收益方面得到了较大提高，还为博物馆发展提供了物质层次的支持，同时，文创产品的出现在一定程度上促进了博物馆文化的传播。博物馆的藏品都具备十分厚重的历史文化价值，但仅仅借助于展览陈列的方式向大众传播文化难以取得理想中的效果，会造成渗透性差、有效性低的情况。借助于专业的设计团队，将藏品文化与现代工艺做到有效的结合，设计出具备独特创意的文创产品，不仅实现了博物馆文化的有效传播，还在一定程度上解决了博物馆文化传播渠道较为单一的问题。

2. 抵制博物馆向庸俗化发展

受市场经济冲击的影响，一些博物馆为了实现经济收益最大化，与博物馆设立的“非营利性”宗旨相违背，显得过于商业化、庸俗化，使博物馆在过度的市场营销当中迷失了自我。受经济利益的影响，一些博物馆不能将博物馆使命与市场销售合理地结合，容易出现为了提升收入而放弃本职工作的情况。博物馆文创产品的衍生在很大程度上抑制了这一情况的出现，博物馆文创产品主要是对藏品文化内涵的阐述，产品销售后，其所蕴含的文化知识能够广泛地向社会传播，为博物馆带来经济收益的同时也为社会提供了文化收益。

四　促进博物馆文化传播的新途径建议

（一）加强与媒体合作

媒体指的是指人借助用来传递信息与获取信息的工具、渠道、载体、中介物或技术手段。借助媒体可以将人、事、物的情感进行活化，或者达到特定的目的，其具备的特殊性效益是博物馆文化传播的一种良好途径。媒体的运用需要建立在一定的程序运作基础上，才能实现咨讯传播的良好效果。例如，我国图书馆在网上博物馆方面的建设，不仅具备中国风的独有特色，更是有多种语言以供选择。博物馆主要选择务实经验的媒体类型，需要博物馆对自身的文宣品进行设置。传统媒体资源是博物馆文化传播对于媒体最基础的应用方式，通常都是不加以任何特殊性和任务型的传播，只需要在保证信息传达信度的基础上，使收讯者能够得到最为真实的信息。但在现阶段各种新闻资讯层出不穷的时代，博物馆文化传播在媒体的应用方面必须借助于一些新媒体技术，从而实现更加迅速的传播，保证人们能够使浏览的信息得到良好的消化。比如，当下电子媒体、网络设备以及3D动画的应用，都可以为博物馆的文化传播起到重要作用。

（二）优化自身网站建设

除了电视等媒体的报道之外，网络资讯也是一股不容忽视的力量，通过精练的语言、生动的内容，借助于发达的网络能够将想传达的信息做到高效传播。现阶段，在网络无处不在的背景之下，网络资讯在各个领域受到广泛应用，同时也是博物馆媒体的青睐对象。通过对网站的建设，可以将博物馆的精华展示到网页之中，即便是相隔千里的人也能够通过网站感受到博物馆所独有的气息。

除了网站之外，对微博微信等新媒体应用的建设也尤为重要。随着信息化时代的深入，手机已经成为人们离不开的工具，而微信和微博也已经成为人们生活和工作当中常用的网络平台。想要将博物馆文化的传播实现最大化，就要紧跟社会的发展步伐，与时俱进，除了具备足够的宣传力度之外，还要拥有创新思维和超前理念，这样才能实现博物馆文化的有效传播。近年来，随着网络的不断优化和深入，微博和微信已经成为人们对话题讨论和参与的最主要方式，结合社会发展的需要和自身的实际情况，博物馆在文化传播理念方面需要不断的改进，在提供自身对人们服务意识的同时，还要为人们提供更为便捷有效的文化传播途径，借助于微信微博等网络传播手段，实现博物馆文化的有效传播。

（三）衍生文创产品

博物馆的藏品虽然具备较高的历史文化价值，但是只是单纯地通过展览陈列等方式进行博物馆文化传播有很大的局限性，无法实现广泛传播，导致博物馆的文化传播渗透性差、有效性不足。应通过对博物馆藏品内涵的提炼，经过专业的设计团队将现代文化与藏品元素相结合，设计出具备独特创意的文创产品。

现阶段，通过藏品开发衍生文创产品是世界各大博物馆通用的文化传播方式。西方的一些发达国家在博物馆文化产品的开发方面已经取得了不错的成果，例如，法国的卢浮宫、英国大不列颠博物馆等。但我国目前除了故宫等极少部分单位具备专门的设计团队之外，大多数博物馆都需要通过外力来实现藏品的开发。目前我国的大专学校以及设计公司大多数都不具备文博和历史的文化底蕴和背景，不能从根本上实现对文物内涵的认知，也导致设计的产品缺少相应的文化味道。优秀的文博产品设计人员不仅需要具备较高的历史文化素养，还要具备与时俱进的专业技能，我国在这类人才方面十分缺乏。不同的博物馆都有自身独特的展览主题和重点突出的文物，文博设计师需要针对博物馆的特有文物进行重点的渲染和宣传。例如台北故宫的翠玉白菜，以此为基础进行设计的文创产品具有十分广泛的市场需求，这种突出一项重点文物的方式，不仅能够在很大程度上提升博物馆的影响力，还能够实现博物馆自身的宣传。

（四）完善大众化传播

博物馆文化的大众化传播主要可分为语言传播、行为传播两种方式。语言传播主要是通过媒体人向公众进行博物馆文化的传播。除了与传播媒体产生直接接触的人员外，从博物馆的运营角度讲，媒体人还包括教育、技术、研究等各方面人员，虽然这些人可能不曾与媒体进行直接的接触，但为媒体提供的信息都是来自这些幕后人员，也正是因为这些工作人员才使得媒体发布的消息具备真实性、准确性。媒体人除了博物馆之内的工作人员以外，还包括记者、学者、专家等，因为这些媒体人的存在，可以使博物馆文化在多个领域、不同行业进行有效的传播。行为传播可以通过张贴和发放宣传产品、邀请学者进行学术研讨、组织博物馆参观活动以及结合社会团体等多种方式进行博物馆文化的传播，主要是借助于宣传的方式将博物馆文化与人们进行有效的结合，使人们切身地感受到来自博物馆的文化内涵。

综上所述，本文以故宫文创为例，对博物馆教育与文化传播之间的关系、国内外博物馆文化传播的方式和现状以及博物馆文化的新传播途径进行详细分析，通过对加强与媒体合作、优化自身网站建设、衍生文创产品以及完善大众化传播的论述和研究，对我国博物馆文化的传播有着重要意义。

姜珊，孔庙和国子监博物馆社教部，讲解员

◇新时代古建类博物馆发展探析

◎ 吴博文

【摘　要】 党的十九大报告指出，我国社会主要矛盾已经转化为人民日益增长的美好生活需要和不平衡不充分的发展之间的矛盾。本文结合笔者近年来的所听所见所想，对古建类博物馆的发展契机及发展方向进行了探讨。

【关键词】 古建类博物馆　展陈　基础设施　文创产品

博物馆，作为人类精神文明的高地，肩负着重要使命。尤其是在中华文明发展到现阶段的今天——全体中国人民正在为实现伟大中国梦而奋斗的今天，更肩负着回顾历史、着眼当下、展望未来的历史使命。

作为博物馆管理者的我们肩负重任，逆水行舟不进则退，如何面对博物馆发展中的问题将在未来很长一段时间需要我们共同思考。本文将对古建类博物馆在近十年中发展所遇到的问题进行论述，并浅述发展契机及发展方向，也为更多同人提供浅薄的参考。

一　古建类博物馆发展过程中存在的问题

自 2012 年进入文博行业以来，无论是平时生活中还是工作中，我有更多的机会接触各地各式各样的博物馆。在这些年的积累过程中，我发现了许多共性的问题：有些博物馆办展览只为应付任务完成任务，展品单一、展示方式单一，相关工作人员只需要复制粘贴图片和文字就能交差；有些博物馆，内容空洞不细致，敷衍且概括，专业性的描述还没有搜索网站上专业具体；有些博物馆，煽动性讲解服务，虚假销售、强买强卖有关的“文创产品”；有些博物馆，游客服务设施跟不上，卫生间脏乱差，商品卖高价、卖“三无”产品……这些都是我们在博物馆游览观光中曾经或正在遇到的，甚至不少博物馆上述问题同时出现或长时间同时出现。这些普遍性问题正在侵蚀我们的博物馆行业、我们的旅游行业，甚至威胁到国家的形象及下一代的教育，这样的不作为乱作为或许应该被声讨、被禁止，引起全社会的思考。由远及近，拉回到本职工作上，孔庙和国子监博物馆自 2008 年成立以来，在文博前辈的不懈努力下，我们的接待量以及社会认知度已经有了质的飞跃（来馆参观人数从 2008 年的不足 35 万人次，到 2017 年的 151 万余人次，2018 年有望突破 160 万人次），但是作为博物馆的管理者，居安思危的前瞻性意识要求我们时刻提醒自己：未来我们还有哪些方面可以做得更好，或者说有哪几个方面作为突破口？普遍性地来讲，我认为可以从以下五个方面着手：展陈、基础设施、餐饮服务、文创产品以及其他服务。

（一）展陈

展陈是博物馆的核心，博物馆的立足之本，博物馆精髓的体现，必须放在重中之重的位置。许多古建类博物馆展陈方面主要存在以下几个方面问题：1. 藏品：（1）数量少；（2）收藏价值的文物少；（3）展厅内复制品占比较大。2. 内容：（1）内容未经过多方多次推敲审核，有明显硬伤；（2）部分内容在延伸性学术性上体现得较为突出，但针对低年龄游客所设计的内容较少。3. 表现形式：多以展板形式进行展示，单一枯燥；部分展厅一味追求某种新颖“高科技”表现形式，展览方法故障率高，效果一般，与游客互动体验远达不到预期，仅仅是从无到有的一次尝试；“走进来”而不是“走出去”，由于体制、影响力、规模等因素，并没有大规模大力度地在博物馆外进行展览展示，受众人群相对更小。4. 更新速度：许多博物馆固定展陈（陈列）十年没有进行改陈，趣味性、扩展性、时效性得不到体现发挥。

（二）基础设施

基础设施是博物馆的门面，决定了游客游览体验的高低，更是博物馆管理者管理理念和管理水平的最直接体现。许多古建类博物馆在基础设施方面主要存在以下几个方面问题：1. 卫生间：（1）装修档次与整体形象不符，做工用料没有达到应有的水平；（2）部分通风不畅异味大，直接导致负面感官体验；（3）便坑数量未按照高峰游客量设计，在特定时间会出现如厕紧张排队现象；（4）没有“第三卫生间”，且无障碍设施不交圈；（5）面盆出水、排水设计有缺陷，影响感官体验；（6）部分卫生间上下水管道口径偏小，影响使用，容易造成污染；（7）高峰期保洁清扫不及时，污染没有第一时间清除甚至造成二次污染。2. 路标路牌：（1）部分路标路牌设置位置有待考究，指示错误或不精确；（2）存在错字别字，部分英文翻译不准确；（3）提示语强硬，缺乏与整体形象、儒家哲学相符的语句。3. 园林绿化：（1）缺乏整体设计，风格一致性统一性差，部分位置的档次与整体形象不符；（2）维护修剪不及时；（3）部分古树护理不到位，生长状态较差。4. 人性化设施：（1）没有整体的休息区规划设置，现有休息区功能过于单一；（2）没有对外开放的针对特殊人群的专业性设施。

（三）餐饮服务

民以食为天，人们的根本需求中离不开食，发展餐饮服务，不光解决基本问题，更能给博物馆整体形象带来质的飞跃，所以我认为这应该是未来一段时间博物馆发展的一项重点工作。目前大部分古建类博物馆由于制度原因、管理原因等多方面影响并没有提供任何的餐饮服务，但是这并不影响我们由此对于其他有餐饮服务景区的一些共同问题进行分析研究。1. 特色餐饮：（1）未提供餐饮服务；（2）质量较差较单一的方便食品；（3）口味一般，没有特点特色。2. 用餐环境：（1）未提供专门用餐场所，在景区内露天食用，除了给卫生保洁制造困难，也与景区整体形象不符；（2）有简易场所但配套不完善，功能不健全，使得游客不能享受饮食所带来的美好体验。3. 食品安全。

（四）文创产品

文创产品的开发和应用与餐饮服务同属于博物馆进入新时代的加分项，它除了能给博物馆带来更高的关注度以外，还可以提升博物馆的市场价值。古建类博物馆在文创产品方面面临与餐饮服务相似的问题。我们依然对其他普遍有文创产品服务的景区所表现出来的共同问题进行分析研究后，发现主要存在以下几个方面问题。1. 产品：（1）无文创产品；（2）品种少涉及面小，开发深度、广度不够，实用意义小，没有形成规模；（3）产品过于普通，没有专一性、独特性，园区内的文创产品销售点即是一个小型玩具市场。2. 营销：（1）由于没有市售，所以营销手段为空白项；（2）哪怕随处可见的普通产品，定价也远高于其他市场；（3）销售渠道单一，仅在园区内设有1—2个销售点；（4）产品售后无保证。

（五）其他服务

作为博物馆游览服务的延伸，也是博物馆等开放单位所存在的共同问题，辅助游览、互联网游览、云端游览、VR游览等近些年来也被越来越多地运用到辅助参观中。近些年许多古建类博物馆在这一方面做了很多的尝试，但是效果并没有达到预期，与投入并不相符。为了弄清楚这个原因，同前两项一样，我们依然针对大部分景区、博物馆所暴露出来的共同问题进行分析研究后，发现主要存在以下几个方面问题：1. 没有建立公众服务号（微信微博官方网站）；2. 未建立与游客终端（手机等）的互动且无智能游览（自助讲解）系统；3. 无多语音服务。

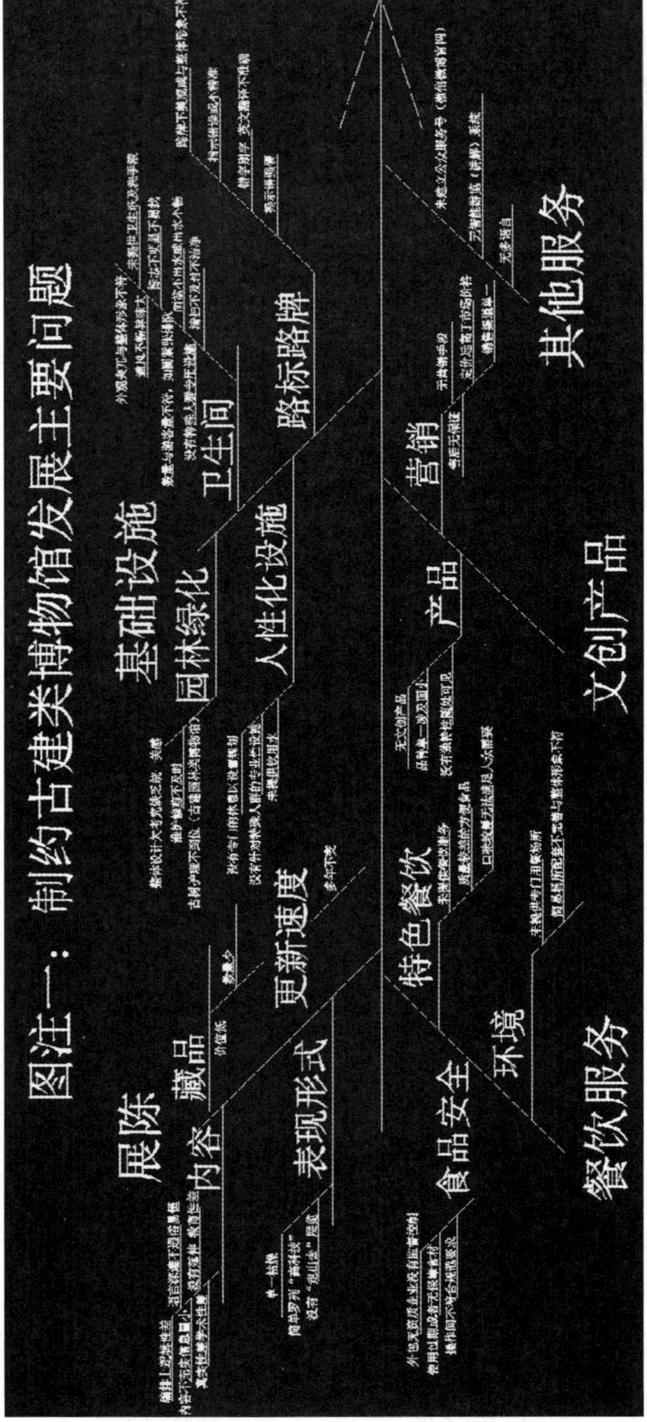

制约博物馆发展主要问题

二　古建类博物馆存在问题的解决方式

问题找出来后，更重要的是解决问题。我们并不能要求所有的博物馆都按照同一个标准去建造基础设施，但是行业内部要突出一个“精”字来概括发展改造的理念。目前博物馆基础设施集中的问题体现在精品设施的前提是围绕人性化来展开，针对上述问题，我们要用什么方式来解决呢？我认为应该紧扣需求二字。我仅从个人层面以及个人认知角度针对上述问题，“按需供应”罗列一些不成熟的方案仅供参考。部分内容不仅仅针对北京孔庙所存在问题，更多涉及我所接触到的博物馆、开放单位所面临的共性问题。

（一）展陈

办一个令人印象深的好展览，不能仅靠一个人完成，它是一个庞大繁杂的系统工作，需要先进的理念、系统化的管理以及合理的资金分配等。

1. 藏品：（1）做好征集文物工作，面向大众更广泛地征集与博物馆有关的文物，并使其运用到展览当中；（2）制定严格的筛选程序，有效避免重复、低值品。

2. 内容：（1）展陈大纲的编排要和展厅设计相结合，做到有分工有互补；（2）多次校准审核，内容无硬伤；（3）雅俗共赏，既能做到让初学者入门，又兼顾有一定基础的研究性观众的学习需求。

3. 表现形式：（1）专业部门或者专业单位负责实施；（2）避免过于单一的展现形式

（二）基础设施

所有的基础设施设置基本符合“整体规划是纲，以人为本是魂，高品质材料高标准施工是尺”这一规律。如果缺少其一，就往往会出现不合适重做、没考虑到补做、不禁用频繁做等浪费现象。

1. 卫生间：积极响应“厕所革命”号召，努力做到：（1）聘请专业的有资质有经验的设计单位对整体配套进行设计，确保高水准的“指挥棒”；（2）按照高峰使用情况设计坑位数量，减少排队时间，减小游客堆积所带来的安全风险；（3）设立第三卫生间，为特殊人群设置专用设施；（4）加强排风，确保空气畅通、气味清新，增强游客体验；（5）上下水管道设计合理，保证通畅，减小排污堵塞风险；（6）详细的保洁控制制度，根据客流量情况尽量做到常驻保洁员，确保清扫及时；（7）提供卫生纸及洗手液。

2. 园林绿化：（1）聘请专业的有资质有经验的设计单位对整体配套进行设计，确保高水准的“指挥棒”；（2）与专业的有资质的有经验的施工单位进行合作养护，做到补种及时、修剪及时、养护及时、抢救及时。

3. 人性化设施：（1）按照游客分布进行专门的休息区设置规划；（2）针对特殊人群提供专业性设施设备；（3）设置并提供安全的电源和饮用水源。

4. 路标路牌：（1）位置设置考究，无死角，无不交圈现象；（2）外观设计美观，用料扎实，做工精良；（3）提示用语文明严谨；（4）文字内容正确无误。

（三）餐饮服务

世界各地许多博物馆在餐饮服务这方面发展很好，笔者有幸去过位于台北九份的台湾煤矿博物馆，里面非常著名的矿工便当吸引大量游人慕名而来，复古的餐具配上充足的分量，让游客体验矿工的辛苦与幸福；位于澳大利亚新南威尔士州卧龙岗市的南天寺，其中素食餐厅是南天寺的招牌之一，虽然没有肉，但味道和口感还是满足了很多肉食主义者的口味。综合这些走在前列的博物馆及开放单位，我们不难看出它们都是在以下几个方面做了大量工作才有今天的成效。

1. 特色餐饮：（1）在条件允许的情况下尽量提供开发有特色的餐饮服务；（2）特色餐饮保证质优价廉；（3）特色餐饮尽量做到绿色健康美味，符合大众口味。

2. 用餐环境：（1）在条件允许的情况下要开辟区域提供专门用餐场所；（2）用餐场所要具备设计合理、装修美观、配套完善等特点。

3. 食品安全：（1）制定严格的监督内控机制；（2）使用有保障的食材；（3）严格按照规范要求设立操作间。

（四）文创产品

毋庸置疑，国内博物馆在这方面开展最好的就是北京故宫。故宫的文创，涵盖面广，设计新颖，质量可靠，甚至不用亲身前往，通过完善的线上销售平台就可以购买到心仪的文创产品。除此之外，天津南开大学也很具有代表意义，其是国内不多的在校园内开设文创产品的一家高等教育机构，产品线丰富、实用性强，logo设计时尚大方，得到很多校友和参观游人的喜爱。粗略地概括起来，这些文创产品开发工作领先的单位无不具备以下优点。

1. 产品：（1）在条件允许的情况下尽量提供开发有特色的文创产品；（2）创意丰富，品种多样，涉及面广；（3）兼顾纪念意义的同时具有很高的使用价值；（4）正规厂家生产，质量达到同类产品前列。

2. 营销：（1）成立专门部门运营；（2）定价合理，有竞争力；（3）销售渠道多样；（4）售后有保障；（5）与大品牌合作联名限量。

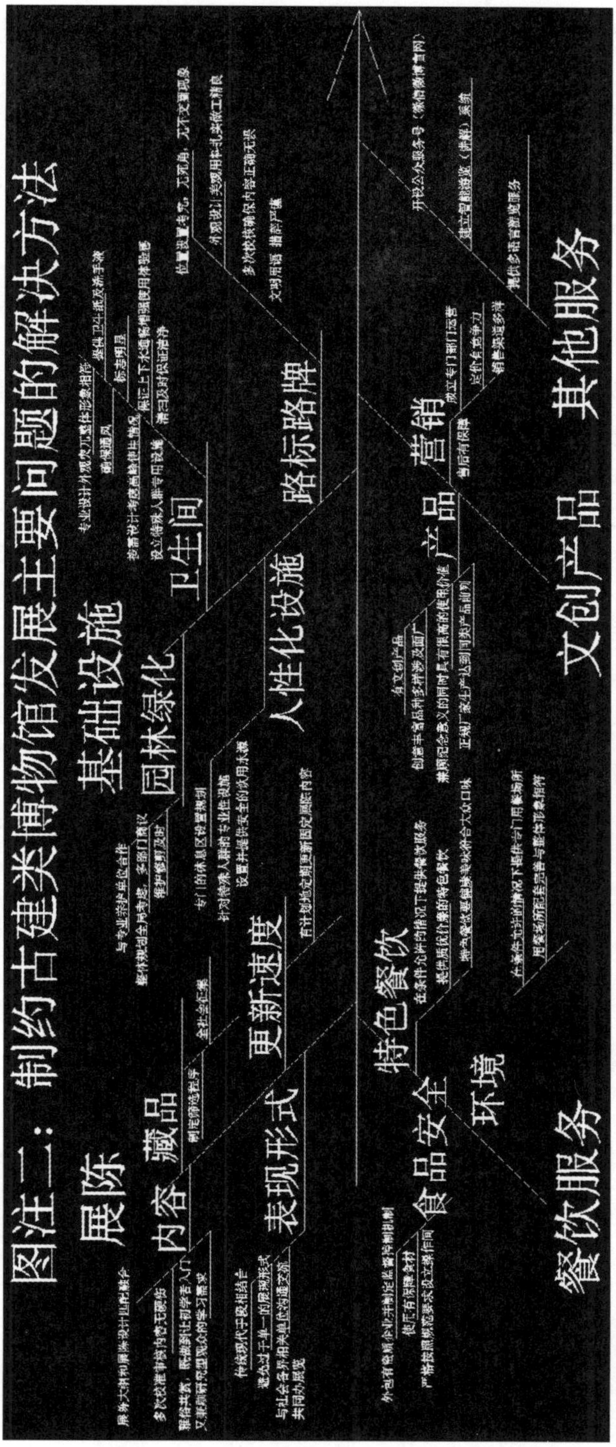

制约古建类博物馆发展主要问题的解决方法

（五）其他服务

1. 开设公众服务号（微信微博官网）并建立开放与游客终端（手机等）的互动。

2. 建立智能游览（讲解）系统。

3. 提供多语言游览服务。

三 结语

由此可见，古建类景区、博物馆包括北京孔庙和国子监博物馆所面临的挑战是巨大的，我们仅仅刚刚起步。未来既是挑战更是机遇，我们要根据各自情况审视自我，发现问题，紧扣需求，才能在变革中生存发展，为文化大发展大繁荣做出自己应有的贡献。

吴博文，孔庙和国子监博物馆财务物业部副主任，助理馆员

◎孔子展、科举展改陈一期福建省调研报告

◎ 常会营　陈宇彤　齐伟良

【摘　要】 2018年11月22—29日，孔庙和国子监博物馆研究部承担的本馆基本陈列改陈调研一期项目工作开展了对福建地区相关文庙古迹、博物馆及其展览的调研考察。此次福建调研之行，我们对福建地区相关文庙古迹、博物馆及其展览，进行了较为全面细致的调研考察，较好地完成了调研任务和目标。我们对于泉州府文庙、安溪文庙、福州文庙、三坊七巷、林则徐纪念馆、福州市博物馆、福建博物院等的建筑特色，对于各博物馆之展览内容、艺术形式设计、特色讲解、安全保卫等，有了更为直观、深入的认识和了解，并获得了关于孔庙、儒学、科举制度、古代教育等丰富翔实的第一手资料。

【关键词】 改陈　福建　调研

2018年11月22—29日，孔庙和国子监博物馆研究部承担的本馆基本陈列改陈调研一期项目工作开展了对福建地区相关文庙古迹、博物馆及其展览的调研考察。本次调研由陈静书记带队，财务物业部主任崔立新，研究部常会营、马天畅，人事保卫部齐伟良和社教部陈宇彤组成调研组。调研组先后奔赴福建泉州、福州等地，按照项目计划完成了本次调研工作。

福建是宋代理学大师朱熹继承和弘扬理学的中心。周桂钿先生将董仲舒与孔子、朱熹并列为中国历史上对全社会影响最大的三大思想家。孔子是儒学创始人，董仲舒是经学大师、汉代新儒学的代表，朱熹是理学大师、宋代新儒学的代表①。后二者为汉代、宋代儒家发展之代表人物，继续发展孔子思想，并与时俱进，综合创新，自成一家，影响千年。朱子作为闽学的代表和理学集大成者，可见其历史地位之高，分量之重，影响之远。故

① 参见周桂钿《董仲舒研究》，人民出版社2012年版，第5页。

我们此次福建调研之行，意义重大。

一　泉州地区文庙、博物馆考察调研

1. 泉州府文庙

泉州府文庙是全国重点文物保护单位，是泉州市主要文化古迹之一。泉州府文庙始建于唐开元末年，北宋太平兴国初年移建孔庙于此，982 年（太平兴国七年）建为州学，后又迁他处，1109 年（北宋大观三年）迁回，1137 年（南宋绍兴七年）重建。其建筑规模宏大，是集宋元明清四朝代建筑形式于一身的孔庙建筑群；历史悠久，规制完整，气势宏大，文化内涵丰厚，是福建地区闻名遐迩的最大的文庙建筑群；布局匀称，建筑优美，造型独特，是宋代中原文化和闽南古建筑艺术的有机结合。

泉州府文庙属于左学右庙规制，从西向东分别为文庙、崇圣祠、府学。文庙牌楼为后修，棂星门只剩地基。左学右庙之建筑规制其实并不稀奇，因据学者考察，虽然唐代长安自太宗贞观起，形成左庙右学之规制，然在历史发展过程中，并非尽是。各地府州县学也有左学右庙、前庙后学、前学后庙等，不尽一致。泉州府文庙的棂星门已不复存在，只有旧址。台阶旁有碑文说明介绍。最前面为一庙学牌楼，属后修。其庙正门（实为大成门）大约面阔三间。门前两侧有石碑几块，有一块粘连起的断碑。大成门两侧有金声门、玉振门，尚余石匾，门则为红漆铁门。

入大成门，前为泮池。其实一般孔庙，泮池应在棂星门与大成门之间，此泉州府文庙所不同者，后参观之安溪文庙亦然。其泮池规模约有国子监辟雍一半，亦合府学规制。其泮桥有横七十二条石，象征着七十二贤人，此是与其他文庙不同者。再前则为大成殿，七间五进，感觉甚宽，不次于北京孔庙大成殿，亦为重檐庑殿顶，等级很高，只是高度不及北京孔庙。大成殿俏美灵动，和北京孔庙大成殿相比，虽少一些庄重但给人以美的享受，更多地体现了地域文化特色。而其殿游廊之蟠龙石柱，后参观之安溪文庙有似之。大成殿左右两侧有八卦石雕图案，雕龙石柱。脊兽为飞禽四只。地方孔庙能有如此规制的大成殿是我们没想到的，也很想了解具体原因，包括屋檐跑兽为鸟类的说法。后通过咨询泉州府文庙何振良馆长获知，屋脊上的飞禽乃鸽子，此取材于佛经上释迦牟尼佛聚众讲经，白鸽亦飞来落于屋檐之上听佛陀讲经，后听经白鸽转身为戒环禅师的故事。由此亦可知，泉州府文庙之建筑是融合了儒释道三教的，体现了唐宋以来三教合一之哲学理念。

入殿门，殿内柱子为石柱与木柱结合，彩绘有地方特色。对面正中为先师孔子泥塑像，据何振良馆长介绍，为近年按照古籍所载形制所刻立。因泉州近海，天气潮湿，故塑像头与身之连接处为薄弱环节。其桌上礼祭器若干，较少，远不及北京孔庙之数量多和齐全。圣像左右为四配塑像，皆有龛，颇合规制。又其间两侧地上陈列鼓、敔等乐器，大体略具。十二哲前礼器不够五供且未按顺序，其祭器中有象形尊，这似乎是其他孔庙所没有的。又殿内悬匾数甚全，据何馆长言大多为仿北京孔庙所复制，只有康熙帝“万世师表”（圣像前正中）、雍正帝“生民未有”（近门正上方）为古匾。又圣像上正中有民国六年（1917 年）黎元洪所题“道洽大同”，则知其仿效北京孔庙无疑。大成殿内还有开笔石，是为学生举行开笔礼时所用，行礼时还要取泮池的水研墨。泉州府文庙大成殿为 2016 年中央电视台春晚泉州分会场，颇以为傲。大成殿两庑现正在准备展览。

大成殿后似无崇圣祠，但由后侧门入其左院，则其北侧有崇圣书画院，疑应为崇圣祠旧址所在。小院颇狭，然闽南风韵独具，与前院之红墙相映成趣。北屋内为“泉州历代儒学碑刻拓片展”，内容较为丰富，环墙皆拓片也。其中有“状元井”，又有“接伊洛之渊源，开海滨之邹鲁”拓片，颇显朱子闽学之特色，及泉州府文庙之历史地位。

前走再入左侧之门，则进入左学。墙边有三碑，字迹大都因材质风化等已模糊，只左侧碑尚较清晰，为重修庙学碑记。随后，我们与何馆长座谈交流，并互赠书籍资料，合影留念。何馆长又给我们提供了关于泉州文庙的相关历史文献、书籍及展览资料，并赠我馆德化瓷之孔子像，仿唐吴道子所画之孔子像，晶莹剔透，温润如玉，气质高雅，确有夫子之圣贤气象。

后入明伦堂，则为“泉州教育史话展”。正中为国学讲堂，有主讲案，其前陈桌椅若干，为听众席。此活动形式甚佳，北京孔庙国子监之国子监原状复原陈列展，亦有桌椅若干，可辟为国学讲堂，不定期开展讲学活动。

又观其整个展览，展线徐徐延伸，展板错落有致，重点突出，层次分明，又陈少许碑刻、拓片、文物、古籍、画像、诗文、匾额等以为依辅，简明扼要。当然，可能受空间限制，此展览还是有一些简单化，在艺术形式设计上还需要进一步加强。

左学门内，又有学池，中有石桥名学桥，为竖条石搭建。府学育英门屋顶上有宝塔。问询何馆长，云此为镇邪之物。此亦为闽地多神信仰之特色也，又可知宋代三教合流后，儒释道三教你中有我，我中有你，不分彼此。泉州这种三教合一、多神信仰，体现了福建地方文化的多元性、开放性、包容性。这与其为重要贸易港口亦密切相关。北京之通州文庙亦然，前为文庙，其后左为道观，右为佑圣教寺，燃灯古佛塔立。故知北京之文庙虽三教合一，仍有先后主次之分，南方之文庙似不甚明显，更具地方信仰特色。

何馆长又带我们参观了文庄蔡公祠（蔡清祠）、文节李先生祠（南音传习所）。文庄蔡公祠位于文庙西侧，文节李先生祠位于文庙和府学之间，皆不甚宽阔。文庄蔡公祠为一小四合院，平日不对外开放。祠内有古榕树，树干甚粗，直冲云霄，树根处又盘根错节，此亦是闵地树木特色。再内为正堂，悬挂匾额楹联。文节李先生祠（南音传习所）稍大，有戏台和观众席座椅。据何馆所言，南音传习所定期在此有演出，平日亦下乡演出，自收自支。此种形式，与我馆之大成礼乐乐舞表演较为相似。由此可知，地方文庙之乡贤祠、名宦祠，礼乐世代传习，弦歌不辍，教化民风，化醇民俗，非物质文化遗产之重要性由此可见一斑。

2. 安溪文庙

安溪文庙，位于福建省安溪县城南隅（今大同路东侧），始建于宋咸平四年（1001 年）。绍兴十二年（1142 年），县令杨干迁学于今址。安溪文庙历代是崇祀孔子的地方，素有“秀甲江南”“名冠八闽”之誉。后存建筑为清初重建之遗物。2006 年 6 月，安溪文庙被国务院核定、文化部确定为第六批全国重点文物保护单位。其庙面积近一万平方米。

未入庙门，先见泮池，池边椰树高耸。泮池为半圆形，无泮桥，周围环以展览（保护孩童，避免失足落水）。文庙东西两侧有“腾蛟”“起凤”牌楼，“起凤”左侧有下马碑。

其庙门面阔五间，高大宏伟。屋檐上有四根通天柱。随后是戟门，透雕盘龙石柱，门钉横六竖九；屋檐两侧上有飞龙，雀替为透雕的龙，庄严灵动；屋檐下有瑞兽狮子、凤凰，道教风格融入其中。其门两侧墙上又绘有麒麟浮雕及闽南风格木版画，颇显地域文化特色。

入戟门内右侧，则有重修文庙碑志、父子侍御碑两块。又墙壁上有大型触摸屏，将该庙若干文物书法作品古籍等录入其中，顺序播放。若游客想了解感兴趣之文物，可点击放大，观看详细内容介绍，观看完毕还可以点赞。此种做法颇值得我馆借鉴学习。戟门两侧所设置之文博阅览室、拓碑体验区、博物馆志愿者服务站、书法体验区，颇具特色，值得借鉴。

再入内，大成殿前有丹陛（有一条龙），透雕盘龙石柱内侧两条为头在上，外侧两条为头在下。大成殿为重檐歇山顶，等级不及泉州府文庙，亦不及泉州府文庙之宽，约五间三进。入殿内空间较泉州府文庙小，中间为白色孔子塑像。孔子行教像应左手压右手，而此塑像为右手压左手，此处可能存在问题。无论四配、十二哲，皆为青铜色立像，颇有特色。但四配无龛。其形象栩栩如生，颇有我馆此前孔门七十二贤塑像风采，令人叹为观止。大成殿内两侧藻井为凤。其梁上斗拱、藻井、彩绘，绚丽多彩，颇具闽地特色。

入左侧门，则入左学，明伦堂有国学讲堂，平时多媒体播放。其内两侧墙上，又有本地书法名家作品若干，书香气十足。明伦堂西侧及北为广场。其东南角有碑三，字已模糊，碑首有重修、恩诏字样。其西侧墙上则有安溪记忆铜雕刻，如水车、牛、畚箕等，怀旧气息浓厚。

再入文庙，经行大成殿后，则陈列古旧瓷片数架，盖文庙地下挖掘所得也。再往后走，墙侧有“教谕衙重建记碑”。

通过与易曙峰馆长座谈，我们知晓其志愿者系统完善，目标对象为小学生（招募、培训、考核、排班）。此种做法亦颇值得我馆参考借鉴。

二　福州地区文庙、博物馆考察调研

1. 柔远驿（琉球馆）和琉球墓园

福州与琉球交往已久，早在明初洪武、永乐年间，朝廷就赐闽人“善操舟者”三十六姓赴琉球。明成化十年（1467 年），福建市舶司从泉州迁至福州后，福州与琉球的经济贸易、文化往来更加频繁。福州河口设柔远驿、进贡厂（俗称琉球馆），凡中国派往琉球的使者及琉球来中国的使者、留学生都经福州转道。其间琉球来华亡故人员前后共有 500 余人，均被就地埋葬于福州各处。

柔远驿，明代时官方全称为“进贡厂柔远驿”，民间又称琉球馆，是中国福建省福州市的一座馆驿建筑，位于台江区琯后街 40 号，始建于明成化八年（1472 年），重建于清康熙六年（1667 年），明代至清末用于接待琉球国赴华朝贡的宾客和商人等，琉球贡使在福州登陆后一般先住在柔远驿，再到京城觐见中国皇帝。当时有前后厅和大小卧房等 63 间，现仅存清末改建的楼舍一座，业经重修。现今，柔远驿被辟为福州对外友好关系史博物馆，是福建省级文物保护单位。柔远驿属于徽派建筑，内有一幢二层小楼，辟作三个展厅，楼下两个展厅，楼上一个展厅。这里的展览对琉球与福州的关系做了比较详尽的介绍，内有国子监监照，琉球派到中国入国子监的学生简表，琉球人来国子监总次数、总人数，琉球进京路线图等，并介绍到琉球墓园除在福州外还有宁波、北京的张家湾等，使我们对琉球国及琉球留学生有了更多更全面的了解，对讲解亦有一定的帮助。内容设计上，航海路线图铜版画非常有创意。我们建议与福州市对外友好关系史博物馆（柔远驿）建立联系，以便今后改陈可以增加一些有关琉球留学生的可靠资料。

琉球墓园在福州市仓山白泉庵。1980 年 7 月，以那霸市市长平良良松为团长的“冲绳县第二次各界友好之翼访中团”访问福州，福州与那霸市缔结友好城市。那霸市的琉球人后裔提供相关资料，请求寻找祖先墓葬，经福建师大历史系人员查勘，共寻得十余座。福州市人民政府拨专款对琉球墓群加以悉心保护，并列为福州市历史文物保护单位。1986 年，政府在清代安葬琉球来华亡故人员的墓区范围内正式围墙建造“琉球墓园”。墓园占地面积 3120 平方米，内有 8 座琉球墓。此后，日本方面每年均有政府官员及社会团体、个人前来拜谒。

墓园入口处西侧并排有 3 座“琉球墓”。其中一座“康熙五十七年”墓在全园中年代最远。墓园正中有一凉亭。墓园正面（北侧）并排有 5 座“琉球墓”。其中一座“道光十六年”墓年代最近。墓园南侧有琉球后人拜谒者所植的尖角木牌。

孔庙国子监论丛（2019年）

据载，在此亡故的琉球人前后有 578 人，大多数就地埋葬。现福州地区的琉球墓除墓园内 8 座外，还有白泉庵周围 4 座、高盖山 2 座以及福建建筑学校和上渡塔仔村、连江镇海镇各 1 座，还征集得出土琉球墓墓碑十多方。琉球墓多为单人葬，靠背椅形式，由供案、碑牌、侧屏、宝顶（龟甲形）、山墙等 5 部分组成，形制简朴。碑牌书汉文，内容包括国籍、姓名、职务、住址、生卒年月及墓地尺寸等，是反映中琉历史交往的珍贵实物资料。据我们实地考察，琉球墓园内确有 8 座坟墓，共 13 通墓碑，墓园中有亭子。墓园内还有供桌、香炉，另有若干那霸市与福州友好交往、寻根祭祖的纪事说明性石刻。

2. 福州文庙

福州文庙，又称“先师庙”，俗称“圣人殿”，在福州市鼓楼区圣庙路。唐大历八年（773 年）观察使李椅将州儒学移建于此，后梁龙德元年（921 年）闽王王审知置四门学。宋太平兴国中转运使杨克让始作孔子庙。景祐四年（1037 年）权州事谢微表请于庙立学。其后，郡守范亢、许宗寿踵其事，历五载乃成。明洪武七年（1374 年）构大成殿，建明伦堂。永乐四年（1406 年）以学厅为乡贤祠，成化十三年（1477 年）大修庙学，凿泮池，为桥其上。弘治初，改作棂星门，易木为石。嘉靖十一年（1532 年）诏庙称先师庙。清康熙十一年（1672 年）大修庙学、棂星门。咸丰元年（1851 年）八月初三遭火灾。现存庙宇建于咸丰元年十二月至四年六月，按中轴线自南至北依次为外门埕、棂星门，泮池，左右有廊对列，大成门的楼厅，东、西有殿庑对列，月台、大成殿、后照壁等，占地 7552 平方米，建筑面积4000平方米。1949年后，曾作为学校、红卫商场、少年宫等场所。1961年9月福州文庙被福州市人民委员会公布为第一批市级文物保护单位；1996年9月2日被福建省人民政府公布为省级文物保护单位。

现今福州文庙称福州文庙保管所，所长林立杰。其隶属福州市博物馆。当天，林所长及主管领导福州博物馆张春武副馆长热情地接待了我们一行，并进行了座谈交流。

经林所长讲解，其泮池因修建马路，移位至棂星门内。“万仞宫墙”系复原新建，位于马路对面。棂星门旁有“金声玉振”和“江汉秋阳”墙，两侧有复原下马碑。棂星门石柱为凤，大成门无匾额，有49个门钉，大成门西侧有国学道德讲堂，门槛较高。东侧走廊有福州文庙碑记，墙壁上有福建科举进士题名录（据林所长介绍，曾特地参考了北京孔庙进士题名碑林）。大成殿有三副对联，正位孔子像不是坐像且不是常规行教像，四配亦为立像；与其他孔庙不同者，是殿内靠墙壁环立有七十二贤像，而无十二哲像。大成殿贝壳窗，灰瓦，无脊兽。前有丹陛，中为龙，两侧为凤，钟和鼓位置相反。与我馆相关的，如福州进士名录（唐五代始），御制先师孔子赞，御制四子赞（系残碑）。其下马碑现存于库房，亦是残碑。福州古代教育展，展览较为陈旧落后，有福建文庙简表，还比较有价值。

林所长最后还给我们提供了关于福州文庙、科举制度、闽都书院、三坊七巷等文献历史资料和书籍。

3. 三坊七巷

三坊七巷是国家5A级旅游景区，是福州老城区经历了新中国成立后的拆迁建设后仅存下来的一部分，是福州的历史之源、文化之根。三坊七巷自晋、唐形成起，便是贵族和士大夫的聚居地，清至民国走向辉煌。区域内现存古民居约有270座，有159处被列为保护建筑。以沈葆桢故居、林觉民故居、严复故居等9处典型建筑为代表的三坊七巷古建筑群，被国务院公布为全国重点文物保护单位。位于福州中心城区（老城区）的三坊七巷拥有38公顷完整保护范围。三坊七巷为国内现存规模较大、保护较为完整的历史文化街区，是全国为数不多的古建筑遗存之一，有“中国城市里坊制度活化石”和“中国明清建筑博物馆”的美称。2009年6月10日，三坊七巷历史文化街区获得文化部、国家文物局批准的“中国十大历史文化名街”荣誉称号（北京孔庙和国子监博物馆亦是获得“中国十大历史文化名街”之称号）。此次我们主要参观的是其中的林则徐纪念馆和海上丝绸之路博物馆。

林则徐纪念馆因是利用的林则徐祠，所以也是古建，庭院较多，每出一个展厅就别有洞天，参观起来一点不累，讲解员服装是改良过的蓝紫色绒旗袍，印象较深，我们讲解员服装可以借鉴。他们的公众服务部也是志愿服务点，相当于我馆咨询亭的功能，他们把免费提供的服务项目以展板形式公布，非常醒目。多媒体互动做得也很好，值得学习。

海上丝绸之路展示馆同样也是利用古建，虽有局限性，但展览小而精，场景多，模型多，犄角旮旯随处可见破旧的独木舟，参观起来没有视觉疲劳并且饶有兴趣。他们的观众提示牌也比较温馨：“为了您和他人都能够享受安静优雅的环境，请不要大声喧哗。”

4. 福州市博物馆

福州市博物馆创建于1987年，原址位于福州市鼓楼区于山大士殿内。新馆位于晋安区文博路8号，占地面积14.47亩，总建筑面积11198平方米，2000年元旦正式对外开放。馆藏文物有陶瓷器、青铜器、寿山石雕、字画、丝织品、漆器、玉器、古家具和古木雕等，其中以寿山石雕、字画、丝织品收藏最具特色。目前对外开放的有“闽都华章——福州历史文化陈列”和“海丝门户　有福之州——福州“海上丝绸之路”文化遗产专题展”两个固定展览。近年来福州市博物馆陆续推出的各类陈列展览中，“国家历史文化名城——福州”陈列，曾荣获“中国十大陈列精品”提名奖；福州文庙“福州古代教育史展”，曾荣获福建省第四届文博考古优秀成果奖三等奖。福州市博物馆张春武副馆长热情接待了我们一行。

我们主要参观了“闽都华章——福州历史文化陈列”和“国家历史文化名城——福州”等展览。这几个展览整体给人的感觉是展览形式很现代，用了声、光、电等多种现代展览手段。值得一提的是，在参观其相关展览时，每当拍摄其馆藏重点文物时，都会有报警器鸣响提醒。张馆长说，此举是为了防止馆藏珍贵文物信息外泄，被不法分子进行复制，非法高价售卖。应该说，这一文物保护意识是很值得我们学习借鉴的。这些展览中，与我们关系比较密切的是“闽都华章——福州历史文化陈列”中的“一门五进士”等相关信息。而其展览中对于历史人物之展现手段，运用了展板介绍结合前面雕塑的形式，使观众对人物有清晰、直观、立体的认识。

最后，我们还参观了中控室，对于其安保各项措施有了详细了解，一起交流分享了安保经验心得，随后给我们提供了其展览的相关书籍资料。

5. 福建博物院

福建博物院坐落于福州市西湖公园，始建于1933年，原名福建省立科学馆。1953年成立福建省博物馆，2002年10月新馆建成，同时更名为福建博物院。博物院占地面积6公顷，建筑面积3.6万平方米。整个建筑共投资2.7亿元，包括地下一层、地上三层。新馆展览面积1.5万平方米，共有15

个展厅，包括7个基本陈列展厅和6个临时展厅。此外新馆还设有贵宾厅、会议室、具备六声道同声传译且可放映投射电视可容纳345人的多功能学术报告厅和影像厅。福建博物院为国家一级博物馆，拥有馆藏文物和自然标本17万余件，其中珍贵文物3万余件。

福建博物院坐落在福州市西湖公园内，这是少有的建在公园内的博物馆，周围环境优美，特殊的环境使它成为一处休闲娱乐的好去处。

福建博物院通过多媒体把馆藏文物展示了出来。我们主要参观了“福建古代文明之光”，其以历史为脉络，展示了福建从远古到鸦片战争以前的历史变迁，展厅宽敞，灯光较为明亮，重点文物突出，也有互动项目，比如体验考古挖掘的乐趣；“丝路帆远——海上丝绸之路文物精品七省联展”，再现了古代海上丝绸之路的兴衰历程，形式较新颖，蓝色、海洋、帆船等元素充满展厅，充分体现海丝的特点，主题鲜明，融知识性、艺术性于一体。他们的纪念品（文创）售卖、互动区及典籍借阅包括观众休息区都在一层的相对集中区域，是展览之外供观众休息休闲的场所。

三　泉州、福州地区文博单位安保工作考察调研

隆冬时节风干物燥，防火防电形势严峻，责任重大。最后，我们结合福建调研此行我们参观的各文庙、博物馆单位，再浅谈一下当地文保单位的安全保卫工作，供我馆参考借鉴。

1. 消防工作

泉州文庙与安溪文庙一脉相承，建筑极具闽南风格，主体建筑大成殿为砖木结构古建，消防工作以早期预防为主，设烟感报警器，火灾扑救措施为灭火器灭火。由于（泉州、安溪、福州文庙）古建筑体量庞大，内部没有闷顶，故烟感报警器安装位置较高，且数量少，这就造成了初期火灾报警时间延长，影响初期火灾的扑救。而体量相对较小的古建筑文保单位，如三坊七巷使用烟感报警器，效果好得多，并且因地制宜地使用可移动式细水雾灭火系统，克服了巷道狭窄、纵横曲折的不利因素，能够很及时地扑救初期火灾。建筑闷顶采用空气采样设备进行早期防火报警，该设备前期运行效果良好，但运行一年后由于采样吸管杂质堆积所以误报率增加，后期设备维护成本很高，优质运行期不超过两年时间。福州文庙在古建群落里整体布设了管线式细水雾灭火系统，但我们认为建设成本高，对文物扰动大，对水压的要求高，所以不适合在古建筑群落中布设该系统。福州市博物馆与福建博物院都为现代建筑，消防设施设备门类齐全，都为新近建设，所以不做深入描述。

2. 技防监控系统

考察地点视频监控系统都为近一年新建设，设备采用国产知名品牌，较为先进，在此不做详细描述。

3. 防雷设备

针对古建筑的防雷设备相对缺少，泉州、安溪文庙古建筑有防雷带，福州文庙有防雷带但防雷引下线数量稀少，在做到等电位的同时无法很好地排雷。

4. 安全管理制度

考察地区各文保单位安全管理制度建立得都很全面，尤其是福州博物馆，各项制度建立得比较全面并严格落实，值得我们借鉴学习。

总之，此次福建调研之行，我们对福建地区相关文庙古迹、博物馆及其展览，进行了较为全面细致的调研考察，较好地完成了调研任务和目标。我们对于泉州府文庙、安溪文庙、福州文庙、三坊七巷、林则徐纪念馆、福州市博物馆、福建博物院等的建筑特色，对于各博物馆之展览内容、艺术形式设计、特色讲解、安全保卫等，有了更为直观、深入的认识和了解，并获得了关于孔庙、儒学、科举制度、古代教育等丰富翔实的第一手资料。值得一提的是，对于柔远驿和琉球墓园，我们不但领略了其闽地建筑特色、琉球国的历史及其与福州的友好往来历史，对于“闽人三十六姓”派往琉球常驻，琉球国派使节、留学生前来朝贡、留学、学习闽地先进生产技术，琉球留学生如何乘船蹈海来至福州柔远驿，又从柔远驿北上宁波，最后至北京国子监的艰险旅程有了更为清晰真切的了解；对于琉球墓之发现过程，琉球墓园之建立，“闵人三十六姓”后裔来福州寻根问祖，日本那霸市与福州市的友好交往等，有了更为全面深入的认识。孔子曰：“慎终追远，民德归厚矣！”（《论语·先进》）联系到众多进士后人多来北京孔庙进士题名碑林寻根问祖，我们对于中华民族浓厚的血缘亲情及寻根意识，有了更为深切的体验和感悟！

常会营，孔庙和国子监博物馆研究部，副研究馆员
陈宇彤，孔庙和国子监博物馆社教部，业务干部
齐伟良，孔庙和国子监博物馆保卫科，业务干部

孔庙国子监论丛（2019年）

◎临沂市博物馆产业化开发研究

◎ 韦丹妮

【摘　要】地方博物馆是区域文化展示的集中地与标志性符号，在地方文化产业发展中发挥着重要的文化展示与传播作用。临沂市博物馆作为临沂区域特色文化的代表及对外文化交流的亮眼名片，其产业化开发对于扩大临沂区域文化影响、推动临沂文化产业的发展具有积极意义。本文首先简述临沂市博物馆基本馆情，然后在对其产业化开发现状进行全面分析的基础上，提出一系列文化创意与策划开发的合理化建议。

【关键词】临沂　博物馆　产业化　历史文化　创意开发

博物馆作为一个地区的文化地标机构，除大量文物修复、研究等常规性工作外，还承担着地方文化传承、社会公众教育的责任。目前就全国而言，国家级、省级博物馆的产业化开发程度已相对较高，如靠文物“活”起来火起来的故宫每年的产业化营业额已达15亿元人民币左右。但许多地方性博物馆产业化程度仍然比较低，甚至主要靠政府财政拨款维持日常运营，此类模式显然不利于博物馆的长远健康发展。因此，地方性博物馆有必要在充分发掘利用馆藏资源优势的基础上，进一步积极探索博物馆产业化开发的路径与对策。本文以临沂市博物馆为例，探索地方性博物馆的产业化发展路径与对策，希望对国内其他地方性博物馆的产业化发展能有所借鉴与启示。

一　临沂市博物馆馆情

临沂市博物馆位于临沂市北城新区，为国家二级博物馆，是一座集历史、艺术、民俗为一体，历史文化底蕴深厚的大型地方综合性博物馆，场馆总建筑面积20805平方米，主体建筑外观采用四本书叠加的造型，象征临沂厚重的历史文化。

临沂市博物馆馆藏文物 37455 件/套，其中国家珍贵文物 2132 件/套，以新石器时期和汉晋时期的文物最为丰富。馆藏龙山文化蛋壳陶镂空高柄杯 55 件，其中有 12 件为一级文物，占全国同类文物总量的 60%。馆藏汉画像石非常丰富且独具特色，尤其是吴白庄汉代画像石，规模宏大、雕刻精美，是我国东汉时期画像石的翘楚之作。另还有王羲之故居洗砚池晋墓（2003 年度"全国十大考古新发现"之一）出土文物 270 余件，其中青瓷胡人骑狮器、鸡首壶、青铜仙人骑狮器、凤鸟衔鱼负雏香炉等都是国之瑰宝。

临沂市博物馆现有"临沂历史文化展""石上史诗——汉画像石专题展""馆藏造像和其他石刻艺术品陈列""土与火的艺术——史前陶器展""铜镜展""钱币展""翰墨丹青——馆藏书画""沂蒙红色文化展""家·道——临沂名门望族姓氏文化展"九个基本陈列，目前全部向社会免费开放。馆内配有完备的标识引导系统和配套服务设施，设有四处社会教育活动场所，在公共休息区和总服务台还设有便民服务站。

二　临沂市博物馆产业化发展的现状分析

（一）临沂市博物馆的产业化优势

1. 历史积淀浓厚，馆藏文物丰富

临沂古称琅琊，历史积淀浓厚，地灵人杰，名人辈出。其中圣人文化资源尤其丰富，如书圣王羲之、智圣诸葛亮、谋圣鬼谷子、宗圣曾子和算圣刘洪等；而"二十四孝"中竟有"七孝"出自临沂，可见其文化资源禀赋得天独厚。临沂市博物馆作为国家二级博物馆，现馆藏文物三万余件，其中珍贵文物 2132 件，并收有古钱币五千余枚，尤以新石器时代和汉代出土文物以及汉画像石最为丰富。藏品多来自当地的考古发掘及收集，具有典型的地方特色和较高的研究价值。

2. 区位条件优越，经济发展水平和人口密集度高

临沂区位条件优越，东靠黄海，南邻江苏，处于北京和上海的中间地带、长三角经济圈与环渤海经济圈结合点。它是山东省面积最大、人口最多的城市，是具有滨水特色的北方"商贸物流之都"，商贸物流的发达又为当地带来了大量的流动人口。近年来临沂文化产业及旅游业发展迅速，人们对文化消费的需求日益提升。而临沂市博物馆是一个能满足本地市民或者外来游客文化需求的重要场所，大量的文化消费人群是其产业化发展的有利外在条件；对于外地游客来说，临沂市博物馆则是他们了解当地历史文化与风土人情的一个理想场所。

3. 博物馆内部设计科学合理，对外交流与活动开展丰富多彩

博物馆内部空间充裕，采光较好，明亮宽敞，总体环境整洁。楼层分区明确，文物依据不同朝代及性质划分。文物分布错落有致，整齐划一。在文物的周围都会有展示牌进行解释说明，而对于重要文物的展示则运用不同的颜色加以衬托，以利于游客轻松观读，并留下深刻印象。

临沂市博物馆一向重视专业领域的对外交流，积极与国内同行和高校院所进行展览、研究等方面的合作。同时还定期举办一些有关传统文化和博物馆文物的文化活动，如文博课堂、诵读大赛、公益讲解等。

4. 科技水平已有一定基础

临沂市博物馆努力探索利用互联网、数字化与多媒体等当代新技术手段，积极打造顺应时代发展的智慧博物馆，重塑博物馆的传统业务流程。如通过应用3D成像技术并结合互联网，实现了3D文物展示与在线数字博物馆建设，把静止的珍贵文物制作成可以在互联网上展示的动态鲜活的虚拟实物影像，使观众坐在家里就能零距离地触摸以往需要现场才能观看的文物，实现全景漫游，增强了对文物的实感体验；再如通过开设微信公众号对社会提供预约服务等。这些先进科技手段的应用为临沂市博物馆产业化开发奠定了基础。

（二）临沂市博物馆产业化存在的问题与不足

1. 博物馆产业化观念仍需进一步强化

博物馆原是公益类事业单位，游客凭身份证、军官证、学生证等可免费参观，主要依赖国家、政府的财政拨款维持运营。在当前博物馆产业化发展的宏观形势下，需彻底转变原先的体制内观念，充分认识博物馆在国家经济和文化发展中的重要地位和作用，牢固树立博物馆产业化长期、深层、优质发展的观念与共识，优化自身的良性“造血功能”，开发更具特色、实用性的文创产品，积极开展各种相关的文化活动，如此方有利于博物馆事业持续健康发展。

2. 博物馆产业化程度还存在很大提升空间

博物馆内展品大多为展示、宣传与临沂文化相关的历史文物，颇具鲜明独特的地域文化特色。但目前产业化程度较低，大多文创产品设计还只停留在单纯把馆藏文物印刻于扇子、手提包、明信片、日历和笔记本等纪念品的初级阶段，并未深刻挖掘文物的内涵。产品设计单调，同质化问题严重，特色不凸显，并且价格偏高，销售结果不尽如人意。

3. 具有先锋创意思维和产业开发特长的高端专业人才不足

临沂市博物馆目前处于产业化发展的初级阶段，产业化程度比较低，

对产业创意与策划关注不够，缺乏吸引优秀创意人才的相关举措，导致馆内创意人才及具有产业开发特长的高端人才匮乏，这必然限制了临沂市博物馆的创意产品设计与文化产业开发，难以开发出独树一帜、魅力更强的文创产品，形成完整的产业链。而这也是当前国内地市级博物馆普遍存在的一个问题。

三　临沂市博物馆产业化对策

（一）调动激发市民参观博物馆的热情，提升知名度

综合利用多方面的宣传手段如软性广告、公关造势等推进市民对博物馆的了解。定期或不定期举办一些能激起群众参观热情的文化活动，邀请一些社会知名人士来馆参观以吸引更多的本地市民前来参观。也可经常举办趣味性强的文化活动，如“文物修复”活动、“文物识别”有奖竞猜大赛等，拉近博物馆与市民之间的心理距离。

（二）重视文化创意部门的地位，加强文创产品的研发与销售

对文化产业来说，创意是其竞争与发展的灵魂。现在文创产品的“开发热”遍布文化产业的各行业各领域，但目前国内的博物馆文创产业，除了国家博物馆等少数进入 2.0 时代，多数还处于初期的“复制文物”阶段。这就需要重视创意人才的作用，注意吸引优秀创意人才加盟，大力研发新颖别致、特色鲜明、富含深度人文体验和审美价值的文创产品。这一方面，台湾中小民营博物馆的成功经验和有效做法，如“树火纪念纸博物馆”“中华服饰文化中心”“台北故事馆”等，对大陆的博物馆文创有相当的借鉴价值。①

（三）建设“沂蒙文化”大舞台，塑造博物馆品牌特色

学习国内一二线城市博物馆的经验，与剧院联合举办各种戏剧演出，如南京博物院举办的各种演出包括昆曲、锡剧、木偶剧、京剧等，效果就非常理想。② 临沂市博物馆可依托当地深厚的沂蒙文化资源，与当地歌舞剧院联手，打造具有地方文化特色的柳琴戏与其他剧种的系列节目，开办面向博物馆观众的定点定时特色专场演出，进行地方文化、文物、人物及服饰展示。让游客在参观博物馆静态展示的文物后通过动态的展示来感受沂蒙文化，如此将大大提升临沂博物馆的吸引力。

---

① 张紫馨：《营造生活：台湾中小及民营博物馆的产业化运营方式初探》，载中国博物馆协会博物馆学专业委员会，中国博物馆协会博物馆学专业委员会 2015 年《“致力于社会可持续发展的博物馆”学术研讨会论文集》，2015 年。

② 王玥：《赤峰博物馆的产业化探索与提升》，《赤峰学院学报》2016 年第 13 期。

（四）产学研合作共建，为博物馆注入新的活力

积极与高等院校、科研院所进行合作共建，为博物馆的发展注入新的活力。借助他们的科研力量与研究成果深挖沂蒙文化的丰富内涵，为博物馆产业化提供智力支持，而博物馆的产业经营管理经验也可以为高校院所的教学与科研提供鲜活的实践经验和案例样本。如此可形成产学研合作共建、共同发展的良性循环，有利于高校院所的教学科研、博物馆的经营发展，两者充分利用各自优势，互为补充，必将实现总体效能最大化。

（五）进一步强化对新兴技术手段的吸收和运用，提升博物馆的竞争层次和文化魅力

临沂市博物馆尽管注重对数字化与多媒体等技术的利用，但仍存在需进一步提升的空间。如可以考虑运用3D裸眼全息投影技术，对馆内文物、古代人物或历史场景等进行逼真立体还原，实现影像与实物的结合，使观众可以身临其境般地直面鲜活古人与真实场景，通过沉浸式体验来直观感受当时的时代氛围与文物的历史气息。再如适度采用3D错觉立体画艺术，将馆内某些平面历史画像制作成场景感强的3D立体画像，增强历史文物的趣味性和吸引力。

四　结语

临沂市博物馆产业化的发展潜力巨大，当地丰富的历史文化资源以及优越的地理人文环境，有助于其进行产业化的有效开发。当前博物馆的发展已经逐渐由精英主义范式转变为大众主义范式①，博物馆产业化也需要以文物内涵和价值为基础，将原本的“以物为导向渐渐演变为以观众为导向”②，通过各种行之有效、通俗易懂的方式去引导主体观众的兴趣，让他们能够直观切实地体验到文物的精神价值。临沂市博物馆的产业化唯有在充分把握自身独有优势资源的基础上，借鉴国内外同行的先进经验与做法，进行卓有成效的文化创意与策划运作，全面打造自身的品牌特色，方能有效推进博物馆产业化开发的深入进展。

韦丹妮，临沂大学历史文化学院，文化产业管理专业2017级本科生

① 汪艳：《浅析博物馆事业的产业化》，《中国美术研究》2013年第2期。

② 张朝枝、伍娟：《民办博物馆旅游产业化及其功能属性演变——四川建川博物馆聚落案例研究》，《旅游论坛》2014年第7期。

儒家思想研究

◇从孔子对弟子的评价看其思想

◎ 李杨 李超英

【摘 要】孔子思想博大精深，本文旨在梳理孔子对弟子的评价，将这些评价分类研究，从而认知、理解孔子的政治、道德、教育方面的主要思想。

【关键词】政治 道德 教育 正名 仁 礼

孔子思想是中国传统文化之岳，从不同角度观察，可以丰富对其的认识。从孔子对弟子的评价看其思想，是研究孔子的又一种角度。孔子评价弟子，或褒或贬，或肯定或否定，无论怎样都有其评价的依据，这正是孔子思想的反映。基于这样的思考，笔者试图通过孔子对弟子政治、伦理、教育三方面评价的研究，勾勒出孔子思想的大致轮廓。

一 从孔子对弟子的评价看其政治思想

据《史记·孔子世家》载，“孔子以《诗》、《书》、《礼》、《乐》教，弟子盖三千焉，身通六艺者七十有二人。”① 这样看，孔子评价过的弟子一定不少，但在文献中见到的并不多。从有限的史料看，孔子评价弟子很有分寸，能够做出极力赞同，充分肯定，温和批评，严厉否定等不同程度的评价，而这不同评论又与孔子的政治态度密切相关。

孔子弟子南宫适问于孔子曰：“羿善射，奡荡舟，俱不得其死然。禹稷躬稼，而有天下。”（《论语·宪问》）南宫适的提问中即包含着答案。他主张为政以德，尚德不尚力，尚德不尚战。而当时的时代精神是尚力、尚战，诸侯相争，奸诈百出，仁义之师，只可招辱。南宫适的主张不免有些迂阔，对此孔子极力赞成。子曰：“君子哉若人！尚德哉若人！”（《论语·宪问》）类似的例子不少，《论语》里还有这样一段记载，“鲁人为长府。闵子骞曰：

① （西汉）司马迁：《史记·孔子世家》，逯宏校译，哈尔滨出版社2017年版，第507页。

‘仍旧惯，如之何？何必改作？’子曰：‘夫人不言，言必有中。’”（《论语·先进》）闵子骞的话是典型的因循保守的主张，而孔子的评论恰好反映了孔子政治思想的一个侧面。

孔门弟子宓不齐治理单父，弹鸣琴，身不下堂而单父治。他所以悠然自得，在于任用了贤人。春秋时期世袭制尚未打破，宓不齐任用贤人而无为而治的做法无疑具有创新精神和政治改良色彩。孔子则给他以充分的肯定，“惜哉不齐所治者小，所治者大则庶几矣”①，“君子哉若人！”（《论语·公冶长》）同是君子须保守，亦须有所作为，但这并不矛盾。孔子对子路、子贡、冉求的评价也能说明这一点。子路反对“正名”，子贡不修道“而求为容”，冉求画地而止不愿行夫子之道，孔子却在季康子面前充分肯定他们，认为“由也果”“赐也达”“求也艺”（《论语·雍也》），皆可从政。这说明，孔子的政治态度既有变通，又有所保留，有知其不可而为之的一面，也有圣之时者的一面。

正因为如此，孔子对不能阻止季氏旅于泰山的冉有只采用肯定另外一个弟子的婉转方式温和地批评了他。而对子路反对“正名”，则予以严厉的斥责：“野哉，由也！”（《论语·子路》）因为，“正名”是孔子不可动摇的政治主张。

以上材料说明，孔子非常赞同具有保守色彩的主张。同时，也充分肯定创造性的改良政治，而对不安于夫子之道的则温和批评，唯独严厉斥责有分歧政见的激进者。这说明孔子的保守思想更多地体现在他的“正名”主张上。所谓“正名”，就是用周礼的等级名分把春秋时期由于社会变动而破坏了的“名”“实”关系匡正过来。孔子认为在当时的社会里，要把不符合周礼所规定的那些人和事物统统都匡正了，建立“君君，臣臣，父父，子子”的社会秩序。

从孔子对弟子的不同评价，可以看出孔子与他的弟子之间虽然关系密切，学生敬重师长，虚心求教，但并不认为孔子的政治见解百分之百正确。孔子对他们的评价反映孔子政治思想既有因革损益的内容，也有偏于保守的成分。孔子政治思想的保守部分与弟子思想的激进部分的分歧，正是春秋那个变动的时代社会变革思想与传统因循守旧思想的碰撞。同时也应看到这种分歧只是程度的不同不是质的差别，这一点孔子也是有所察觉的，如：季子然问：“仲由、冉求可谓大臣与？”子曰：“吾以子为异之问，曾由与求之问。所谓大臣者，以道事君，不可则止。今由与求也，可谓具臣

① （西汉）司马迁：《史记·仲尼弟子列传》，逯宏校译，哈尔滨出版社 2017 年版，第641 页。

矣。”曰：“然则从之者与？”子曰：“弑父与君，亦不从也。”（《论语·先进》）这则史料既反映了孔子与激进弟子的政治态度的不同之处，又反映了他们的相同之处。儒家学派弟子在政治上不会“弑父杀君”，这一点孔子很放心。

总之，孔子对弟子的不同评价说明他的政治思想属于社会改良思想。他的态度是要变革，又必须有所保留，尤其对当时社会质的方面的变动很敏感，最大限度只赞成微量质变。

二 从孔子对弟子的评价看其道德思想

孔子的政治思想是他的伦理道德思想的基础，而他的伦理思想又不完全依附于政治思想。孔子非常重视弟子的全面修养。刘向《说苑·杂言》载，“子夏问仲尼曰：‘颜渊之为人也，何若？’曰：‘回之信，贤于丘也。’曰：‘子贡之为人也，何若？’曰：‘赐之敏，贤于丘也。’曰：‘子路之为人也，何若？’曰：‘由之勇，贤于丘也。’曰：‘子张之为人，何若？’曰：‘师之庄，贤于丘也。’”[①] 但同时孔子指出了他们的不足：“回能信而不能反，赐能敏而不能屈，由能勇而不能怯，师能庄而不能同。”[②] 孔子对这些弟子的评价非常恰当。举个例子可以说明，卫国发生内乱，高柴逃了出来，子路却挺身而入，死于难。孔子听说卫国内乱时说“柴也其来，由也死矣”[③]。

孔子对弟子道德操守有过不少评价，赞扬颜渊的安贫守道，“人不堪其忧，回也不改其乐”（《论语·雍也》）；肯定南宫适的谨慎，“以其兄之子妻之”（《论语·先进》）；“子路治蒲三年，孔子过之。入其境，曰：‘善哉由也！恭敬以信矣。’入其邑，曰：‘善哉由也！忠信而宽矣。’至廷，曰：‘善哉由也！明察以断矣。’”[④] 孔子对弟子道德方面的评价不一一举例，总其要者，孔子对弟子在伦理道德上提倡恭、宽、信、敏、惠，刚毅木讷，孝悌忠恕。这些都属于“仁”的内容，对中华民族传统道德风尚的形成都有作用。

孔子伦理道德思想的核心是“仁”。其基本意思是讲人与人之间的关系，也就是子贡所说的：“我不欲人之加诸我也，吾亦欲无加诸人。”子曰：“赐也，非尔所及也。”（《论语·公冶长》）孔子认为子贡做不到。在众多

① 参见（汉）刘向撰《宋本说苑》第五册，国家图书馆出版社2017年版，第24页。

② 同上。

③ （战国）左丘明著，（晋）杜预注：《左传》，上海古籍出版社2016年版，第1043页。

④ （三国）王肃编撰：《孔子家语》，胡亚军译注，二十一世纪出版社集团2018年版，第133页。

弟子中，他只肯定颜回的仁德修养，认为：“回也，其心三月不违仁，其余则日月至焉而已矣。”（《论语·雍也》）可见，“仁”的含义很广，真正达到很不容易。颜回做到了仁，他是怎样做的？从孔子的传授，我们可以看出是“非礼勿视，非礼勿听，非礼勿言，非礼勿动”，即“克己复礼为仁”（《论语·颜渊》）。颜回听了孔子的教诲，曾表示坚决按照去做。颜回对孔子的话从来是百依百顺。因而，我们可以推断，从自身做起，使言行、思想符合“礼”的要求，就是“仁”。“礼”规定了人们在社会中不同位置上应当怎样做，“仁”配以每一层次的人们应遵守的道德和社会的共同道德，即君礼、臣忠、父慈、子孝、兄友、弟恭。概括地说，即“序君臣父子之礼，列夫妇长幼之别，不可易也”①。

孔子所处的春秋后期，正值奴隶社会向封建社会过渡的时期，无论是统治阶级内部还是统治阶级与被统治阶级之间，人与人的关系都非常紧张。“《春秋》之中，弑君三十六，亡国五十二，诸侯奔走不得保其社稷者不可胜数。”② 可见当时臣子杀国君，儿子杀父亲之类的事常常发生。奴隶起义，国人暴动十分频繁。孔子没有找到社会动荡的根本原因，而是把社会的表象当作本质，归结为国君与臣子、臣子与家臣、家臣与百姓的关系，甚至是人与人之间关系的不正常、道德沦丧所造成的。因而，他力图用一套伦理道德的体系挽救社会危机。但当时的风尚是崇尚武力，统治者只能采取耕战政策。因为不战而亡，别无选择。很明显，孔子伦理道德思想由现实的刺激而产生，却不适于时，但不乏合理性，并且有其社会基础。居安思乱本是人之常情，身在水深火热之中必然向往安定有序。孔子的伦理道德思想或多或少地反映了时人心灵深处的一种情绪。而且，社会经过剧烈的动荡必然从无序走向有序，从混乱走向安定。孔子的伦理思想针对动荡的春秋末期而言有着理想的色彩。虽然不能超越阶级，却高出他所处的时代，或者说走在了时代的前头。

正因为如此，他的伦理思想才对封建社会发展有适应性，得到后来的统治阶级的承认。这表现在对封建社会的巩固和安定起了不小的作用。孔子以伦理的形式为社会上处于不同经济、政治地位上的人找到与之相对应的道德的位置，人人受制约，就是至高无上的皇帝也不能绝对自由，为所欲为，不然就会垮台。封建社会之初，各种矛盾趋于缓和，人们在一定限度内各安其分，这就为封建社会提供了繁荣发展的安定条件。同时，也应看到，孔子不仅提倡人的自我修养，而且将其放到统治秩序这个链条上，

① （西汉）司马迁：《史记·太史公自序》，逯宏校译，哈尔滨出版社 2017 年版，第 1181 页。

② 同上书，第 1183 页。

进而处理好上下关系，从而形成一个自下而上，而又自上而下的模式。这也是封建社会虽有改朝换代的周期性变化，但并无本质改变的重要原因之一。

三　从孔子对弟子评价看其教育思想

孔子的教育思想与其政治、伦理思想比较而言，积极因素更多些。从孔子对弟子评价看，他的教育内容主要是道德教育和知识教育。《论语·雍也》记载，“哀公问：‘弟子孰为好学？’孔子对曰：‘有颜回者好学，不迁怒，不贰过，不幸短命死矣！今也则亡，未闻好学者也。’”“不迁怒，不贰过”正是德育的内容。知识教育的例子就不一一列举。总之，孔子的教育思想是教育学生首先应教其如何做人，这一思想在当今社会仍然有十分重要的意义。此外，德育和知育也要并重。

孔子教育学生多采用科学的方法，如举一反三。用孔子评价子贡的话说叫作“告诸往而知来者”（《论语·学而》），也就是启发式教育。子夏在向孔子学习《诗经》时产生联想，孔子肯定他说：“起予者商也！始可与言《诗》已矣。”（《论语·八佾》）在教育实践中，孔子还采用因材施教的方法，如“求也退，故进之，由也兼人，故退之”（《论语·先进》）。他还提倡知之为知之的实事求是的方法和学思结合的方法。

由于孔子教育得法，他的教育成就非常卓著。当其健在之时已有很多弟子置身仕途，成为左右政治风云的著名人物，如子贡、子路、冉求。儒家学派也造就了一些大思想家。他的弟子和再传弟子为战国时期培养一些有作为的政治家，如子夏的学生魏文侯等。文化上孔子集春秋以前之大成，其弟子则承前启后。相传，撰《春秋公羊传》的公羊高就是子夏的学生。

另外，孔子在对弟子学习态度的评价或是对颜渊的评价中，反映了其“修己”以“内圣”的教育目的和思想追求，但有不合理性。表现形式即是“完人式”教育。因此，孔子衡量弟子好学、检验弟子的学习成就的标准是极高的。在对弟子学习态度的评价中，孔子只肯定颜回好学，对其他弟子一概无此评价。颜渊在谈到自己的学习情况时说：“仰之弥高，钻之弥坚；瞻之在前，忽焉在后。夫子循循然善诱人，博我以文，约我以礼，欲罢不能。既竭吾才，如有所立卓尔，虽欲从之，末由也已。”（《论语·子罕》）“博我以文，约我以礼”说的就是孔子衡量弟子好学的标准。孔子的教育内容是道德教育和知识教育，这也是检查弟子学习成就的内容。知识方面达到博，道德方面合乎礼，即文博、礼约。这对众多弟子来说是一种高不可攀的目标。只有颜渊是好学的典型，他在学问上“闻一知十”，在道德上

“三月不违”。但他并不是一个成功的典型。从他所道出的学习感受看，他的学习境界似乎进入了两难之处，欲进则才竭，欲罢则不能。司马迁说：“回年二十九，发尽白。”① 王充更直截了当地认为：“颜渊困于学，以才自杀。”② 颜回入孔子之门，却不能出于其门，忘我而从师。一方面，可以说，颜回对孔子亦步亦趋；另一方面，他同样有孔子“修己”以达“内圣”的思想追求，把它作为对自己言行、思想的标尺或要求。应该说，孔子的教育方法是科学的，但“完人式”教育反映了他的教育目的或追求过于理想化。

四　结语

总括全篇，通过孔子对弟子保守的政治态度的赞同，对弟子改良做法的肯定和对弟子激进方面的否定看，孔子的政治思想属于保守型的社会改良思想。其伦理思想是针对当时动乱的社会现实提出的，富于理想色彩，具有双重作用。既适应又限制封建社会的发展，既促进了中华民族传统道德风尚的形成，又束缚人们创造力的发挥。教育方面，孔子有“修己安人”的教育目的和思想追求。他重视道德教育和知识教育，因材施教，采用引导、启发式的教育方法。

孔子思想博大而深远，对其弟子评价的梳理只是粗浅的学习过程。用梁启超先生《孔子与儒家哲学》中的一段话作为本文结语，较为合适：“他发达的径路，很平易近人，无论什么人，都可以学步。所以孔子的人格，无论在何时何地，都可以做人类的模范。我们和他同国，做他后学，若不能受他这点精神的感化，真是自己辜负自己了。”③

李杨，北京市古代钱币展览馆，馆员

李超英，孔庙和国子监博物馆，副研究馆员

① （西汉）司马迁：《史记·仲尼弟子列传》，逯宏校译，哈尔滨出版社2017年版，第638页。

② （东汉）王充撰：《论衡》，岳麓书社2015年版，第15页。

③ 梁启超：《孔子与儒家哲学》，中华书局2016年版，第1页。

◎先秦儒家思想的“忠”和“义”

◎ 李鸿玮　林晗

【摘　要】本文通过对《论语》等先秦儒家典籍进行分析，辨析了“忠”和“义”这两种传统道德的含义。尤其针对人们普遍认识之中对“忠”的误解，进一步阐释了“忠”在先秦时期的本来面目和积极意义，从而简单论述了“忠”和“义”在当代的意义和价值。

【关键词】忠　义　君臣关系　现实意义

“忠”和“义”都是儒家道德的重要概念，常常被人们并列提起。各地的关羽庙中常常以“忠义千秋”为牌匾，如安徽常州设有为文天祥等抗元英雄修建的“忠义祠”；云南丽江也立有著名的“忠义牌坊”。凡此种种名胜古迹不胜枚举，因此人们常常将“忠”与“义”合成一个词语来理解。实际上，这两个概念在早期有着不同的含义，合为一词的“忠义”在先秦典籍中并没有记载。依据文献考察，“忠义”一词最早见于东汉苏武的《报李陵书》，记载如下：

> 当此之时，生不足甘，死不足恶，所以忍困强存，徒念忠义，虽诱仆以隆爵厚宠，万金之利，不以滑其虑也。迫以白刃在颈，铁锁在喉，不以动其心也。①

在这里，“忠”“义”二字连用，表明了苏武矢志不渝的坚定信念。同时，这也是对先前李陵《与苏武书》的回应。李陵曾写道：

> 功者福主，今为祸先，忠者义本，今为重患，是以彭蠡赴流，屈原沉身，子欲居九夷，此不由感怨之志耶？②

---

① （唐）欧阳询：《宋本艺文类聚》，上海古籍出版社 2013 年版，第 821 页。

② 同上。

在李陵的言辞中，还是将“忠”和“义”分开的，而且还解读了它们的关系。而苏武认为二者有共同性，因此并列使用，此后才有了“忠义”一词。而在东汉以前的典籍中，并未发现与此相同的用法。由此可见，在先秦时代，“忠”和“义”有不同的含义，但又有一定的联系。而在后世的发展中，随着儒家思想逐渐成为主流意识形态，“忠”和“义”的含义都发生了一定的变化，逐渐偏离了先秦时期儒家思想的本义。

因此，本文以先秦时期的《论语》《孟子》等儒家原典为依据，重点论证“忠”和“义”的区别与联系，进一步挖掘儒家思想的本义及其积极价值。

一　“忠”的本义

“忠”作为“孔门四教”之一，历来在儒家思想中有着重要的地位。《论语》中，共提到“忠”16 处，其含义大多偏向于“尽心”。例如：

> 曾子曰：“吾日三省吾身：为人谋而不忠乎？与朋友交而不信乎？传不习乎？”①

这是一段人们耳熟能详的例子。这里的“忠”，常常被学者解释为“尽心”。这种观点是依照东汉许慎的《说文解字》来解释的②，宋代朱熹也继承此说。从语义上讲，这种解释确实符合文章的原意。但似乎还不完善。本文认为，这里的“忠”首先有着价值判断的含义，不是一味地“尽心”，而是在道义的范围内去追求行为上的尽心竭力。

从字形上看，“忠”最早出现在战国时期，小篆之后基本固定为“从心中声”的形声结构。按照“因声求义”的学说③，“忠”与“中”的语义应有一定的联系。《玉篇·心部》将“忠”解释为“直”④，这个解释似乎更符合字形的含义。“中”者，公平正直，不偏不倚；中庸之道置于心上，则言语行为都应合乎中道，真诚无欺。如《周礼·大司徒》中的记载：

> 一曰六德：知、仁、圣、义、忠、和。疏：中心曰忠。中下从心，

---

① 杨树达：《论语疏证》，吉林出版集团股份有限公司 2017 年版，第 8 页。

② （汉）许慎：《说文解字》，中国书店 2017 年版，说文十下，第 5 页。

③ 李学勤：《字源》，天津古籍出版社 2012 年版，第 926 页。

④ 汉语大词典编纂处整理：《康熙字典（标点整理本）》，上海辞书出版社 2008 年版，第 321 页。

谓言出于心，皆有忠实也。①

本文认为，“言出于心”首先是一种价值判断。对“出于心”的真诚之言，才能做到“尽心”。《论语》中，类似的论述重复出现，也可以推断“忠”的本意：

> 子张问行。子曰：“言忠信，行笃敬，虽蛮貊之邦行矣；言不忠信，行不笃敬，虽州里行乎哉？立，则见其参于前也；在舆，则见其倚于衡也。夫然后行！”②
>
> 孔子曰：“君子有九思：视思明，听思聪，色思温，貌思恭，言思忠，事思敬，疑思问，忿思难，见得思义。”③

“言思忠”表示言语要出于内心，出于真诚。这其中既包含对是非曲直的判断，也是君子的道德修养。先秦儒家的“忠”，不是唯命是从的“愚忠”，而是建立在思考、判断、选择基础上的忠厚和忠诚。

本文认为，“忠”有两层含义，首先是在认识层面要做到正直、真诚；其次，只有从这样的心态出发，对于合乎中道的事情，才能做到行为层面的一心一意、尽心竭力。真正的“忠”，应当是这两个方面相结合，《论语》之中有如下的论述：

> 子曰：“爱之，能勿劳乎？忠焉，能勿诲乎？”④

此句用反问的语气，更加强烈地表达了孔子的主张。孔子认为，“忠”的一个表现就是为对方设身处地，谆谆教诲。对孔子的这一主张，孟子做了进一步的阐释：

> 分人以财谓之惠，教人以善谓之忠，为天下得人者谓之仁。⑤

本文认为，这里的“忠”解释为“教人以善”，恰好兼顾了“忠”的两层含义。首先是择其善者，这其中就是将是非善恶的判断放在了首位；

① 汉语大词典编纂处整理：《康熙字典（标点整理本）》，上海辞书出版社2008年版，第321页。

② 杨树达：《论语疏证》，吉林出版集团股份有限公司2017年版，第286页。

③ 同上书，第330—331页。

④ 同上书，第258页。

⑤ 杨伯峻、杨逢彬注译：《孟子》，岳麓书社2019年版，第109页。

先有了“善”，其次才是“教人”的具体行为，在行为上必须忠于善道，尽心竭力。二者相兼顾，才是真正意义上的“忠”。

二　“义”的内涵

既然“忠”的内涵以“善”为核心，那么，什么是“善”呢？在儒家的观点中，符合道义者为善。其含义首先是“正确”，进而才是“完善”。本文以为，这恰好可以用“义”来解释。郑玄注《说文解字》中对“义”有如下解释：

> 己之威仪也。从我羊。【注】臣铉等曰：此与善同意，故从羊。①

“义”的本义是“适宜”，从而引申出“正当”“善”“平”等具体的含义。整体上看，“义”更偏向于一种价值判断，而判断的标准就是“仁”或者“道”。“仁”“道”两者在儒家思想中含义有所相近，是较为理想化的道德制高点。凡是合乎伦理道德的事物和行为，几乎都能够用“义”来概括。

“义”作为一种价值判断，正是“忠”的核心和出发点。判断是否为“忠”，并非凭借主观好恶，而是以“义”为标准的。《论语》对君子的作为有这样的概括：

> 子曰：“君子之于天下也，无适也，无莫也，义之与比。”②

孔子认为，君子行事不能刻意强求，也不能无故反对，只可以“道义”为标准。孔子虽然主张“学优则仕”，却要求弟子以“行义”为目的去参与政治，而不能为一己之利益而有损于道义。因此，先秦儒家的“忠”，是在出发点上遵从于“义”而在行动上“尽心”的道德品质。

依据上述分析，本文认为，“忠”和“义”具有表里关系，“义”是“忠”的核心和出发点，“忠”是“义”的具体表现之一。

三　君臣关系中的“忠”和“义”

在《论语》中，“忠”不是人们理解的对君主的忠诚，而它的对象更多地指向“友”或者泛化的“人”。这说明，至少在孔子时代的儒家思想当中，“忠”还不是“三纲五常”的“忠君”，而更偏向于一般性的日常交往

---

① （汉）许慎：《说文解字》，中国书店 2017 年版，说文十二下，第 6 页。

② 杨树达：《论语疏证》，吉林出版集团股份有限公司 2017 年版，第 78 页。

中的“忠厚”。“忠”的对象的特定化是“忠”作为道德范畴的含义发生转化的重要一步，也是理解其内涵的关键之一。

（一）君臣关系中的“忠”

为大众所了解的“忠”大多指的是臣子对君主的“忠诚”，因此有许多学者对“忠”讳莫如深，甚至认为“忠”是中国人人格走向奴化的根源。本文认为，这种观点是不正确的，在于其没有真正挖掘到“忠”的本来含义。

将“忠”特指为臣子对君主的道德范畴，最早见于《荀子》。[①] 荀子认为：

> 故明主谲德而序位，所以为不乱也；忠臣诚能然后敢受职，所以为不穷也。分不乱于上，能不穷于下，治辩之极也。[②]

荀子详细论述了君臣的关系，认为“忠”要求臣子对君主秉怀赤诚，是臣子承担职责的基础。这里的“忠”要求臣子首先在心性上正直、坦诚，其次在行为上尽职、尽力。这种解读继承了孔孟学说中“忠”的意义和内涵，而进一步限定了“忠”的对象和道德范畴。在后世的发展中，“忠”的含义逐渐发生了改变，而这种道德范畴一直保留了下来。直到现代汉语之中，“忠”的对象也更多地指向了“国家”“民族”“责任”等语义较重、范围较大的概念。

统观《论语》《孟子》《荀子》中涉及的君臣关系，本文认为，先秦儒家所认为的“忠”虽然是对臣子的要求，但都是以君主的行径为前提的。不仅君臣二者都要受到道德的约束，且臣子行径是对君主态度的回应。这一点，在三部经典之中都有相关的佐证：

> 定公问：“君使臣，臣事君，如之何？”孔子对曰：“君使臣以礼，臣事君以忠。”（《论语·八佾》）[③]
>
> 孟子告齐宣王曰：“君之视臣如手足，则臣视君如腹心；君之视臣如犬马，则臣视君如国人；君之视臣如土芥，则臣视君如寇雠。”（《孟子·离娄下》）[④]

---

① 参见刘学斌《应为何臣　臣应何为》，天津人民出版社 2014 年版，第 158 页。

② 《荀子》，浙江大学出版社 2018 年版，第 144 页。

③ 杨树达：《论语疏证》，吉林出版集团股份有限公司 2017 年版，第 61—62 页。

④ 杨伯峻、杨逢彬注译：《孟子》，岳麓书社 2019 年版，第 159 页。

> 请问为人君？曰：以礼分施，均遍而不偏。请问为人臣？曰：以礼侍君，忠顺而不懈。（《荀子·君道》）①

以上几例表明，在君臣的对举关系中，对君主的约束先于对臣子的要求。由此可见，在先秦的儒家思想之中，即使君主掌握着较大的权力，君臣之间也不是主仆的压制关系，而是共同治理国家的合作关系。而君臣合作的共同追求，正是“义”。

（二）君臣关系中的“义”

在儒家经典中，更多的是用“义”来概括君臣之间的关系。与“忠”不同的是，“忠”只是对臣子的要求，而“义”则是君臣双方要共同遵守的准则。如《论语》中有如下论述：

> 子曰：“上好礼，则民莫敢不敬；上好义，则民莫敢不服；上好信，则民莫敢不用情。”②
>
> 子路曰：“不仕无义。长幼之节，不可废也；君臣之义，如之何其废之？欲洁其身，而乱大伦。君子之仕也，行其义也。道之不行，已知之矣。”③

孔子认为，君主应按照“义”的要求治理臣下，从而令臣下能够心悦诚服；如不能符合道义，则君臣离心、国家动乱都是在所难免之事。同时，臣子参与政治并非追逐名利，而是通过“义”来达到“道”的理想追求。“义”是方法而“道”是目的，“义”是外在而“道”是核心。因此，“义”是以“道”为标准的价值判断。所以，孔子主张“见得思义”，“见义不为，无勇也”，“不义而富且贵，于我如浮云”。

可见，孔子主张的君臣关系，是君臣以“道义”为追求而共同治理国家的合作关系。这种关系将君臣放在相对平等的位置上，而不是后世所认为的“君为臣纲”“唯命是听”。

而后，孟子继承孔子的观点，进一步强化“臣”的地位和行义治国的重要性：

> 故将大有为之君，必有所不召之臣。欲有谋焉，则就之。其尊德

---

① 《荀子》，浙江大学出版社 2018 年版，第 272 页。

② 杨树达：《论语疏证》，吉林出版集团股份有限公司 2017 年版，第 235 页。

③ 同上书，第 362 页。

乐道，不如是不足与有为也。故汤之于伊尹，学焉而后臣之，故不劳而王；桓公之于管仲，学焉而后臣之，故不劳而霸。今天下地丑德齐，莫能相尚。无他，好臣其所教，而不好臣其所受教。①

孟子主张君主“以臣为师”，向臣子学习治国的方法。孟子尤其强调臣子的地位，倡导君臣平等，共谋大业。同时，孟子也对臣子提出了更高的要求，要求贤臣更加重“义”，甚至要“舍生取义”：

万钟则不辨礼义而受之。万钟于我何加焉？为宫室之美、妻妾之奉、所识穷乏者得我与？乡为身死而不受，今为宫室之美为之；乡为身死而不受，今为妻妾之奉为之；乡为身死而不受，今为所识穷乏者得我而为之，是亦不可以已乎？此之谓失其本心。②

孟子所谓“辨礼义”实际上就是明辨是非，并非谄媚盲从。这种明辨不只是自身的是非，由于臣子处在了君主之师的位置上，更要勇于谏言，“格君心之非”，引导君王“行义”治国。

那么，对于国家而言，真正的“义”是什么呢？《荀子》给出了如下论述：

故用国者，义立而王，信立而霸，权谋立而亡。……洁国以呼礼义，而无以害之，行一不义，杀一无罪，而得天下，仁者不为也。擽然扶持心国，且若是其固也。……如是则下仰上以义矣，是綦定也；綦定而国定，国定而天下定。③

荀子所阐释的“义”，要求君主不能任凭私欲为所欲为，也不能为了权力而不择手段，君主的言行必须站在正义的立场，符合道德的要求。对于君主而言，治理国家不能仅凭严刑酷法的国家机器，而要以“仁义道德”达到教化和安定人心的目的，这才是国家安定的根本。因此，这里的“义”既是对君主本身修养的要求，也是国家上下所共同遵守的道德准则。

① 杨伯峻、杨逢彬注译：《孟子》，岳麓书社 2019 年版，第 79 页。
② 同上书，第 226 页。
③ 《荀子》，浙江大学出版社 2018 年版，第 232—233 页。

四 “忠”和“义”的选择

据上文所述，“忠”和“义”虽然意义有所不同，但在个人修养和君臣关系的要求上具有一致性，“忠”“义”这两个概念在后世逐渐连用，其根源也是从此而来。

但是，在上文的论述中，都有一个前提不可忽视，孔子、孟子、荀子的言论，大多是阐释其观点和理论，或者站在规劝、勉励的角度对君臣提出道德上的要求。主正臣贤，自然君安民乐；然而在社会现实之中，君主可能残暴不仁，臣子也可能谗言惑主，很难达到理想中的状态。君主行有不“义”，“忠”的对象就产生了分歧。此时，则更能展现出儒家“忠”思想的先进性。因此，这些言论一般都较为理想化，是儒家理想中构建的太平盛世。此时“忠”和“义”的指向渐渐发生了偏离，难免产生选择的困境。

在人们的认知中，常常说到一句俗语，“君教臣死，臣不死不忠；父教子亡，子不亡不孝”。实际上，这种观点产生于汉代之后，是“三纲五常”观念的极端化表现。在先秦儒家的观点中，在“忠”与“义”发生矛盾的时候，并不主张一味地“利君”，而是将“义”放在“忠”之前，以“义”衡量臣子的行为。

《孟子》中有一段著名的言论：

> 齐宣王问曰：“汤放桀，武王伐纣，有诸?”孟子对曰：“于传有之。”曰：“臣弑其君可乎?”曰：“贼仁者谓之贼，贼义者谓之残，残贼之人谓之一夫。闻诛一夫纣矣，未闻弑君也。”①

这里，孟子提出了一个概念，叫作“一夫”，是与“君”对立的。所谓“一夫”，就是指独夫民贼，是失道寡助、众叛亲离的统治者。对于这些“不义”之举，荀子给出了更为具体的例子：

> 厚刀布之敛，以夺之财；重田野之赋，以夺之食；苛关市之征，以难其事。不然而已矣：有掎洁伺诈，权谋倾覆，以相颠倒，以靡敝之。百姓晓然皆知其污漫暴乱，而将大危亡也。是以臣或弑其君，下或杀其上，粥其城，倍其节，而不死其事者，无他故焉，人主自

① 杨伯峻、杨逢彬注译：《孟子》，岳麓书社 2019 年版，第 37—38 页。

取之。①

孟子和荀子思想的共同之处在于，都认为当君主横征暴敛、整治糜烂之时，即不遵从仁义之道，不能站在人民的立场上，那就不能称为君主，自然不能获得臣民的忠诚，亡国也是咎由自取。因此，孟子主张以“义”评判君主的是非，更为人民诛杀暴君提供了道德上的依据，认为只有君主有“义”才能赢得臣子尽“忠”；君主若有“不义”而臣子没有规劝反而一味听从，则不是真正的“忠”。

对于唯命是听的“愚忠”，先秦的儒家是并不推崇的，反而持反对的态度。荀子认为：

> 有大忠者，有次忠者，有下忠者，有国贼者：以德覆君而化之，大忠也；以德调君而辅之，次忠也；以是谏非而怒之，下忠也；不恤君之荣辱，不恤国之臧否，偷合苟容以持禄养交而已耳，国贼也。②

对于“忠”的层次，荀子的判断标准是“德”。“德”强调个人的道德修养，而“义”强调对事物的是非判断，然而二者在秉持正道上具有一致性。如果臣子贪图君主的宠信而纵容君主多行不义，从而追求自身的富贵，则是“国贼”：

> 违上顺道，谓之忠臣；违道顺上，谓之谀臣。忠所以为上也，谀所以自为也；忠臣安于心，谀臣安于身。故在上者，必察乎违顺，审乎所为，慎乎所安。③

有学者认为，“忠”所包含的“利君”思想，是封建君主压制臣民的工具，是中国人在晚清时代落后挨打的思想根源。本文认为，这种观点是不正确的。先秦时期的“忠”确实包含有“利君”的层面，但是“利君”的目的是“利国”，是将君主作为国家的象征，通过对君王尽心竭力地“忠告善道”而维护国家的尊严和太平。在这个层面上，“大忠”和“大义”达到了统一，正如《左传》所说：

---

① 《荀子》，浙江大学出版社 2018 年版，第 207—208 页。

② 同上书，第 300—301 页。

③ （汉）荀悦：《申鉴》卷四，（台湾）中华书局 2016 年 8 月重制第 1 版，第 4 页。

公曰，何谓忠贞，对曰，公家之利，知无不为，忠也。[1]

所以，真正意义上的“忠”，其出发点在于“公家之利”而非个人的得失。也正是因为此，我们作为后世的读者才能真正感受到古代忠臣良将的凛凛大义。在这一点上，先秦儒家的“忠”“义”观具有积极的意义，闪耀着超越时代的思想光辉。

五　结论

通过上述分析，本文认为，在先秦时期，“忠”和“义”在含义上具有表里关系。“忠”本身包含有“正直、真诚”的价值判断，“义”是“忠”的核心和出发点，而“忠”是“义”在具体行动上是一致的。真正的“忠”与“义”在本质上并无冲突，而在生逢乱世的特殊情况下，应当舍“愚忠”而就“大义”，不可贪图一己之荣而助纣为虐。

习近平总书记在讲话中强调，要努力打造一支“忠诚、干净、担当”的干部队伍。新时代更要求我们深刻理解“忠”的真正含义。真正意义上的“忠”应站在国家和人民的立场上，以“行义”为目的，尽力做好利于国家、利于人民的事业。此意植根于源远流长的中国传统文化，更应在新时代焕发出新的光彩。

李鸿玮，孔庙和国子监博物馆办公室，馆员

林晗，孔庙和国子监办公室，业务干部

① 刘松来主编，郭丹点注：《十三经精解·春秋左传精解》，青岛出版社 2018 年版，第 108 页。

◇孟子爱国主义思想探析[①]

◎ 崔锁江

【摘　要】本文对孟子的爱国主义思想主要从以下四个视角展开分析：第一，民本论思想蕴含着对人民的深厚情怀，是爱国主义的重要向度。第二，“士”是担当爱国主义的重要角色。第三，爱国主义体现为全体社会成员的家国天下情怀。第四，爱国与忠君之间存在着辩证关系。尽管忠君观念已经成为历史陈迹，但不应与封建专制长期捆绑在一起，在特定的历史时期可挖掘其爱国主义因素。

【关键词】孟子　爱国主义　士　民本论　家国　忠君

引　言

习近平总书记强调：“爱国主义是中华民族精神的核心”[②]，“在社会主义核心价值观中，最深层、最根本、最永恒的是爱国主义”。这就提示我们要认真研究中华优秀文化中的爱国主义思想。孟子是儒家思想的重要代表，探究孟子的爱国主义思想有助于深刻领会这个问题的实质。然而，孟子影响较大的思想有民本论、道德哲学、心性论等，以及作为社会精英的“士”的担当精神。这都受到了现代儒学研究者的重视。孟子曾提出过“君有大过则谏；反覆之而不听，则易位”（《万章下》），“民为贵，社稷次之，君为轻。是故得乎丘民而为天子，得乎天子为诸侯，得乎诸侯为大夫。诸侯危社稷，则变置。牺牲既成，粢盛既洁，祭祀以时，然而旱干水溢，则变置社稷”（《尽心下》）等主张。明太祖朱元璋对此段文字异常反感。《明史·志第二十六·礼四》记载：“五年，罢孟子配享。逾年，帝曰：‘孟子辨异端，辟邪说，发明孔子之道，配享如故。’”现代儒学对这种含有“以德抗位”“禅让”“革命”等内涵的思想资源大加赞赏。孟子思想蕴含着

①　本文为教育部人文社会科学重点研究基地北京师范大学价值与文化研究中心2016年度重大项目“社会主义核心价值观建设与中国传统价值观的转化创新研究”（16JJD720004）的部分成果。

②　习近平：《习近平关于社会主义文化建设论述摘编》，中央文献出版社2017年版，第128页。

“爱国”的内涵。因此，发掘《孟子》的爱国主义内涵有助于当代弘扬中华优秀传统文化并以之涵养以爱国主义为中心[①]的社会主义核心价值观。

徐兴祥《儒家思想与爱国主义》一文提到了孟子的“仁政”、民本论所含有的爱国主义含义，引述了“民为贵”“天下之本在国，国之本在家，家之本在身”等话语。[②] 史康健大量引用了孟子的名言来论证儒家仁学具有爱国主义的精神。[③] 王东明则分析了孟子“大丈夫”思想对培育爱国主义的作用，其中提到要“从树立理想信念，完善独立人格，提升价值追求，培养爱国精神等几个方面来阐述”[④]。师为公在《核心价值之本在道义》一文当中提出：“（培育社会主义核心价值观）必须由表及里、探本溯源，寻其道义之本根，摆脱花里胡哨、浮躁轰动的宣传八股影响，沉潜学术，条分缕析，准确解读，方不负‘核心’之名。”[⑤] 他对“爱国论”有“爱国主义教育，多集中在民族兴亡的节点上……远离形上之道义，徒有其表，难寻其魂”的批评。他在“勿忘国耻”一节引述了《孟子》“夫人必自侮，然后人侮之；家必自毁，而后人毁之；国必自伐，而后人伐之。太甲曰：‘天作孽，犹可违；自作孽，不可活。’此之谓也”的内容。他在“爱国当先寻国魂”一节引述《孟子》“故凡同类者，举相似也，何独至于人而疑之”“是集义所生者，非义袭而取之也”“以顺为正者，妾妇之道也”等话语说明爱国者应有的精神气度。笔者认为上述相关研究大致上肯定了孟子所具有的爱国主义思想，但是仍需要深入分析。笔者从以下四个方面进行说明。

一　从民本论到爱国主义

孟子民本论最重要的论述是“民为贵”。孟子提出：“民为贵，社稷次之，君为轻。是故得乎丘民而为天子，得乎天子为诸侯，得乎诸侯为大夫。诸侯危社稷，则变置。牺牲既成，粢盛既洁，祭祀以时，然而旱干水溢，则变置社稷。”（《尽心下》）这与爱国主义的关系是爱国就是要爱人民，就是要以民为贵。爱国不同于传统意义的“忠君”，而是以人民为重，对于忠君也有一定的限定，也不是愚忠。为了更好地爱民，为了国家的整体利益，甚至在必要的时候“变置社稷”。由此而言，革命也是最好的爱国主义的表现。

---

① 参见习近平《在文艺工作座谈会上的讲话》（2014 年 10 月 15 日），载《十八大以来重要文献选编》（中），中央文献出版社 2016 年版，第 134 页。

② 徐兴祥：《儒家思想与爱国主义》，《云南教育学院学报》1994 年第 4 期。

③ 史康健：《略论儒家仁学的爱国主义精神》，《深圳信息职业技术学院学报》2011 年第 4 期。

④ 王东明：《孟子“大丈夫”思想及其当代教育意义》，硕士学位论文，陕西科技大学，2018 年。

⑤ 师为公：《核心价值之本在道义》，《学术界》2013 年第 7 期。

孟子还提出："诸侯之宝三：土地，人民，政事。宝珠玉者，殃必及身。"（《尽心下》）这里就是把土地、人民、政事（政权）加以推崇。此三者再加上君主本身，就实际构成了国家基本组成的四要素：领导、政权、人民、土地。爱国要具体化到对国家要素的热爱，而不是"宝珠玉"，贪图物质财富。这是对领导者提出的爱国要求。

孟子的爱国主义，依然是延续了"爱民"思想。爱民构成了领导者的爱国主义。这种"爱民"要上升到"行仁政"的高度。在以后中国得以统一、外患较少的时候，就会以"仁政"作为爱国主义的最重要的表现。

孟子提出："行仁政而王，莫之能御也！且王者之不作，未有疏于此时者也；民之憔悴于虐政，未有甚于此时者也。饥者易为食，渴者易为饮。孔子曰：'德之流行，速于置邮而传命。'当今之时，万乘之国，行仁政；民之悦之，犹解倒悬也。故事半古之人，功必倍之；惟此时为然。"（《公孙丑上》）这里的爱国主义体现为"行仁政"，进而为民众谋福利，消除极端的生活困难，保障民生。新时代的"为人民谋幸福"就是要行"社会主义"仁政。

行仁政、爱民也被称为"仁民"，儒家的爱民、仁民思想，是儒家仁学实现路径之一。孟子说："君子之于物也，爱之而弗仁。于民也，仁之而弗亲。亲亲而仁民，仁民而爱物。"（《尽心上》）这就实现了亲亲—仁民—爱物的集成。

为了更好地爱民、行仁政，就需要领导者付出艰辛的努力，保持良好的政德状态。孟子提出："禹恶旨酒，而好善言。汤执中，立贤无方。文王视民如伤，望道而未之见。武王不泄迩，不忘远。周公思兼三王以施四事；其有不合者，仰而思之，夜以继日；幸而得之，坐以待旦。"（《离娄下》）孟子举出大禹、商汤、文王、武王、周公作为案例说明各自在行仁政过程中为行仁政所做出的突出事例。尤其是"文王视民如伤"、周公的勤政都是爱国的具体体现。这里体现了"爱民"精神，也体现了求治理的渴望，谋求治理，也是爱国主义的体现。

二　从士的担当到爱国主义

爱国主义是一种责任伦理。这种责任伦理的重点落在了"士"的肩上。

第一，士要想实现爱国，必须得君行道。但"士"的忠德、忠君有其内在要求。《孟子》提到："以顺为正者，妾妇之道也。居天下之广居，立天下之正位，行天下之大道；得志与民由之，不得志独行其道；富贵不能淫，贫贱不能移，威武不能屈：此之谓大丈夫。"（《滕文公下》）这里强调

“士”的爱国不同于“民”的爱国。“民”的爱国是遵纪守法。而士的爱国则是要积极参与政治，具有政治担当。孟子还曾经说道：“尊德乐义，则可以嚣嚣矣，故士穷不失义，达不离道。穷不失义，故士得己焉。达不离道，故民不失望焉。古之人得志，泽加于民；不得志，修身见于世。穷则独善其身，达则兼善天下。”（《尽心上》）这里“兼善天下”就含有爱国的意思。当时的天下在后来就与中国同义。

第二，士要以谏君作为最重要的爱国行为。士大夫不仅要泽加于民，更重要的责任是要“正君心”。孟子说：“人不足与适也，政不足间也。惟大人为能格君心之非；君仁莫不仁，君义莫不义，君正莫不正；一正君而国定矣。”（《离娄上》）这作为士大夫最重要的爱国行为，不是以顺为正，而是要做真理的担当者。孟子是精英政治理想主义者，提到：“谏行言听，膏泽下于民；有故而去，则君使人导之出疆，又先于其所往；去三年不反，然后收其田里：此之位三有礼焉；如此则为之服矣。今也为臣，谏则不行，言则不听，膏泽不下于民；有故而去，则君搏执之，又极之于其所往；去之日，遂收其田里：此之谓寇雠，寇雠何服之有！”（《离娄下》）孟子在为国君效忠方面自然有着多重选择，以至于他对君主的态度更为傲然。孟子同时也是在鞭策君主积极有为，进而实现国家的富强、人民的幸福。就此而言，孟子是在以“谏”为“忠”，并以此作为爱国主义的重要体现。

第三，士要以服务国家、积极入世作为爱国内容。针对“古之君子仕乎”的问题，孟子说道：“士之失位也，犹诸侯之失国家也。”（《滕文公下》）孟子强调了“士大夫”要具有入世出仕的精神，把为国家服务看作最重要的事情。这与政治冷淡主义完全不同。儒家事君并不仅仅是为了向君主私人提供服务，那种服务被儒家鄙视为佞臣。儒家强调的是通过事君，而为国家、社会服务。这就突破了忠君、事君的狭隘观念。孔子把仅仅为季氏权臣服务的冉求称为具臣，就是这个意思。

三　从家国天下到爱国主义

爱国主义的责任伦理必须落实在天子、诸侯、庶民身上，进而形成一种普遍意义的家国情怀与报国志向，而不局限于“士”的担当。《孟子》说道：“天子不仁，不保四海；诸侯不仁，不保社稷；卿大夫不仁，不保宗庙；士庶人不仁，不保四体。”（《离娄上》）儒家崇尚仁德，而对丧失四海、社稷的王侯持有批评态度。也就是说，爱国主义要爱一个政权的生存。孟子还理顺了个人、家庭（家族、宗族）、国家、天下之间的伦理从属关系，进而把爱国放入其中。孟子说：“人有恒言，皆曰：‘天下国家。’天下之本在国，国之本在家，家之本在身。”（《离娄上》）孟子的理论是人一家一国一天下，这一点与《大学》里面的“修身齐家治国平天下”具有一致性。

第一，爱国主义是一种重要的政治认同。爱国主义就不能过于区分能力大小，而是要看每个人的情怀。孟子评价历史人物爱国与否并不是仅仅看出力的大小，而是要看其对国家的认同感。孟子提出：“禹、稷当平世，三过其门而不入：孔子贤之。颜子当乱世，居于陋巷，一箪食，一瓢饮；人不堪其忧，颜子不改乐：孔子贤之……禹、稷、颜回同道。”（《离娄下》）孟子这种强调政治认同感，更容易发挥爱国主义的号召力，而不是排斥能力尚弱小的人以自己特有的方式实现爱国主义。

第二，爱国主义表现为报国之志。《孟子》多次称赞具有爱国志向的伊尹。伊尹结合了出仕担当与谏君的双重优点，成为儒家爱国主义的典型。爱国的很重要一点就是强调对天下、国家、民族、人民的责任感。就这一点而言，伊尹做了一个典范。孟子说：“伊尹耕于有莘之野，而乐尧、舜之道焉。非其义也，非其道也，禄之以天下，弗顾也；系马千驷，弗视也。非其义也，非其道也，一介不以与人，一介不以取诸人……天之生此民也，使先知觉后知，使先觉觉后觉也。予，天民之先觉者也，予将以斯道觉斯民也，非予觉之而谁也！思天下之民，匹夫匹妇有不被尧、舜之泽者，若己推而内之沟中；其自任以天下之重如此！故就汤而说之，以伐夏救民。吾未闻枉己而正人者也，况辱己以正天下者乎！圣人之行不同也；或远或近，或去或不去；归洁其身而已矣。吾闻其以尧、舜之道要汤，未闻以割烹也。”（《万章上》）这说明伊尹能为国家做事，有心为国家做事，而不是独善其身。针对伊尹的做法，要看志向，这就是贵志的问题。孟子针对公孙丑有关伊尹“放大甲于桐，民大悦。大甲贤，双反之，民大悦。贤者之为人臣也，其群不贤，则因可放与”的问题，解说道：“有伊尹之志，则可。无伊尹之志，则篡也。”（《尽心上》）这就肯定了伊尹纯洁的目的性。孟子还回答道：“君子居是国也，其君用之，则安富尊荣；其子弟从之，则孝弟忠信。‘不素餐兮’，孰大于是？”（《尽心上》）这就把做事放在了前面。孟子还有尚志的思想，提出：“仁义而已矣。杀一无罪，非仁也。非其有而取之，非义也。居恶在？仁是也。路恶在？义是也。居仁由义，大人之事备矣。”（《尽心上》）这种“尚志”体现为“天下有道，以道殉身。天下无道，以身殉道。未闻以道殉乎人者也。”（《尽心上》）这种“尚志”的精神向度是爱国主义的最重要的特点，而不是仅仅局限于成败得失。

第三，爱国主义有多种表现形式。笔者认为爱国主义与圣之清、任、和、时是统一的。所谓圣之清者，就是洁身自好，清廉正直，进而能够成为国家的清流，能够维护一个社会的正义，进而为国家保持好的声誉。圣之任者，就是担当精神，就是对国家的需要有一种使命意识。“圣之任者”自然是以担当精神来实现爱国精神，而“圣之清者”也在维护社会的舆论与文化的源流。“圣之时者”是在寻找最恰当的时机为国家效力。“圣之和者”是能够团结民众，进而维持社会的正常发展。

四　爱国与忠君的辩证关系

孟子的爱国主义是与忠君统一起来的。君主并不仅仅是代表着世俗权力的一面，也代表着一定的天命。爱国与忠君都是对国家命运的认同，而不是背离。所以，爱国者必尊重本国的历史传统。万章曾经问道：“尧以天下与舜，有诸？”孟子认为：“天子不能以天下与人。”孟子认为“舜有天下”是“天与之”。其最后结论是：“使之主祭而百神享之，是天受之，使之主事而事治，百姓安之，是民受之也。天与之，人与之。”（《万章上》）孟子还以舜避丹朱的例子进行了说明，并引用《泰誓》的“天视自我民视，天听自我民听”说明“天授”与“民心”的统一性。

孔庙国子监论丛（2019年）

第一，愚忠不是爱国，是害国。中国古代的忠君，并不是愚忠，而是用尽一切办法来忠君。忠君最重要的是要尽到责任。忠君是忠于理想的君，而不是完全听命于君主个人。因此，孟子有了“易君”的表示。孟子针齐宣王的提问，说道：“君有过则谏；反覆之而不听，则去。”（《万章下》）愚忠不是爱国，而是害国。

第二，以仁事君。真正的爱国者是以仁辅君，以仁事君。孟子说：“今之事君者曰：‘我能为君辟土地，充府库。’今之所谓良臣，古之所谓民曲也。君不乡道，不志于仁而求富之，是富桀也。‘我能为君约与国，战必克。’今之所谓良臣，古之所谓民曲也。君不乡道，不志于仁而求为之强战，是辅桀也。由今之道，无变今之俗，虽与之天下，不能一朝居也。”（《告子下》）这就反对做“具臣”，而是要做君主的“诤臣”、良师益友，进而辅助君主成就仁政。

第三，以善治国。孟子对“鲁欲使乐正子为政”的事情感到“喜而不寐”。孟子给出的理由是：“其为人也好善”，“好善优于天下，而况鲁国乎？夫苟好善，则四海之内，皆将轻千里而来告之以善。”（《告子下》）孟子对“善政”的盼望是一种深切的爱国主义情怀。

第四，以仁爱国要遵守礼制。有秩序的爱国既不是牺牲一切，也不是自私自利。孟子的爱国不同于牺牲一切的墨家，也不同于完全自私的杨朱。而是合理地安排伦理次序。孟子说：“杨子取为我，拔一毛而利天下，不为也。墨子兼爱，摩顶放踵利天下，为之。子莫执中，执中为近之。执中无权，犹执一也。所恶执一者，为其曲道也，举一而废百也。”（《尽心上》）爱国者并不是破坏礼制，或者实行平等，而是要注意身份的问题。针对“招虞人”的讨论，孟子说道：“以皮冠。庶人以旃，士以旂，大夫以旌。以大夫之招招虞人，虞人死不敢往；以士之招招庶人，庶人岂敢往哉！况乎以不贤人之招招贤人乎！欲见贤人而不以其道，犹欲其入而闭之门也。夫义，路也，礼，门也；惟君子能由是路，出入是门也。诗云：‘周道如砥，其直如矢；君之所履，小人所视。’”（《万章下》）孟子通过举例说明春秋时代人们恪守礼制的精神，甚至不为君主的好恶所动。这就把职责作为最重要的爱国主义，就是遵循礼制规定，而不是破坏礼制。

笔者认为以中华优秀传统文化涵养社会主义核心价值观里的“爱国”观念，必须说明儒家忠君观念与爱国主义的辩证关系，避免把儒家的忠君观念看作封建专制主义思想。原因是从先秦到清末，“忠君”一直是儒家爱国主义的最重要的表现。随着五四新文化运动的开展，学者们批判了儒家的“尊君”倾向。现代新儒家实现了“爱国”与“民主”的结合。笔者认为要正确化解儒家忠君与爱国之间的观念鸿沟。这是因为：第一，儒家“忠君”在很大意义上是“尊君”。“尊君”具有合理性。儒家的“忠君”并不是愚忠，而仅仅是“尊君”。尊君即尊重君主，而不是一味地“反君”“叛君”“犯上作乱”。第二，儒家“忠君”不是“愚忠”，具有一定的重释可能性。“忠君”也不能完全地被理解为忠于君主个人，乃至甘做君主的“具臣”。孔子心中的“忠”含有“忠告”“谏议”“直言”的含义。“忠君”本身就含有以正、直事君的含义。第三，儒家“忠君”并不具有唯一性，至上性。儒家在忠君、尊君的同时，更强调了“天地君亲师”的复合性信仰。《荀子》提出：“礼有三本：天地者，生之本也；先祖者，类之本也；君师者，治之本也。无天地，恶生？无先祖，恶出？无君师，恶治？三者偏亡，焉无安人。故礼，上事天，下事地，尊先祖，而隆君师。是礼之三本也。”（《荀子·礼论》）这就完整地表达了儒家信仰的系统性与多元复合性。因此，“忠君”并不能取代孝道，也不能取代师道，更不能取消儒家对天道的信仰。《孟子》针对“舜为天子，皋陶为士，瞽瞍杀人，则如之何”的诘问，甚至表示要舜“窃负而逃”（《告子下》）。这说明当时孝道与忠道之间的激烈冲突。《荀子》还提到了“从道不从君”（《荀子·臣道》）。这更意味着儒家在信仰体系之中的“多元服从”。“忠君”历来是有条件的。《孟子》甚至从君臣的相对性提出了对君主的反抗。上述理由有利于我们正确地看待儒家的“忠道”与现代爱国主义之间的逻辑关系，进而更好地涵养爱国主义。

结语　阐释《孟子》爱国主义思想的重要意义

笔者认为辩证地分析《孟子》中所蕴含的爱国主义思想，不仅能够将爱国主义落实在“士”的担当精神、家国天下情怀之中，而且有助于实现爱国与爱民、爱国与忠君的辩证统一。这就避免了将孟子思想演绎成“民粹”主义，从而可实现从民本到民主的飞跃，进而保留了其爱国主义的内核。

崔锁江，衡水学院董子学院，讲师

孔庙国子监论丛（2019年）

◇人能群、有辨且有义

——荀学人的本质之讨论

◎ 王秀江

【摘　要】认识自我是哲学的最高目标，荀子的思想重在人学之思。学界对荀子人性论探讨较多，而对荀子关于人的本质的讨论认识不足。荀子认为，“能群”“有辨”“有义”是人的本质所在。人的社会性本质在于“能群”；人之所以为人在于“有辨”，它是自由意志与理性认识的统一；“辨”的标准是“义”，它是道德践履与道德理性的统一。

【关键词】认识自我　人　群　辨　义

一　人是荀学理论之重心

荀子生活的时空界域是战国中后期，在稷下活动多年，因而他不可避免地接触到了各种各样关于天人关系的观点，对此也必然会做出自己的思考。总的来讲，荀子站在儒家的立场上，受自然天道思潮很深的影响并引入其许多观念，同时扬弃了庄子天人观，批判了墨子的天人思想，形成了自己的思想。

自然天道思想在荀子时代大行其道。这使得人们对天地万物自然的认识达到了一种较高的水平。天的人格意义已基本上被自然意义取代。荀子也接受了这种认识，也常常使用自然天道思想中的阴阳、气等观念。但尽管概念名词在言语形式上相同，所建立起来的思想体系、价值观念却迥然不同。这主要表现在天人关系上。与稷下黄老学以人事与天道类比式的天人合一不同，荀子区分了天人。当然，这里我们会注意到庄子也对天人做出了区分，正与前面的道理一样，形式上相同，但荀、庄二人的理论意趣却大不相同。庄子要以人合天，荀子却不同。

荀子确信在天和人的相互关系中起主导作用的是人而不是天。《天论》中说：“天行有常，不为尧存，不为桀亡。”天的运行是一定的，人们不能企图依靠天来获得吉福，天不能决定人事。荀子同时提出“强本”“节用”

"养备""动时"等人的努力却可以使诸如水旱、寒暑之类的天灾（这就是所谓天的运行即"天行"）不能加害于人。相反，如果人们不做上述努力，则人将受到天灾所害而遭到饥、疾、凶等殃祸。

荀子还说人们常常恐惧星坠、木鸣等事。荀子指出这些只是"天地之变，阴阳之化"的自然现象，很少见，见了奇怪是正常的，但不必"畏"之。因为只要"上明而政平"，君主贤明而政治稳定，则这些怪事就不会伤害百姓。另外，荀子指出最可怕的是"人妖"，即不修人事。因为这样会给人们带来混乱，国家就会不安宁。所以，荀子说，"治乱非天""治乱非时""治乱非地"，治乱实在于人。在《解蔽》中荀子批评庄子"蔽于天而不知人"，杨倞注曰："天，谓无为自然之道。庄子但推治乱于天，而不知在人也。"

孔庙国子监论丛（2019年）

荀子对人的力量的肯定在《天论》那段有名的话中得到了充分的体现："大天而思之，孰与物畜而制之！从天而颂之，孰与制天命而用之！望时而待之，孰与应时而使之！因物而多之，孰与骋能而化之！思物而物之，孰与理物而勿失之也？愿于物之所以生，孰与有物之所以成！故错人而思天，则失万物之情。"这是告诉人们天的运行是有规律的，人类并不能通过"思之""颂之""因物"这种被动的行为而获得什么恩赐，人类必须利用规律、掌握规律来裁制万物、利用万物，控制自然。最后的结论"故错人而思天，则失万物之情"，更表达出了荀子将其思考的重心从天转移到了人。

基于以上考察，荀子论述了天（自然现象）的客观性，阐明了左右人的福祸、天下治乱的不是天（自然现象）而是人。这一系列的论述只是一种浅层次的因果式分析。荀子的论述只是把发生的一切事情当作一种当然，即事情本来就是这样。这是一种事实判断。对于为何必然如此却有待进一步分析。荀子对于人必然能裁制万物兼利天下继续做了深入的探究。对这一问题的分析，其实质就是荀子的人本质理论。荀子的人本质理论思辨水平之高，论辩逻辑之合理在中国哲学史的这一时期达到了最高点。

二　群——人的社会性本质

荀子注重天人关系，强调人的主观能动性，指出人可以利用改造自然万物，并且从理论上论证了人类具有这种能力的必然性。他说：

> 力不若牛，走不若马，而牛马为用，何也？曰：人能群，彼不能群也。（《王制》）
>
> 人不能无群，群而无分则争，争则乱，乱则离，离则弱，弱则不

能胜物。(《王制》)

人之生，不能无群，群而无分则争，争则乱，乱则穷矣。故无分者，人之大害也；有分者，天下之本利也。(《富国》)

有分义，则容天下而治；无分义，则一妻一妾而乱。(《大略》)

上述引文就是荀子著名的群分论。群分论是关于社会组织结构、社会政治制度的一种理论，强调社会中人与人之间应该有等级有分工，这样才能有组织地统一为一个团体或社会。人能群乃是人的社会性本质。荀子认为，从人与万物强弱比较上讲，人处于弱势。人之所以能控制外界事物是因为人能群，能团结，而要团结就必须有分。因为不分就会争、乱，从而人就会离，不能团结，这样就会变得弱小不能胜外物。有群而能分，就会有等差，《王制》说：

分均则不偏，势齐则不壹，众齐则不使。有天有地而上下有差，明王始立而处国有制。夫两贵之不能相事，两贱之不能相使，是天数也。势位齐，而欲恶同，物不能澹则必争，争则必乱，乱则穷矣。先王恶其乱也，故制礼义以分之，使有贫、富、贵、贱之等，足以相兼临者，是养天下之本也。

荀子认为每个人生来其人性的欲恶是相同的，而如果名分权势都一样就必然产生矛盾（争），最终导致乱穷，因此圣人才制礼义使众人有分。荀子从天人关系和人性论两方面的论述反映了其性恶论在对各个问题解决中的基础作用。

群分论是儒家学说的一大特点。孔子思想中仁礼并重。一方面他说，“人而不仁如礼何”（《论语·八佾》），讲的是人不仁是不能理解礼和实行礼的，强调以仁（德）加强礼。另一方面他说，治国时不仅要“导之以德”，同时也应该“齐之以礼”（《论语·为政》），这又是说只有德没有礼也不行。仁即是人与人之间的一种亲近和爱怜，礼则是人与人之间的等级名分，前者有群之意，后者则是分之意。孟子讲仁义，同时把人分作“君子”和“小人”、“劳心者”和“劳力者”，说：“无君子莫治野人，无野人莫养君子”“或劳心，或劳力。劳心者治人，劳力者治于人。治于人者食人，治人者食于人，天下之通义也。”（《孟子·滕文公上》）孟子将人们之间“君子”和“小人”的等级关系、“劳心者”和“劳力者”的分工都看作不可改变的“天下通义”。因此，孟子也注意到了群与分这两个方面。但是孔孟之论从思想上讲只是继承并进一步发挥周代礼的传统，要求人们有等级分工的差别。这种要求在孔孟看来是不证自明的，因而也没有给出更有说服力的根据。

在群分论上，荀子比之于孔孟则前进了一步。荀子从人类生存发展的需要上论证人类必须群分结合。单个的人力不如牛、行不如马，可是牛马却为人所役使。其原因正在于人可以组织成一个团体或社会，而牛马则不能。人为何能如此？因为人有等级名分差别和社会分工，分又依义而行①，因而人们的关系就能和谐，和谐就能一致，一致就力量大，强大便能战胜外物。因而人们就能有房屋居住，依据四时的顺序安排活动，裁制万物，使天下人都能得到利益。这一切全是“得之分义”。

三　辨——自由意志与理性认识的统一

我们在探讨人的本质问题时，经常说所谓人的本质就是人之所以为人者。荀子对这个问题也作了探讨，他说：

> 人之所以为人者，何已也？曰：以其有辨也。饥而欲食，寒而欲暖，劳而欲息，好利而恶害，是人之所生而有也，是无待而然者也，是禹、桀之所同也。然则人之所以为人者，非特以二足而无毛也，以其有辨也。今夫狌狌形笑（依俞樾“笑”当作“状”），亦二足而无毛也，然而君子啜其羹、食其胾。故人之所以为人者，非特以其二足而无毛也。夫禽兽有父子而无父子之亲，有牝牡而无男女之别。故人道莫不有辨。（《非相》）

这一段话中荀子以为人之所以为人即在于“有辨”，并且指出人生而具有的好、恶、欲以及人的形状（二足而无毛）皆不是人之为人者。文中还将人与禽兽作比较，认为禽兽虽有父子、牝牡却没有父子之亲和男女之别。显然，辨也是人所特有而禽兽没有，是人的本质。

“辨”在《荀子》书中很常见，其含义大致有两个，一是治，二是别。《不苟》篇说：“上则能尊君，下则能爱民，物至而应，事起而辨，若是则可谓通士矣。”此句中的“辨”就是作“治”讲。王念孙在注释此句时把《荀子》一书中出现的“辨”作治讲的情况作了一个总结。比如《王霸》中的“儒者为之，必将曲辨”，《议兵》中的“城郭不辨”等。辨作治讲时

① 义，下文将作详细论述。

常常与治合言，即“治辨”，有时也作“治辩”或“辩治”。①

《非相》这段话中的“辨”是“别”义，即分别、判别的意思。关于此意，杨倞注曰：“辨，别也。”辨作别义在《荀子》书中的其他地方也可以见到。如《乐论》说：“主人亲速宾及介，而众宾皆从之；至于门外，主拜宾及介，而众宾皆入，贵贱之意别矣。三揖至于阶，三让以宾升，拜至献酬辞让之繁，及介省矣。至于众宾，升受，坐祭，主饮，不酢而降。隆杀之义辨矣。”

《非相》这段话中所讲的辨不同于人的好利恶害，饥欲食、寒欲暖的生来之性。这就是说人要与它的生来之性分别开来。那么，辨应根据什么来分别呢？荀子说“辨莫大于分”，“分莫大于礼”（《非相》），辨须据礼来别。荀子又说：“分何以能行？曰：义。”（《王制》）辨要能行，亦须依义而行。辨要根据礼义来分别，其意甚明。荀子的辨别就是使人能分别礼义与那些人生而有之的好利恶害之性，从而依礼义而行。为什么如此呢？荀子自有一番道理。

人生来就是有欲望、有情性（指好利恶害等）的，为什么不能顺从性情、欲望而行，偏要遵循礼义？荀子说因为礼义可以使人义利兼得，重利欲只能义利尽失。因此，人要遵循礼义而不顺从性情利欲。要明白这个道理就必须靠“辨”这种辨别、分别能力。而辨则表现在虑、择、取舍等这些行为上。

> 欲恶取舍之权：见其可欲也，则必前后虑其可恶也者；见其可利也，则必前后虑其可害也者；而兼权之，孰计之，然后定其欲恶取舍，如是则常不失陷矣。凡人之患，偏伤之也。见其可欲也，则不虑其可恶也者，见其可利也，则不顾其可害也者，是以动则必陷，为则必辱，是偏伤之患也。（《不苟》）

人们喜欢或憎恶、获取或舍弃欲利时，必须要前后思虑它的恶害之处，而且要权衡一下欲利与恶害，深思熟虑（计），然后才能做出决定。相反，不思虑、不比较权衡利害，行动就会失败，招致耻辱。

荀子在《荣辱》篇中讲“天生蒸民，有所以取之”，上天生养众民，万民皆有自己的生存之路。奸人“饰邪说，文奸言，为倚事（怪异之事），陶诞突盗，惕悍憍暴，以偷生反侧于乱世之间”，所以奸人经常面临“危辱死

---

① 王先谦：《荀子集解》，中华书局1988年版，第49—50页。

刑”。原因是“其虑之不深，其择之不谨，其定取舍楛僈”，就是说虑、择、定取舍时肤浅、不谨慎、轻率。

荀子在《荣辱》篇中用百姓日常生活中的一些道理来说明人因为有“虑”而不从其欲。他说，人的情欲是吃就想有肉，穿就想穿华丽的丝织品，行路就想有马车，还希望积蓄许多财富而致富，但“穷年累世不知不足”，年复一年的永远也不知满足。而实际上，人们在生活中养了鸡狗猪又养了牛羊，可吃饭还是不敢有酒肉；有钱有粮可衣着不敢穿丝绸；节约的人有钱帛积蓄可还是行路不敢有车马。这是为什么呢？荀子说：“非不欲也，几不长虑顾后而恐无以继之故也。”因为人考虑到了今后，恐怕接济不上。人因有虑而不从欲。接着荀子说先王之道、仁义之统、诗书礼乐之原则，都是为天下安定、人民生活考虑的，“常虑顾后而保万世也”，可不是君子就不会知道这个道理，因为他们不能认真考虑、判别孰轻孰重。

通过以上考察，荀子的“辨”与“虑”“计”“定”“择”等常联系在一起，它们都有思考、选择、辨别的含义。当然，在荀子这里的辨别事物主要是道德上的辨别。具体地讲就是人对于情欲与礼制、利与义的辨别、分别。辨别、分别的结果是人们取礼义而不从情、欲、利，其原因是从礼义可以义利兼得，从情、欲、利则义利两失，所以，辨别的根据还是从人的利益出发，从是否对人有利出发。因为，从礼义可获得利，而不从则失利，所以人应选择礼义。这反映了荀子的一种态度，即现实地、理性地分析社会与人的关系的态度。

“辨”除了具有道德上的辨别含义外，它本身以及与之联系的虑、择、计等都含有理性认识的因素。前面已述辨的具体表现有虑、权、计、择、定取舍等。当人们面对一件事情、面对欲恶取舍的对象时，必须要“前后虑”“权之”“计之”，不能“虑之不慎，择之不谨，其定取舍楛僈”。这样的结果是人必须从礼义才能获得自己的利益，礼义是人得到欲求对象的最佳手段。在这一过程中，人一开始就有欲求的对象，通过辨的一系列过程，考虑各种手段及采取这种手段的后果，从而最后选定了实现欲求的最佳手段——礼义。这样就实现了欲求与手段的统一。辨的过程是一个理性的过程，辨即是一种理性。用卡西尔的话说这就是人所内在固有的批判力、判断力、辨别力①，并且这种判别力是真理和道德的共同源泉。荀子的“辨”也正是卡西尔所指的这种批判力、判断力和鉴别力。辨使人们认识到礼义可使人懂得义利兼得的道理——真理；同时，也使人在行动时选择了礼义

① 卡西尔著，甘阳译：《人论》，上海译文出版社1985年版，第11页。

原则——道德。因而，辨在荀子这里就是真理和道德的共同源泉，辨使真理（认识）和道德（判断）统一了起来。

卡西尔说："只有在判断力上，人才整个地依赖于他自己的，判断力乃是自由、自主、自足的。"① 荀子的辨是一种理性的辨别判断力，它通过辨别事物对人的行为做出判断，使人的行为合于礼义。辨的执行者是心。

《解蔽》中荀子说人皆有蔽，而圣人"知心术之患，见蔽塞之祸，故无欲无恶，无始无终，无近无远，无薄无浅，无古无今，兼陈万物而中县衡焉。"杨倞注曰："不滞于一隅，但当其中而悬衡，揣其轻重也。"圣人对于各种事物各种情况不会偏滞于一个方面，而是将各个方面排列出来并衡量，从而分出轻重来。衡是权衡，揣是思虑，二者都带有辨别、分别的意思。

《解蔽》中接着说"何谓衡？曰：道。"杨倞注曰："道，谓礼义。"衡量揣度的标准就是礼义。人何以治"道"呢？荀子说是心。经过这一番分析，不难看出心就是辨的承担者。荀子说："心者，形之君也，而神明之主也，出令而无所受令。自禁也，自使也，自夺也，自取也，自行也，自止也。故口可劫而使墨云，形可劫而使诎申，心不可劫而使易意，是之则收，非之则辞。故曰：心容其择也，无禁必自现。"这段话所讲的正如王先谦所言"是容其（心）自择也"，心具有意志自由。

荀子还提出心对人的情欲的制约作用。《正名》中：

> 欲不待可得，而求者从所可。欲不待可得，所受乎天也；求者从所可，受乎心也。……故欲过之而动不及，心止之也。心之所可中理，则欲虽多奚伤于治？欲不及而动过之，心使之也。心之所可失理，则欲虽寡，奚止于乱？故治乱在于心之所可，亡于情之所欲。

心对于人的自然欲求能发出"可"或"不可"命令。张岱年先生说这是"心具有裁制情欲、主宰行动的作用。"心所发挥的这些作用就是辨。心具有意志自由，辨亦具有。从这个角度讲，辨也是自由、自足、自主的。

通过以上分析，我们认为辨是一种理性认识，又具有自由意志。人的"辨"不仅是一种单纯的理性认识活动，而且也是受到理性认识活动支配的意志活动。因而荀子"辨"的思想一方面表达了一种理性主义的伦理观，另一方面又包含着意志自由观点的萌芽。他在方法论上使道德伦理观和理性认识论结合起来，使荀子的理论更具说服力。

① 卡西尔著，甘阳译：《人论》，上海译文出版社 1985 年版，第 11 页。

四　义——道德践履与道德理性的统一

上文中已论及以义来分（荀子说："分何以能行？曰：义。"），这是讲根据什么标准来分。那么，义是什么呢？《王制》说：

> 水火有气而无生，草木有生而无知，禽兽有知而无义；人有气、有生、有知，亦且有义，故最为天下贵。

荀子将宇宙中的万物区分为了四个等级，人是最尊贵的，即"人在这种（宇宙）秩序中占据了最高的位置（卡西尔语）"①。这四个等级的区别在于它们本身的构成要素和功能不同。气在万物中是最普遍的，天下万物中都包含有气。"生，谓滋长"（杨倞注），一种生命现象，水火无"生"。"知，谓性识。"（杨倞注）郝懿行曰："盖固有性识然后有匹偶……"②知不同于认识能力，水火草木皆无"知"。最后是义，水火、草木、禽兽皆无"义"，惟有人有气、生、知而且有义。可见义是人所独有的，正是义使人有别于其他事物。

荀子在这里讲的人是从类的意义上讲的，是在一般意义上讲的人。实际上，荀子关于物类的概念在《荀子》书中多有所见，如"物类之起，必有所始"（《劝学》），"草木畴生，禽兽群焉，物各从其类也。"（《劝学》）《正名》一文更是显明了荀子事物类分的思想。他说："凡同类同情者，其天官之意物也同，故比方之疑似而通，是所以共其约名以相期也。"对于事物的命名，依据"天官"意想其是否同类同情而定，人显然也是大自然中的一类。荀子在《天论》中讲道："财非其类，以养其类，夫是之谓天养；顺其类者谓之福，逆其类者谓之祸，夫是之谓天政。"这里的"类"指的就是人类。荀子在讲人与水火草木禽兽之别就是在类的意义上讲的，或者说荀子是在一般意义上使用"人"这一名词。因而，荀子的论述就是他关于人的本质的看法。荀子运用类分的方法，区别了各类事物不同的构成要素和功能，认为人所特有的是"义"。在这种意义上讲，我们说荀子认为人的本质就在于有"义"。

"义"为何意呢？义在《荀子》书中出现频率极高，因而意义深奥难解、歧义较多。《强国》篇云：

---

① 卡西尔著，甘阳译：《人论》，上海译文出版社1985年版，第18页。

② 王先谦：《荀子集解》，中华书局1988年版，第164页。

夫义者，所以限禁人之为恶与奸者也。……夫义者，内节于人而外节于物者也，上安于主而下调于民者也。内外上下者，义之情也。

第一个义的含义即禁民为恶，强调的是义的裁制、强制意义。义是对人们行动的节制。第二个“义”涉及“节”，俞越注曰：“节，犹适也。”① 梁启雄也引了此注。节即是适宜、调谐的含义，这与下文中的“安”“调”的意义相一致。所以，这个义讲的是要内适宜于人，外适宜于物，对上使君主安定，对下使老百姓协调一致。“义之情皆在得其情”（杨倞注），使上下内外适宜恰当就是义的实质。这两个“义”之间有着内在的一致性。正是由于禁民为恶，才能使得每个人趋向于善，从而使社会关系中的内外上下之间谐调一致。

荀子说：“所谓恶者，偏险悖乱是也。”（《性恶》）“凡言不和先王，不顺礼义，谓之奸。”（《非相》）恶、奸都是指人的违礼弃义的言行。人在社会中不守本分，犯上作乱，不遵循礼义就是为恶为奸。第一个义是禁民为恶为奸，要人在社会中遵循礼义不做恶奸之事。这是对人的一种强制性的要求和命令，是指人应尽的一种义务。除了“义务”这层含义外，这个义还可以理解为“理”，作为规则准则的“理”。因为“夫义者，所以限禁人之为恶与奸者也。”此句也可将义理解为是禁民为恶的理则、准则。（实际上，把“义”与“理”联系起来在《荀子》书中较为常见，对此下文将作论述。）

第二个义重在“节”，其实质是指人在处理内外上下关系时其言行要适宜、恰当，只有这样才能使内外上下一致和谐。这两个“义”之间是一种结构功能的关系。义的内容是禁民为恶为奸这样一种人应遵守的义务，是人们在社会中言行的准则、理则。人只要依此“义”行，那么就一定可以使内外上下各种关系之间调和一致。从这两个“义”上，我们可以看出义产生于人与人之间的关系，在荀子这里多指等级贵贱关系，以此来维持人与人之间“分”的关系。

通过以上分析，我们关于“义”有两种认识：一是它兼有义务和理则两层含义；二是它产生于社会等级关系，并用来协调这种关系。这两种认识在《荀子》书中的其他地方也可以见到。

义作为“义务”的含义，表现在义与礼常联系在一起。在《荀子》书中，礼义连提或并提很多，在很大程度上，礼即是义，讲义也是在讲礼。

① 王先谦：《荀子集解》，中华书局1988年版，第305页。

而礼即是对人们在社会中各自所处的地位应履行的义务的规定。荀子讲义很重视行，所以说“随理而不敢，不成义。”（《大略》）荀子又说：“分何以能行？曰义。”（《王制》）义如何行呢，它所凭借的就是礼。《君子》中讲：“故尚贤，使能，等贵贱，分亲疏，序长幼，此先王之道也。故尚贤使能，则主尊下安；贵贱有等，则令行而不流；亲疏有分，则施行而不悖；长幼有序，则事业捷成而有所休。故仁者，仁此者也；义者，分此者也……”杨倞注“义者，分此者也”句：“分别此五者，使合宜，则为义也。”在注“仁者，仁此者也”时指出“此”即是“尚贤，使能，等贵贱，分亲疏，序长幼五者也。”义是分别贤能、贵贱、亲疏、长幼，使得言行举止合宜于尚贤、使能、等贵贱等五者。在《富国》篇中荀子说：“礼者，贵贱有等，长幼有差，贫富轻重皆有称者也。”显然，义在分别社会关系时所合宜的是礼。

义作为“义务”的含义，其具体的形式随处理的关系不同而不同。《不苟》中说：“以义变应，知当曲直故也。”王先谦认为：“以义应变者，以义变通应事也。义本无定，随所应为通变，故曰‘变应’。孔子言‘无适无莫，义与之比’，孟子言‘言不必行，行不必果，惟义所在’，正以义变应之谓。”① 荀子还说：“君子能以义屈信变应故也。”（《不苟》）君子因为能遇事以义变通，所以“左右无不得宜也”②《非十二子》篇中讲得更具体：“遇君则修臣下之义，遇乡则修长幼之义，遇长则修子弟之义，遇友则修礼节辞让之义，遇贱而少者则修告导宽容之义。”同一个人在不同的人际关系中具有不同的身份，身份不同则所修之义就会不同。

义作为“理则”讲，表现在义与理也常联系在一起。《荀子》中将义礼并提的有以下几处：

> 彼仁者爱人，爱人故恶人之害之也；义者循理，循理故恶人之乱之也。（《议兵》）（杨倞注“仁者爱人，义者循理”说：“爱人则惧其杀伤，循理则不欲争夺”。）
>
> 义，理也，故行。……推恩而不理，不成仁；（杨倞注：仁虽在推恩，而不得其理则不成仁。谓若有义子之恩，而无严敬之义。）随理而不敢，不成义……（杨倞注：虽得其理，而不敢行则不成义。义在果断，故曰“非知之艰，行之惟艰”。）（《大略》）
>
> （水）其流也，埤下裾拘，必循其理，似义。（《宥坐》）（杨倞注：

① 王先谦：《荀子集解》，中华书局 1988 年版，第 42 页。
② 同上。

其流必就卑下，或方或曲，必循卑下之理，是义者无不循理也。）

以上所列举的引文中，荀子所讲的义就是“理”。根据引文以及杨倞的注解，我们认为“理”即是道德原则、理则。正如何怀宏先生所论，此“理”“不是一己主观之良知一时所顿悟、所明白透亮之‘理’，而是指人的理性一般都能认识的客观普遍之‘理’，也就是原则、常理。是‘天生蒸民，有物有则’之‘则’，‘民之秉彝，好是懿德’之‘彝’，他们是不以一己意识为转移的法则和常道。”① 荀子这里的“理”诚如何先生所言之理，它带有道理、准则、行事的根据的意思，因而它具有一种客观性、普遍性。

综合以上考察，荀子的“义”与“限禁”“礼”“理”“节”“宜”都有密切的关系。义就是用礼来裁制（限禁）人们做恶事奸事，也只有如此才能合于“礼”“理”，从而人们的行为才能合宜，整个社会关系才能和谐（“节”）。义既是“义务”（礼），又是“理则”（理）。作为这二者的统一，义务的命令性、裁制性，理则的普遍性、客观性，使得荀子的“义”既有推行的操作性（礼的规范），又有了理论上的基础（理则的根据）。荀子很好地将道德践履和道德理性结合了起来，人因为具有了“义”，即人遵守自己的义务（守礼），且能遵循理则（循理），所以才成为人，最为天下贵。

综上所述，我们知道荀子认为人之所以高于其他物类，就在于其能以义而分，组成一个和谐多力的社会或团体（群），也因而能胜物。不难看出，在这里荀子对人的本质问题的分析是站在人有组织性、有社会性的视角上的。除此之外，荀子还对人进行了伦理道德角度的分析，也就是所谓的“性恶论”，这一方面的讨论很多，本文不再赘述。

王秀江，中国儿童中心科研部部长，哲学博士，研究员

① 何怀宏：《良心论》，生活·读书·新知三联书店1994年版，第211页。

◎中华孝子范仲淹

◎ 张晓旭

【摘　要】北宋名臣范仲淹不仅是一位伟大的政治家、教育家、思想家和军事家，还是一位孝子。范仲淹一生遵循孝、悌、忠、信、礼、义、廉、耻之“八德”。上忠国家，下孝父母、悌及兄长、仁爱同事和宗亲。尤其是孝，可以说是尽孝到了极致。

【关键词】孝子　择地葬母　子孙永依

一　孝子

“百善孝为先”是中国的优良传统。儒家经典十三经中有《孝经》专门论述孝；古代有以孝治天下的实例，如汉朝用人“举孝廉”；汉武帝后汉代皇帝都加个“孝”字，正规称呼为“汉孝武帝”；刑法中有“不孝之罪”；《弟子规》的首句就是“首孝弟　次谨信”等；有二十四孝的故事，是孝文化的代表。元代人编的《二十四孝》，讲宋以前的孝行事，都是四字成语。其中，有苏州的陆绩（袁术）“怀橘遗亲”。董永（湖北孝感）的“卖身葬父”等。二十四孝的共同特征是“孝在意识，孝在行动”。范仲淹的孝行可称为中华第二十五孝（笔者命名：“择地葬母”），关键词是一个“择”字，“择”体现了范仲淹的伟大人格和孝心。范仲淹的孝行当是中华孝文化的杰出代表。

对于“孝”，范仲淹言传身教。范仲淹有五个孩子，其中一个早逝，历史上称范仲淹有四子：纯佑、纯仁、纯礼、纯粹。范仲淹立有家训《百字铭》教导子孙：

孝道当竭力，忠勇表丹诚；兄弟互相助，慈悲无过境。勤读圣贤书，尊师如重亲；礼义勿疏狂，逊让敦睦邻。敬长与怀幼，怜恤孤寡贫；谦恭尚廉洁，绝戒骄傲情。字纸莫乱废，须报五谷恩；作事循天理，博爱惜生灵。处世行八德①，修身率祖神；儿孙坚心守，成家种

① 八德指“孝”“悌”“忠”“信”和“礼”“义”“廉”“耻”，这是古人处世的基本操守。

善根。

《百字铭》将孝字放在首位，可见范仲淹对孝的重视程度。身教方面，范仲淹不到两岁就为父亲守孝；后来又为母亲守孝。

范仲淹（989—1052 年）祖籍在今陕西省彬县，十世祖范履冰在唐朝武则天时期当过宰相，那时举家迁到长安。唐末，因中原战乱迁往南方。四世祖范隋，被朝廷任命为浙江丽水县丞。后范家在苏州长洲县和吴县定居，遂为苏州人。苏州市景范中学大门左侧至今还保留“有唐故址”四字砖雕门楼就是范家居吴的明证。989 年，范仲淹出生于成德军（即真定府，治今河北省石家庄市正定县曲阳桥镇高平村）。范仲淹曾说：“真定名藩，生身在彼。自识别以来，却未得一到，谅多胜赏也。”（写给韩琦的信）

父亲范墉，母亲谢观音。范仲淹在家排行老三（范墉与原配陈氏生二子，即范仲淹的二哥范仲温和三哥范仲仪；与谢观音生仲淹）。范仲淹出生的第二年（990 年），随父亲自成德军（正定）赴武宁军（今江苏徐州）任节度掌书记（正八品）。不料，刚到武宁军，范墉就因病去世。不到两岁的范仲淹便在母亲呵护下从武宁军一路护送父亲灵柩到苏州老家天平山归葬，并在苏州天平山咒钵庵为父守孝三年。俗话说得好，三岁知老，范仲淹在守孝过程中潜移默化地被嵌入中华孝意识，对他的一生产生了深远影响。

守孝年满后，母亲谢观音在迫不得已的情况下，改嫁给新丧妻室的苏州推官朱文翰。从此，范仲淹改名朱说。朱文翰官湖南安乡、安徽贵池、河南开封等地。两年后，范仲淹母子则居山东淄州长山（今邹平县长山镇）继父家。山东《邹平县志》载：“四岁，随继父北归长山县河南村。年稍长，继父让其学习商贾技艺，皆不喜欢，唯愿读书。因母改嫁，备受歧视。”范仲淹“少有大节”“有志操”。后来，考入乡举，被称为“奇士”。由于社会和家庭的压力，范仲淹学习非常刻苦。据记载，范仲淹因与朱家兄弟在扔馒头之事上发生争执，后发现了自己的身世。惊愕之余，21 岁的他决心脱离朱家，自立门户，对母亲立下誓言：“故期十年登第来迎亲”。范仲淹毅然离家，到南京（商丘）应天书院读书。他以书院为家，“昼夜不息，冬月惫甚，以水沃面；食不给，至以糜粥（成语：划齑断粥就是讲范仲淹的）继之”，熬过五年苦读生涯。1015 年春，他以不懈的努力，通过科举考试，成为进士。旋即被任命为广德军（今安徽广德县）的司理参军，从九品。范仲淹预期十年时间考取功名，仅用了五年就金榜题名，此时，范仲淹想到的第一件事就是履行自己离开邹平长山时对母亲所说的“登第来迎亲”。继父朱文瀚得知儿子朱说高中进士的讯息后喜极而亡。因为，朱家只出了这么一个进士。

按照宋代官员的俸禄制度——官佃制，范仲淹在应天府宁陵县分到了除少许俸禄以外的“职田”（官员俸禄的一部分）。范仲淹没成亲前，母亲随仲淹一起生活。成亲后，将母亲迎到宁陵家中赡养。《宋史·范仲淹传》也记载：“举进士第，为广德军司理参军，迎其母归养。”1016 年，范仲淹把母亲接到宁陵职田赡养，并把同母异父朱氏兄弟也一同接来管理职田。1024 年，范仲淹被调回京师，做大理寺丞。这时，母亲谢氏已双目失明，由妻子李氏（太宗朝参知政事李昌龄的外侄女）携长子纯佑、朱氏兄弟奉养在宁陵家宅。1026 年，母亲谢氏病故，“性至孝”的范仲淹将母亲葬于宁陵职田内，并按制在此守孝三年。丁忧期间，应南京留守官晏殊之邀，范仲淹主持应天府学的教务。守孝三年，范仲淹便在宁陵和应天书院之间走动、居住、讲学。宁陵有妻子李氏、儿女和同母异父的朱氏兄弟。

二 择地葬母

历史上的先圣先贤，身后往往有一位伟大的母亲，像孔子之母颜征在、孟子母亲仉氏（孟子三岁丧父）、姚崇母亲刘氏等。对范仲淹来说，自己伟大的母亲就是谢观音。这是范仲淹身后为何不葬天平山？不葬山东邹平的唯一原因：孝母。

范仲淹母亲谢氏离世后为何不迁回苏州与父亲范墉合葬？也不迁到山东邹平与继父朱文翰合葬？1026 年 8 月，38 岁的范仲淹正担任兴化县令兼大理寺丞（正八品）任上，64 岁的母亲谢氏在宁陵家中去世。为此，范仲淹在宁陵丁忧三年。三年（1026—1028 年）守丧宁陵期间，应晏殊之邀执教应天书院。其间，为了母亲的葬地，范仲淹奔波于河南商丘、江苏苏州、山东长山三地之间。范仲淹曾与苏州天平山范家协商将母亲与父亲范墉合葬，但遭拒绝，苏州范氏家族以改嫁为由，拒不承认谢观音与范墉夫妻的合法性，干扰他们合葬；范仲淹再与山东长山朱家协商将母亲与继父合葬，朱氏家族则以谢观音为其父续妻，且又被范氏接走（包括 1017 年正式复为范姓）为由，拒绝谢观音与朱文瀚合墓。百般无奈之下，范仲淹只得将其母暂时安葬在宁陵职田。

范仲淹为什么不将母亲与父亲一起葬在苏州？或者葬在山东长山？而是先葬宁陵，后又迁葬洛阳伊川呢？其实这是一种艰难而无奈的选择，其中交织着范仲淹悲苦的身世与那个时代极为复杂的社会伦理关系和宗法制度。

首先，范仲淹之母谢氏在丈夫死后，迫于生计，带着幼小的范仲淹

“再适长山朱氏”，在宋代礼教严明的社会背景下，这就注定了她没有归葬范氏祖茔的可能，特别是在范墉已经作古（990 年）的情形下，逝世时间上两者相差 36 年。虽然范仲淹后来在与其从兄弟范仲仪的信中曾述及，“昔年持服，欲归姑苏卜葬”。但这仅是“内刚外和”的范仲淹在书信中的礼节性客套而已，因为他接着谈到“见其风俗太薄，因思高曾（高祖、曾祖）本北人，子孙幸预缙绅（官宦），宜构高堂（对父母的敬称，此指已故母亲谢氏），乃改卜于洛”，（《范氏家乘》）这才是范仲淹选择葬母之地的真实思想。他不会忘记当初要求恢复范姓时，所遇到的宗族的百般阻挠——1017 年，时任亳州节度推官而尚为朱姓的范仲淹，上表请复姓。族人担心他欲分祖产，“有难之者。公坚请，云止欲归本姓，他无所觊，始许焉”。范仲淹在与从兄弟信中“见其风俗太薄”的感叹，是颇意味深长的。

其次，按谢氏已改嫁朱氏的事实以及传统礼教下的丧葬制度，谢氏去世后理应葬于朱氏坟茔，但是，也遭到了朱家的拒绝，理由是朱说已改为范仲淹，谢氏已被范仲淹接走。继父朱文瀚已有长房附葬。

换一个角度看，范仲淹恢复了范姓、与朱氏没有了任何伦理关系的范仲淹，百年之后的他是绝不可能葬于朱氏墓地的。也就是说，对“性至孝”的范仲淹来说，就永远没有了陪葬母亲墓前的可能。

天圣九年（1031 年）三月，范仲淹迁太常博士、迁陈州（河南周口市淮阳县）通判。范仲淹在由河中府去往陈州（河南周口市淮阳县）的途中，途经伊川万安山拜唐相姚崇墓。因有感于自己和姚崇的经历相仿，受到姚崇墓的启发，于是在姚崇墓旁不远处买地半亩作为母亲的墓地。决定将母亲的坟墓由宁陵迁至洛阳伊川姚崇墓旁不远处，范仲淹决心效仿前贤姚崇，百年之后自己和家族的墓地也葬在这里，与母亲相依，永远陪着自己慈爱的母亲。为此，范仲淹向朝廷请假葬母。同时，上书皇上乞将磨勘恩泽转赠父母。母亲追赠为“恭人”。范仲淹在《求追赠考妣状》言：“窃念臣襁褓之中，已丁何怙。鞠养在母，慈爱过人。”获准后，范仲淹将宁陵职田中的母亲墓迁葬万安山下姚崇墓旁。两者相距不到三百米。安葬好母亲后，范仲淹赴陈州任职。

范仲淹和姚崇有着相似的人生经历，姚崇祖籍河南陕县，其父姚懿去世后，母亲刘氏改嫁到一个姓黄（姚崇继父）的人家，后来姚崇当了宰相，曾问其母：将来百年以后是否与父亲合葬一处，其母回答说，人若有灵，纵隔千里也能相知，人若无灵，即便埋在一起也是枉然。于是后来姚崇就将母亲葬在了万安山下。

三 子孙永依

1052 年范仲淹在赴知颍州（安徽阜阳）途中，病逝于徐州，享年 63 岁（虚 64 岁）。按照生前遗愿，儿孙们和范仲淹生前好友将其葬在母亲墓前。范仲淹墓园（建议改称“中华孝林”）现为全国重点文物保护单位。范墓形制较为独特：分前后两域，“前域”为范仲淹及其母亲、长子监簿公范纯佑墓。中为范仲淹祠，祠中立宋仁宗篆额的“褒贤之碑”，高 4.08 米，宽 1.41 米，厚 0.48 米，碑文字迹大致清晰，另有翁仲、石羊、石狮等。殿悬清光绪皇帝到洛阳范墓后御笔“以道自任”匾额。“后域”为次子范纯仁、三子范纯礼、四子范纯粹及后代子孙墓。墓园共计 24 人：范母谢氏、范仲淹、四个儿子、一个侄子、九个孙子、六个曾孙、二个曾孙媳妇。形制奇特：范仲淹墓在右前；母亲谢观音墓在中；仲淹长子紧随，在左后；隐含着母亲“扯儿背孙”之义。中为范仲淹祠。后域为次子、三子、四子及孙辈，这里的墓园，范母是第一位墓主。之后，范仲淹及其子嗣跟着葬在这里。靖康之乱，范氏裔孙纷纷南迁，从此袝葬中断。最初的墓园占地 200 亩，如今已有一半以上被垦为耕地。现墓园占地 35 亩，植有古柏千余株，规模之宏大为历史所罕见。

唐以来，改嫁的妇女死后选择独葬，是法律明文许可的，且不乏先例。如唐代名相姚崇的母亲刘氏，“遗令曰：‘生以形累，死以魂游。然事尊在冥，无远不至，何必合葬，然后为礼。”姚崇祖籍河南陕县，其父去世后，母亲改嫁到一个姓黄的人家，后来姚崇当了宰相，曾问其母：将来百年以后是否与父亲合葬一处，其母回答说：“人若有灵，纵隔千里也能相知，人若无灵，即便埋在一起也是枉然。”于是后来姚崇就将母亲单独葬在了万安山下。后姚崇葬在母亲一旁。因而，对早年即“决欲自树立门户”的刚强的范仲淹来说，在范、朱两家祖茔之外，为母亲另卜安葬之地，是两难之下必然的、最合情理的抉择。对于当时刚入仕途不久的范仲淹，将母亲初葬在其家计之职田地宁陵，即在情理之中了。范仲淹的母亲谢氏是世界上最幸福的母亲，因为，她养育了一位伟人和一位质朴无华的孝子。范仲淹“择地葬母”和“孔子葬母”有异曲同工之处。同的是孝；不同的则是孔子将其母亲与父亲合葬。

四 范仲淹的孝在当下的意义

我们应该如何善待自己的父母？范仲淹、孔子、姚崇都是大名人。人生经历相似，孝敬父母是他们的共同特点。作为我们平常人应该向这些名

范仲淹墓

范仲淹母亲谢观音秦国太夫人墓

人或伟人学习，应该如何善待自己的父母。

对他人父母提倡孝，老吾老及人之老：用孝心去感染别人。通过学习范仲淹，我们可以做到以下几点：

1. 首先要有孝的意识：知道自己从哪里来？搞清楚了，就知道一定要孝顺自己的父母。

2. 常回家看看，和父母心灵对话，如果只有单亲的话，一定要带回家好好赡养，根据实际情况，如果有几个子女的话，要协商轮流赡养尽孝。

3. 帮父母解决冷暖温饱。

4. 父母身体不好的话，要带父母看病、配药。

5. 不要跟父母大声嚷嚷：孝指孝顺，顺，就是顺从。姚崇顺从母亲的意愿，母亲去世后单独埋葬了母亲。这就是孝顺。

张晓旭，苏州碑刻博物馆原副馆长，研究馆员
中国孔庙保护协会副秘书长，中国范仲淹研究会副秘书长，
苏州范仲淹研究会常务副会长，苏州儒学研究会会长

专题研究

◇雍正帝与清代地方先农坛历史关系辨析*

◎ 董绍鹏

【摘　要】 清雍正帝在历史上的作为可圈可点，在位期间尤对农业在国家政治中的地位给予了很高定性，其中，在农业神祇祭祀上采取的做法是中国古代绝无仅有的，那就是将中国古代农业神祇先农神的国家祭祀制度推广到全国地方一级实行，使中国古代重农思想在封建社会行将结束之时深入人心。本文对清雍正帝下旨创建地方先农坛相关行为进行梳理考证，对其施行这一举措的文化历史背景进行分析，对清代地方先农坛的相关内涵进行介绍。

【关键词】 雍正帝　地方先农坛　历史关系

在中国古代神祇祭祀中，先农之神有着政治与民生双重关联的特殊意义。政治上，炎帝神农氏扮演着中华民族政治天道的成员之一，位列三皇；民生上，作为中华民族农业先祖，以培育稻种和首创农耕技术为后人景仰崇拜，尊称先农之神。

汉代以来，先农之神炎帝神农氏为封建国家所推崇，历代的国家崇拜祭祀不断。

作为中国古代社会中的最后一个王朝，清代有着其相对特殊的文化背景，因此，先农炎帝神农氏的国家祭祀相比以往的专制王朝也有着自身特色。

一　历史文化背景

清代，是源于古代女真民族演变而来的、由以明代建州女真为核心的满洲人创建。女真民族早在两宋时期就已经统治中国半壁河山，与汉族政

* 本文列举地方志，均出自台湾成文出版社有限公司《中国地方志丛书》，1965—1978年版。

权分庭抗礼。女真民族建立的金朝，国界北达今贝加尔湖一带，西达青海，东临渤海黄海，南与宋朝以淮河—秦岭一线为界。女真人虽源于今东北白山黑水之间，祖辈过着渔猎、采摘式的原始生活，但随着进入中原的步伐加快，尤其是进入汉族为主的南宋政权时期，已经占据原汉族聚集区河北、山东、山西、陕西、安徽、江苏等部分地区的女真统治者，不得不面对本民族人口稀少、汉民族人口众多，民族矛盾一旦爆发反而于己不利的令其尴尬的政治环境，于是，不得不吸收大量汉族知识分子进入统治阶层为官，采纳汉家制度以应对本民族原始落后的文化理念，加快女真文明的进步。这一快速演进过程，与历史上南北朝时期的民族大融合颇有类似之处，汉文化的强大吸引力就像磁石一般快速地改变着女真文明的一切。

人类文明的一切现象都有其双重性。就像马尔库塞对人的社会性分析为双向度的人一样，汉文化对女真文化的同化是女真文明所无法抗拒的，其举止优雅、性格沉稳、非战等文化特性在影响女真文明的同时，阳光的背面因素也同时传染给原本彪悍、勇猛、善战、粗犷、豁达的女真人，因此，到金朝晚期时，女真人对汉文化的吸收超出了原本的想象，女真族民族性格当中的外扬被替代为汉民族的内敛，汉文化尤其是宋代文化中的阴暗面，比如复杂的社会关系结构、善于暗斗、过于陶醉当下导致玩物丧志、倡文抑武等，无一不被女真人继承。原本汉家政权出现的政治危机，重现于草原民族身上，最终，大漠中崛起的蒙古民族以当初女真民族的文化精神打败了女真人。以后，失国的女真民族除一部分久居汉地彻底被汉族同化外，原居于北方的尚未同化的女真人又继续过上祖祖辈辈的原始渔猎生活，保持原初状态长达三个半世纪，直到明万历四十四年（1616 年），建州女真首领爱新觉罗努尔哈赤称汗，重建金国，史称后金，1636 年，皇太极更国名为大清，1644 年入主中原，明王朝覆灭。

建立政权后的女真即后来的满族统治者的极高速度政治发展，妄图利用短短的几十年作为一个民族文化的演进期，这对于满族来说可以想象是一种何等的状态：如饥似渴、饥不择食、囫囵吞枣、日新月异……可以用到的词汇对此来形容都不为过。刚刚还是渔猎采摘，现在却需要满腹经纶、通晓浩如烟海的典籍方可治理千万平方公里的广袤国土。面对如此的政治重任，对于清统治者来讲，严重性、艰难性远远超越争城掠地建立帝国。

怎么办呢？满族统治者自知文化底蕴不足，于是像历史上曾经的边陲民族入主中原一样，采取汉法治汉、己法治己的办法，争取最大主动性快速实现政治直通车，借以较小的政治成本实现政权的稳定。年轻的清政权把这一思路作为大政方针，做到了建国百余年基本国策不动摇，取得后世瞩目的整治成效。

因为满民族没有经历过充分而必要的农耕文明阶段，因此要想实现对汉民族的有效治理，只能以填鸭式的态度学习、领略汉家文化政治体系的各个方面，自然，传行近1600多年的先农炎帝神农氏崇拜，也被提到清统治者的政治议事日程中，随之引起清代天子极大而浓厚的兴趣理解掌握这一崇拜的核心理念，指导开始于雍正帝时期的大规模崇拜行为，从而使先农炎帝神农氏崇拜在临近皇权专制大一统的中国古代社会尾声时迎来神祇崇拜文化的高峰。

二　雍正帝创设地方先农坛的起因与目的

雍正帝时，清朝经过八十余年的休养生息，外族带给华夏大地的创伤伴随人们忘却的记忆逐渐归于平息。雍正帝虽在加强皇权专制上为后人指指点点，不过其人在位的十三年间，为了江山永祚强化对农业的重视，在采取了一系列有效发展农业的措施同时，身体力行以为天下先，不仅可圈可点，其作为甚至成为自汉代开始的先农炎帝神农氏崇拜以来绝无仅有的一位君主。

雍正帝时，休养生息的局面继续深入，为了增殖人口、开垦荒地，给国家带来更多的税赋，雍正帝推广摊丁入亩，“户部议覆直隶巡抚李维钧，请将丁银摊入田粮之内。应如所请，于雍正二年为始，将丁银均摊地粮之内，造册征收”（《清实录·世宗实录》卷十一），凡新增人口不再征收人丁银（人头税），把固定的人丁银摊入田亩税赋永不加赋。这样一来，全国长期以来隐匿人丁以避免人丁银的行为就失去了存在的必要性，人口的增殖失去枷锁，中国进入人口快速增长期。可耕地的不足在中国历史上第一次凸显其严重性。人口的增加，带来土地需求量大增，垦荒增产成为雍正帝面前的政治大事。因此他认识到，必须从实际行动和精神崇拜两方面着手，切实引起全国对农业的高度重视，以消弭可能出现的自然灾害对社会安定引发的政治不稳定性。

雍正二年（1724年）第一次亲耕耤田之后，雍正帝深深感受到百姓终日耕耘仍不免饥馑的难处，稼穑之艰使他不断对国家的统治之道自我沉思，决定从几个方面入手，以加强农业生产工作：

其一，从自己做起，把耤田享先农坚持做好，在自己的一亩三分地上诚心诚意、尽心尽力，以行动感动上天，给黎民做出榜样。

其二，不断提醒臣下并颁布命令，要各地行政第一把手春耕时深入田地鼓励督促百姓勤耕，把春耕的情况如实上报，秋收时也要深入田间，把当地的收成情况考察清楚上报清廷，同时要求观察各地气候是否正常并做出预测，如可能出现旱涝灾害的话要提前上报他本人，以便他自己在皇宫斋戒祈祷，以免百姓受灾。雍正帝要求、劝导下属官僚对发展农业、促进百姓安生进行不厌其烦式的苦口婆心指导，成为中国古代大一统专制社会历史中的绝无仅有的帝王：

> 雍正二年二月癸丑。谕直隶各省督抚等。朕惟抚养元元之道。足用为先。朕自临御以来。无刻不廑（qín）念民依。重农务本。但我国家休养生息。数十年来、户口日繁。而土田止有此数。非率天下农民、竭力耕耘。兼收倍获。欲家室盈宁。必不可得。周官所载巡稼之官。保介田畯。皆为课农设也。今课农虽无专官。然自督抚以下。孰不兼此任。其各督率有司悉心相劝。并不时咨访疾苦。有丝毫妨于农业者、必为除去。仍于每乡中、择一二老农之勤劳作苦者。优其奖赏、以示鼓励。如此则农民知劝。而惰者可化为勤矣。（《清实录·世宗实录》卷十六）

其三，参照汉代举孝悌的方式，实行对农民的嘉奖制度，如让地方行政区划每年举荐本地一名年过七旬没犯有过错的老农，政府授予八品顶戴以示褒奖，并行农官之责：

> 雍正二年二月甲子。谕直隶各省督抚等。朕惟四民以士为首。农次之。工商其下也。汉有孝弟力田之科。而市井子孙。不得仕宦。重农抑末之意。庶为近古。今士子读书砥行。学成用世。国家荣之以爵禄。而农民勤劳作苦。手胼足胝。以供租赋。养父母、育妻子、其敦庞淳朴之行。虽宠荣非其所慕。而奖赏要当有加。其令州县有司、择老农之勤劳俭朴、身无过举者、每年推举一人。给以八品顶戴荣身。以示鼓励。（《清实录·世宗实录》卷十六）

雍正皇帝的一系列举措，对鼓励农桑、加强农业生产起到强烈的精神与物质双重激励作用，反响亦极其强烈，以至于同时代的外国传教士都赞不绝口，赞美之情溢于言表。

或许真是天人感应，自雍正二年开始，北京先农坛耤田以及全国各地都传来“嘉禾”的喜讯，几乎都是所植稻谷出现一杆多穗且籽实粒大饱满的情况。这在当时被认为是极大的祥瑞之兆：

雍正二年八月癸未。顺天府府尹张令璜、恭进耤田瑞谷。一茎双穗三穗四穗者、共十八本。下部知之。（《清实录·世宗实录》卷二十三）

雍正二年九月己亥。大学士等奏言、丰泽园。皇上躬耕田内。收获之稻。一茎四穗者、五本。一茎三穗者、四十五本。一茎二穗者、二百三本。皆穗长盈尺。珠粒圆坚。前耤田之内、既见瑞谷之登。今御苑之中、复睹嘉禾之获。此皆皇上敬诚所感。仁孝所孚。上瑞嘉祥。莫过于是。祈宣付史馆。书诸简牒。报闻。（《清实录·世宗实录》卷二十四）

雍正三年八月丁卯。顺天府府尹张令璜疏报、耤田所产嘉谷。自一茎双穗、至八穗九穗者甚多。实为奇瑞。下部知之。（《清实录·世宗实录》卷三十五）

雍正三年九月壬寅。顺天府府尹张令璜疏言、耤田嘉禾。一茎九穗。实属盛世奇瑞。阖府绅士耆庶、公吁撰文立碑。昭示奕禩。（《清实录·世宗实录》卷三十六）

不过，雍正帝并没有飘飘然，感到地方一味报嘉禾祥瑞，恐有阿谀之嫌，为了不助长可能出现的不良风气，更为了把自己诚感上天的政绩以制度化加以固定，雍正四年（1726 年）八月，雍正帝把自己高度重视农业生产的想法借用神祇崇拜的方式，以政令推向全国，试图借此让全国上下与自己一道以行耕耤礼实现劝课农桑的目的。这就直接引致清代地方官祭先农坛的出现：

雍正四年八月丙戌。

朕每岁躬耕耤田。并非崇尚虚文。实是敬天勤民之至意。礼曰。天子为耤千亩。诸侯百亩。据此、则耤田之礼。亦可通于臣下矣。朕意欲令地方守土之官。俱行耤田之礼。使知稼穑之艰难。悉农夫之作苦。量天时之晴雨。察地力之肥硗。如此、则凡为官者、皆时存重农课稼之心。而凡为农者、亦断无苟安怠惰之习。似与养民务本之道。大有裨益。著九卿详议具奏。（《清实录·世宗实录》卷四十七）

雍正四年九月癸巳。

礼部遵上□日议覆。皇上躬亲胼胝（zhī）之劳。岁行耕耤之典。嘉禾叠产。异瑞骈臻。今复行令地方守土之官。俱行耤田之礼。仰见皇上敬天勤民、重农务本之至意。宜恪遵上谕。通行直省督抚、转行各府州县卫所。各择洁净之地。照九卿所耕田数。设立先农坛。于雍正五年为始。每岁仲春亥日。率所属恭祭先农之神。照九卿例、行九推之礼。所收米粟。敬谨收贮。以供各处祭祀之粢盛。于国计民生、大有裨益。从之。（《清实录·世宗实录》卷四十八）

雍正五年（1727 年），清廷开始在全国各行政区划（省、府、厅、州、县，不含蒙疆藏。山海关外龙兴之地开始不纳入，后纳入）建立地方先农坛，选治所东郊肥沃之官地四亩九分，设耤田并建先农坛，地方官参照九卿耤田之礼行九推，仿地方社稷之祭祭祀先农且每年进行耕祭（因地方官祭先农之神未有古制，故借用地方社稷之礼），以彰显国家对于农业、对于先农之神的重视。于是雍正帝下谕全国地方设立先农坛、行九推之礼，严令地方按章行礼，不得敷衍。如雍正五年（1727 年）九月，广西巡抚韩良辅奏称临桂县知县杨询朋荒芜耤田，致使颗粒无收，雍正帝立即下令革除杨询朋县令之职，并罚其在该县耕田十年；雍正六年（1728 年）六月，浙江总督李卫参奏永康县知县陈桂举行耤田礼草率了事而不合规定，雍正帝亦将陈桂革职查办等。雍正帝以身作则，同时严格执行耤田礼的落实，一时间使地方上出现了一些懂得如何指导农业生产、下力气抓农业生产的勤政官吏。在他们带动下，地方把农业摆在第一位，使当时的农业发展出现了良好的势头。雍正帝时期国力日渐昌隆，国家财富得以积聚，为所谓清代康乾盛世打下坚实物质基础。浙江有民谣唱道“雨过番湾滑大堤，先农坛下看扶犁。争传野老荣冠带，到处撑献旱罱（lǎn）泥”。重农从本，再次成为人们的津津乐道。

自此，地方官祭先农坛的出现，耕耤田、祭先农的活动深植于神州大地，一直延续至清亡，个别地方甚至活动到民国初中期：

先农坛……每岁仲春亥日祭神，礼节与社稷神同，献帛爵不升坛，祭毕行耕耤礼，用耆老一人牵牛，农夫二人扶犁，正印官秉耒，佐二捧青箱播种，九推九返，农夫终亩。民国仪制仍旧，至（民国）十七年停祀。〔四川长寿县志（民国三十三年铅印本）〕

清世宗雍正帝时倡导农桑，鼓励农业生产以应对爆发式的人口增长。雍正帝的系列举措，无可否认地加强社会对于农为本的认识，在当时全国日趋蓬勃发展的手工业大环境下，维护了以农为本的国策，也延续着清朝贵族刚刚进入农业社会百年的文化好奇心。

清代江苏六合县先农坛图

三　地方先农坛的具体情况

雍正帝的这一行政命令中，包括这样几层含义：礼仪为地方社稷之礼；地方官员推耕之数为九卿之制的九推；设地方耤田为四亩九分。

为什么祭祀先农之神采用地方祭祀社稷之礼呢？这其中有两个原因。

其一，中国自古以来社稷之祀渊源已久，远在祭祀先农之神的祭礼出现之前，社稷作为古代国家的基本祭礼既已实行。尤其作为后世礼仪样板的周代，周天子既有“春祈社而耤田”的做法，也就是说，春耕开犁之前，先进行祭祀社主之神的仪式，然后再进行耕耤田。汉代，就仿以祭祀社稷之神的礼仪创建祭祀先农炎帝神农氏之礼，后代南北朝、唐、元之时也多有这个做法。原因是社稷之祀中的社为土地之神、稷为北方传统农作物之神（泛指所有农作物之神），这与先农之神在土地上耕作五谷的物质指向原本是一致，因此后世虽以社稷泛指一个国家的政权江山，而先农之神则专为体现农业之神，但潜意识中二者的关联性要远远大于不同性，以致唐初竟然没有先农坛，取而代之为帝耤坛（又称帝社坛），武则天时期要改为先农坛，大臣还极力阻拦，阻拦的理由就是前述所说的认为社稷、先农本一家，原始为社稷。地方本无官祭先农之神礼仪，因此，采取历史上的经验，将地方社稷之礼用作地方先农之礼，于古有据。其二，雍正二年（1724 年）时雍正帝奏准，厘正自顺治元年（1644 年）确定的每岁春秋仲月上戊日致祭的地方社稷称呼，府祭之神称府社之神、府稷之神，州祭之神称州社之神、州稷之神；明确礼器配置为：两方黑色礼神制帛，六个白瓷爵，羊、猪各一只，铏、簠、簋各四个，笾、豆各八个；主祭官员祀前要斋戒两日；祭祀当天着官服行礼。雍正十年（1732 年），雍正帝又做出补充规定，命地方为祭祀地方社稷之神设立坛场，已经存在的要重新修葺，目的是“以重祀典”。雍正帝的地方社稷之神祭祀规制，是清代对于地方官祭礼仪的一次重要规定，雍正以后虽经乾隆时期的局部调整（如令地方督抚、将军、都统、副都统等职，率地方官员分文武两班东西序列，亲自祭祀。乾隆八年又颁发地方社稷神祭祀祭文），但大体稳定，其影响一直到清亡。

关于祭祀仪程，以下两例方志中的记载颇为详尽，可作为地方先农之祭的制度管窥，比如：

> 先农坛行礼仪节
>
> 每岁仲春亥日巳时祭先农坛，午时行耕耤礼。祭日承祭官率各官请神位供于坛上，朝服行礼。祭毕，送神入祠。坛高二尺一寸，广二丈五尺；牌高二尺四寸，广六尺；座高五寸，广九寸五分。坛后祠宇，正房三、配房各一，正房中供先农神位，红牌、金字；东正房贮祭器、农具；西正房贮耤田米谷；东配房买办祭器；西配房看守农民居住。耤田四亩九分，在东郊。祭品：帛一，白色；羊一，豕一、铏一、簠二、簋二、笾四、豆四、爵三。
>
> 耕耤器物：农具一，赤色；牛一，黑色；籽种箱一，青色。
>
> 耕耤人役：耆老一名，牵牛；农夫二名，扶犁；农童六名，唱歌。
>
> 〔湖南龙山县志（清同治九年修光绪四年重刊本）〕

从史料中，我们得知地方先农之祭的大致内容是：

祭坛：高二尺五寸，长、宽各二丈五尺。神牌高二尺四寸，广六尺，红地金字。

祭品：制帛白色，其余与社稷坛同。羊一、豕一、爵三、铏一、笾豆四、簠簋各二。

祭期：仲春或季春吉亥之日。钦天监颁行历日之时，即检祀日，晓喻天下各府州县至期举行：巳时祭先农，午时行耕耤礼。

祭制：前期二日斋戒，前一日省牲、扫坛，设幕检视耕器，牛黑色，农具红色，籽种箱青色，耕耤田官员文东武西排立，歌童唱歌。正祭官员扶犁，次级官员播种，耆老一人牵牛，农夫二人把定犁，九推九返，之后农夫终亩。耕毕，官员率耆老、农夫望阙行三跪九叩礼。礼成，赏耆老、农夫胙、酒、布匹不等。

祝文：礼部颁发统一祝文，以乾隆九年（1744年）礼部颁行祝文为准。

收获：每五年出售一次，余者粢盛之用，不足的官补；每年祭先农耕耤礼费用从售粮款中列支。

坛场：祭坛之后，建正殿一座计三间，明间内供奉先农之神神牌，东侧存放耤田农具，西侧存放耤田收获的五谷；建东西厢房各一座，东厢为祭祀礼器储藏室，西厢为守坛农户住所。房屋四周围以围墙，耤田有的在墙内，有的在墙外。

其他：选勤慎农夫二人免其差役，给以口粮，使其耕作看护耤田。各地耤田亩数报礼部备案。

这些规制，是清代全国统一实行的礼部颁发规制。

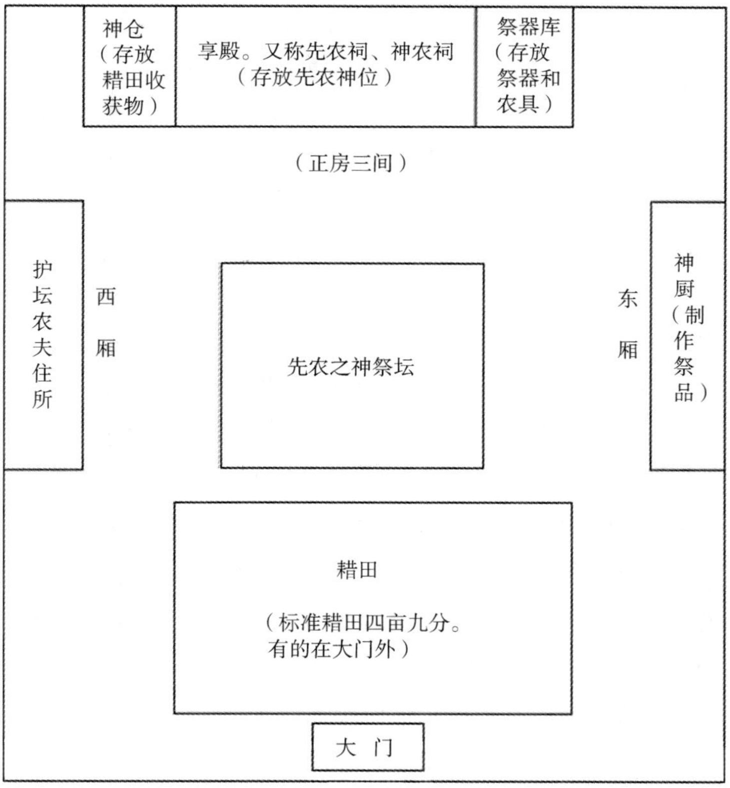

清代地方先农坛标准布置图

关于规定的选址治所东方之制、地方耤田四亩九分之制，甚至祭坛的建造时间，根据史料来看却是五花八门，应有尽有。

坛址选择：清礼部颁文，规定于治所东郊，符合周礼天子耕耤田南郊、诸侯东郊古制。事实上建在东南西北的都有事，如：

建于南方举例：

河北广昌县志（清光绪元年刊本）：先农坛在城南一里，每岁仲春亥日率属员耆老农夫祭行耕耤九推礼。

广东远县志（清嘉庆二十五年修）：先农祠在城南，雍正五年奉文创建。

山西阳城县志（清同治十三年刊本）：先农坛，在县南一里，雍正四年知县彭景曾奉文买耤田，六年知县吴绍祚建坛、殿。同治三年设于河，知县征廉移建南坛侧。

江苏徐州府志（清同治十三年刊本）：先农坛，铜山县在府城南门外广运仓后二里；阳山县在县南郊外；睢宁县在城南坊廓社离城里许。

福建福鼎县志（清嘉庆十一年刊本）：先农坛，在县南三里石湖程家洋。知县傅维祖建，岁仲春亥日致祭。

湖南宁远县志（清光绪元年刊本）：先农坛，在南关外，坛后神庙正屋三间，左右屋五间，正中供奉神牌，号曰先农之神。

建于西方举例：

甘肃合水县志（清乾隆二十六年抄本）：先农坛，西关路北，门一座，南向四面围墙，中如坛制，正屋三间，奉神牌旁两厢，东为收贮农器之所，西为神仓收贮耤田地四亩九分。

江苏震泽县志（清光绪十九年重刊本）：先农坛祀先农之神，在西门外梅里村外三星圩。雍正六年知县马功显奉部文建。

浙江镇海县志（清光绪年刊本）：先农坛在县城西门外，距城五十步，雍正五年知县田长文奉文建正殿三间，配房二间，大门一间。

河北庆云县志（清咸丰五年刊本）：先农坛在县城西南，为地四亩九分……

建于北方举例：

甘肃洮州厅志（清光绪三十三年抄本）：先农坛在城北，正祠三间，东西配房六间，大门一间，坛一所，周以围墙，门外耤田四亩九分。

河北蠡县志（清光绪二年刊本）：先农坛，在北郭东北二里许……

江西宜董县志（清道光五年刊本）：先农坛，在县北通津门外麒麟阁左，雍正四年奉旨建设。每岁仲春亥日致祭。

江苏吴江县志（清乾隆十二年修石印重刊本）：先农坛祀先农之神，在北门外位字圩。雍正五年知县徐永祐奉部文建。

湖南长沙府志（清乾隆十二年刊本）：先农坛，在府城北门外，雍正四年建，神号曰先农之神，祭日奉部文季春亥日致祭，陈设与社稷坛同。

耤田亩数：清礼部颁文，规定治所东郊选择肥沃之地，由公款置办耤田四亩九分。事实上少则一亩、二亩，多至十二亩、十八亩，如：

广西新宁州志（清光绪四年刊本）：先农坛在东门外，国朝雍正五年遵式建并置耤田致祭器农具。祀田附：田一十八亩二分六厘六毫有奇。

河南光绪鹿邑县志（清光绪二十二年刊本）：先农坛在东门外里许，雍正五年立，坛前置耤田九亩四分，每岁仲春亥日知县致祭，率属官耆老农夫行九推礼。

河南商水县志（民国七年刻本）：先农坛……耤田五亩九分在坛前，祭毕，知县率属官耆老农夫行九推礼。

陕西同官县志（清乾隆三十年抄本）：先农坛……附坛地三亩有余。

陕西清涧县志（清道光八年抄本）：先农坛在南郭外……公田三亩七分。

陕西白河县志（清光绪十九年刊本）：先农坛一座，……耤田一亩，在坛侧。

山东莒州志（清嘉庆元年刊本）：先农坛……耤田一亩三分。

河北静海县志（民国二十三年铅印字重印本）：先农坛耤田十亩在县城东……

河北昌黎县志（民国二十二年铅印本）：先农坛，在城东南隅，耤田十二亩，清雍正年知县刘玉林置，今已归民间认垦。

河北乐亭县志（清光绪三年刊本）：先农坛……耤田地二亩零。

山西岳阳县志（民国二年刊本）：耤田坐落城北，与龙王庙相近，计地二亩五分。

营造时间：清礼部颁文，按照雍正帝旨意，要求地方自雍正五年始设立地方先农坛。事实上，有当年就设立的，也有次年，甚至其他年份，也有将耕耤田与祭祀先农之神分开确立的事例：

山西阳城县志（清同治十三年刊本）：先农坛，在县南一里，雍正四年知县彭景曾奉文买耤田，六年知县吴绍祚建坛、殿。

广西镇安府志（清光绪十八年刊本）：天保县先农坛在东门外芳山之麓，雍正九年知府孔传堂建。

广西马平县志（清光绪二十一年重刊本）：先农坛在城东南龙潭左，雍正六年建。

陕西白河县志（清光绪十九年刊本）：先农坛一座，有门楼，雍正六年奉旨发帑修建。

四川越嶲（jùn）厅志（清光绪三十二年铅印本）：先农坛……雍正七年卫守备孙之爵建。

甘肃西和县志（清乾隆三十九年抄本）：先农祠在县南门外，雍正八年知县马履忠建。

四川万县志（清同治五年刊本）：先农坛，在西关外二里，雍正十二年知县朱介圭建。

其他有趣的文化现象：个别地方的先农坛甚至别出心裁，除按照礼部所颁标准建造外，还建造诸如石牛、更衣亭等饶有趣味的建筑或点缀，甚至仿照京城先农坛搭建地方的观耕台。这些“另类”为本是严肃的国家典仪添进了富有地方民俗民风意味的元素：

广东儋（dān）县志（民国二十五年铅印本）：先农坛在城东里许，东坡祠之左旁，清末已颓圮，先农石碑及祠外石牛尚存……

广东嘉应州志（清光绪二十四年刊本）：先农坛在城北门外，东西八丈，南北十丈二尺，祠宇正堂一间，左右厢房各一间，更衣亭一间，大门一座……

河北涞水县志（清光绪二十一年刊本）：先农坛，在南关外，神祠三间，更衣房一间，农器房一间，拜台一座，大门一座，内藉田四亩九分。

云南黎县旧志（民国五年铅印本）：先农坛在东门外，正殿三间，左右厢房各一间，中建观耕台一座，周以垣墙，田一分，坐落高田。

从清雍正帝开始，有清一代以后的岁月中对先农之神炎帝神农氏的敬重，用耕祭并举、以耕代祭的方式体现为当时各级地方官员与中央一道劝稼农桑、重视农业民生的行为，达到中国古代专制社会中的极致，从社会主流意识形态的角度在当时平民百姓的思想上打上烙印。

今天，随着传统文化的复兴，先农炎帝神农氏祭祀又在一些地方重回人们的视线（如2014年春开始河北省井陉县恢复了模拟清代官祭先农之神的活动）。

清代地方官祭先农之神的文化价值在于，其不仅仅是一种祭祀仪式，更重要的是代表了国家对农桑民生的关注与身体力行的表率作用，这在现实社会中具有举足轻重的影响意义。这种礼仪不仅需要传承，更需要今天的人们从中认识到：自身生存环境的改变一定要符合基础国情，切不可盲目模仿不同自然环境下的人类行为，否则只会邯郸学步、贻笑后世。我们的基本国情之一就是人口大国，农业永远是立国的关键之本，没有农业的基础保障，其他百业则失根基。因此，先农之神祭祀的文化重要性，就是对农业作为根本性产业属性的永远关注，这个认识，有必要是全民的共同认识。

董绍鹏，北京古代建筑博物馆保管部主任，副研究员

◇北京古代建筑与京都寺庙

◎ 周桂钿

【摘　要】 2002 年 7 月 1 日至 2003 年 3 月 31 日，周桂钿先生到日本京都大学文学部任客座教授，一方面研究、教学，另一方面参加学术活动，接触了许多日本研究中国学的学者，了解了一些日本中国学研究的情况。同时，他对北京建筑与京都寺庙有了更为直观的感受和认识。他认为，北京与京都同为古都，却有很大差别。一是中国有改朝换代所造成大破坏，而日本天皇是万世一系的，只换代不改朝。另外，由传统向现代化转型时，日本在京都保留传统文化，在东京建设现代文化，这样保存传统文化就比较多。中国要在传统文化集中的北京建设现代文化，新旧融合、叠加，自然就要破坏一些旧的建筑，要辨证认识破坏与建设之间的关系。

【关键词】 北京建筑　京都寺庙　传统文化　现代文化

中国不断改朝换代，因此有“二十四史”。日本只换代不改朝，他们认为，天皇是创造日本国家的神的“万世一系”的子孙。这一差别，导致许多方面的不同。其中之一就是保存了许多寺庙和神社。

中国每一次改朝换代，都要经过激烈的战争。这种改朝换代的战争首先是对建筑物的破坏。秦始皇为了统一天下，修栈道，拆关隘，许多关就被拆掉了。项羽攻入咸阳，就放火烧了阿房宫，“烧秦宫室，火三月不灭”（《史记·项羽本纪》）。三个月的大火，究竟烧掉多少宫殿，真是无法统计！西汉建筑，王莽宫廷政变，得以保存。王莽失败，“赤眉遂烧长安宫室市里……长安为虚，城中无人行。宗庙园陵皆发掘”（《汉书·王莽传》）。人杀了，房烧了，墓掘了。东汉末年，董卓自为相国，迁都长安，“焚洛阳宫庙及人家”，“杀太傅袁隗、太仆袁基，夷其族”。董卓自为太师，“发洛阳诸帝陵”。这又是烧宫庙，杀人，掘陵墓。以后历代都是这样，杀人，烧宫殿，挖陵墓，成为改朝换代的传统节目。现在保存下来的只有佛教的石窟和壁画，还有一些没有被挖盗过的墓。至于宫殿，几乎没有保存的。唐代以前的建筑只剩下五台山上的两个殿：佛光寺和南禅寺。

一　北京的古代建筑

元明清三代的建筑，在北京还保留一些。徐苹芳说："中国历代的统治者在改朝换代的时候，出于维护皇权的尊严和迷信，往往是把前朝的宫殿和具有象征政治权力的建筑，彻底摧毁。如元朝灭南宋后，便彻底破坏了临安（杭州）的宫殿，在故址上建佛寺以镇压'龙脉'。元朝灭亡后，明朝对元大都曾派官员全面调查，萧洵《故宫遗录》便是这次调查的报告，这是在朱元璋洪武年间的事情。朱元璋分封其诸子为王时，便特别规定燕王朱棣不得以元大内为王府，燕王只能以元隆福宫改造为王府，当燕王朱棣发动'靖难之变'而获取帝位建都北京时，则下令拆除元宫，重建宫城和皇城，把象征皇权的皇极殿（清太和殿）压在元宫城崇天门之上，把元朝的后宫延春阁压在明朝御苑景山之下，全面改建了宫城和皇城。"① 中国人有一种爱屋及乌的观念，同样，恨人也会及屋。于是，推翻一个政权，不但要诛九族，还要捣毁他们所住的宫殿，烧毁他们所用的器物，挖掘他们的祖先坟墓，甚至想清除一切与他们有某种联系的所有东西。所谓"斩草除根"，所谓"扫地出门"，所谓"改地换天"，都包含这些彻底改变的意思。这种思想从汉代的一些典籍中就已经可以看到，例如董仲舒在对策中说："改正朔，易服色，以顺天命而已。……继乱世者其道变。"因此，"圣王之继乱世也，扫除其迹而悉去之"。改朝换代，后代都是说前代是乱世，不然的话，取而代之，就没有理由。既然是继乱世，就要扫除乱世的遗迹，全部清除干净。这就是后代不断清除的理论根据。当然由于社会的发展，改造旧宫殿也是势所必然。

除了皇家宫殿，北京也有很多宗教和民间信仰的庙宇。包括佛教的寺、庵、院、阁，道教的宫、观、庙，伊斯兰教的清真寺，萨满教堂子，西方天主教、基督教、东正教的教堂，民间信仰的关帝庙、土地庙、火神庙、龙王庙、真武庙、马神庙、虎神庙、东岳庙等。截至1929年的不完全统计，北京城内有各种庙宇1621座。最多的关帝庙和观音大士庵，各有一百多座。② 据《顺天府志》卷七所载，当时北京有113个寺，还有很多属于佛教

① 法国远东学院北京中心：《历史、考古与社会——中法学术系列讲座》第一号，徐苹芳《论北京旧城的街道规划及其保护》，2002年6月编印。

② 法国远东学院北京中心：《历史、考古与社会——中法学术系列讲座》第三号，李孝聪《北京城地域结构启示录》，2002年12月编印。

的院、阁、塔、庵，属于道教的宫、观。民国时期，有一些庙宇利用殿房较多的条件开办教育，教平民识字，承担了部分社会教育功能。1949 年以后，许多庙宇改作中小学校或者办了街道工厂。农村人口涌入城市，更多的庙宇被改成居民杂院，功能变了，这些庙宇的建筑还保存着北京传统建筑中最具文化特色的历史景观。但在旧城的改造中，传统建筑所受到的破坏就相当厉害。徐苹芳说："严重破坏大约有五次：一是拓宽开通东西长安街、拆除天安门前的千步廊和皇城墙、中华门（大明、大门）和棋盘街，兴建天安门广场、人民大会堂和中国历史·革命博物馆；二是拆除北京旧城内外城城垣和城门、箭楼；三是开通平安大道和金鱼胡同东口至遂安伯胡同的大街；四是在北京旧城内拆除古旧建筑兴建贵宾楼、东方广场和政协礼堂等一批高层建筑；五是在二十五片历史街区外大规模进行危房改造，大面积破坏北京内城所遗留的元大都旧街道。"（同上）革命、革新成为一种时髦的口号，对旧物着意加以保护，才是近二三十年的事。在 20 世纪 50 年代，虽然有少数像梁思成那样建筑专家一再呼吁，要保护北京城，但影响有限。近几年，还有一些市长以改造旧市容作为自己的政绩，以"拆除真文物，兴建假古迹"（温家宝语）作为任官一方的里程碑工程。

二　京都寺庙

与此相反，日本是天皇"万世一系"的，只有换代没有改朝。于是就没有中国这种大的破坏，许多建筑因此能够保存下来。第二次世界大战，由于梁思成的劝阻，美国人没有去轰炸京都与奈良，使日本这两个古都的寺庙和神社得以完好保存。京都有一个天皇的御所和两个离宫：桂离宫和修学院离宫。这些地方仍然是天皇的财产，外国游人可以免费参观。明治天皇迁都到东京以后，天皇就很少到京都来了，这些财产雇佣一些人为其经营。御所的围墙很矮，里面的宫殿也不多不大，与北京故宫博物院相比，显得很小气。主体建筑是紫宸殿，相当于中国北京故宫的太和殿。殿前是承明门，再向前是建礼门，西边是宜秋门，东边是日华门，门内有春兴殿。建礼门、宜秋门、日华门三门连起来的围墙，就是宫城围墙。后面有御内庭、常御殿、小御所、御学问所、清凉殿。清凉殿前有两丛竹子，一边是汉竹，一边是吴竹。我们参观的路线上所见到的就是这些。修学院离宫在京都市区的东北部，像承德山庄，在山边有一片地方，房屋不多。有的栽着竹林与松木，维修与管理，开支不小。有的土地租给农民耕种，有些收入。还有一个元离宫二条城，地方不大。内分两区：本丸御殿和二丸御殿。买六百日元的门票可以参观二丸御殿。二丸御殿有六栋房屋：白书院、黑书院、苏铁间、大广间、式台和远侍。最小的四间房，最大的七八间房。苏铁间只是养着苏铁树的走廊。这些都有走廊相连。远侍最大，屋顶有很讲究的金饰，屋内墙壁上画着虎、芙蓉等，是最壮观的地方，是当时将军接见天皇使者的地方。17 世纪初，德川家康将军开始营建，至今有四百年历史。丰臣秀吉曾在此活动，后于 1884 年交给天皇作为离宫。1939 年天皇又将它赐给京都市，第二年就向民众开放，可以参观。1952 年定为国宝，1994 年列入世界文化遗产。在京都还有不少零星的天皇墓地，散见于大街小巷。

皇家的地方不大，民间保留的寺庙和神社却很多。京都车站的东南方向有一个泉涌寺，寺内有按杨贵妃形象雕的观音菩萨坐像，称为“杨贵妃观音像”。那个殿就标明是“杨贵妃观音堂”。这个雕像是 13 世纪的作品。我们去寻找观音堂，走了几里山路，路旁一个寺庙接着一个寺庙，有灵明殿、丈六释迦如来、法音院、即成院、戒光寺、新善光寺、悲思院、善能寺、镇守社、云龙院、来迎院、今熊野观音寺、东福寺等。京都车站的东北方向有“三十三间堂”，里面有一千尊一米七高的观音像，排成一大片，相当壮观。还有一尊大的观音坐像端坐中央。在观音像的前面有二十八部众像，特别是雷神与风神，都是镰仓时代雕刻的精品，现在都列入日本国宝级文物。这大概也是日本独一无二的群体观音像。

往北不远有清水寺，因三股清泉水而得名。这水叫“音羽灵水”，据说饮了此水，会消灾增福，有的说会祛病健身。许多游客排队接此水饮用。接水的勺放在洞里用紫外线消毒。清水寺还有一个特殊的景观，就是几个大殿都是依山而建，从十几丈深的山谷中，立木柱接到半山腰，建成的大殿。大殿半悬空中。

京都最有名的可能要数金阁寺与银阁寺。金阁寺在西边，里面主要有一个刷金的金灿灿的小阁在水池中，很多游人都在那里照相，金阁寺及其在池中的倒影，很有特色。这个金阁就是鹿苑寺的舍利殿，是临济宗相国寺派的禅寺（在同志社大学旁边有一个相当大的相国寺），因为金色出名，俗称金阁寺。一般人只知道金阁寺，却忘了它的正名。这个寺与日本名僧一休禅师的父亲小松天皇有关系。小松天皇在六百多年前当政，相当于中国明代。这个金阁二层、三层贴上纯金的金箔，特别鲜艳。殿的三层上有金色的瑞鸟凤凰。三层是按中国的风格建造的，是日本室町时代有代表性的建筑物。1994 年列入世界文化遗产。这个阁名气很大，似乎还不是国宝。除此之外，其他内容不多，二十分钟就可以浏览一遍。银阁寺原名东山慈照寺。银阁原名观音殿。银阁寺里也有一个与金阁寺造型相似的阁，只是没有银色装饰。还有一个小房间，叫东求堂，是用桧皮葺建造的现存最古老的书院。这两个都是国宝级文物。还有用白色的沙堆成图案，有介绍寺中苔藓种类等。不用半个小时就可以出门。

银阁寺的旁边有一条哲学道，沿哲学道往南不远就是法然院。院中有一些文化界名人特别是京都大学知名教授的坟墓。在最高处，樱花树下有文学家润一郎的墓，还刻着两块石头，上面分别刻有润一郎手迹“空”与“寂”。还有被称为日本近代哲学开创者西田几多郎（1870—1945 年）的墓，以及河上肇夫妇、湖南内藤等名人的墓。

京都有很多寺庙和神社。说寺庙比民房多，也不算夸张。全京都有三千六百多处神社与寺庙，比北京最多的时候还多一倍以上。如果外国人到京都，每天参观一处，那么，要不间断地参观十年，才能看完。但是，这是数字计算出来的，大概还没有一个外国人这么实行过。实际上，有的神社很小，例如有一个名叫“八大神社”。我们以为八个大的神社，应该去看一下。走到那里，发现并不是八个大的神社，而是一个非常小的神社，名叫“八大”而已。它在京都市区地图上没有标名。它在京都北部一乘寺（一乘寺是地名，我们在那里没有找到叫“一乘”的寺），因为古代英雄人物武藏在那里比武而出名。当时（2003 年 2 月）日本电视台正在播放《武藏》的电视连续剧。看了电视剧的人都想去参观一下比武故地。不了解情况，许多神社都是大同小异的，看几个以后，就没有兴趣了。如果了解它的历史文化内涵，那就非常复杂了，也就不一样了。如果不了解神社的内容，只是看风景、建筑，那么，一天可看十个以上。在鸭川上游的贺茂大桥东头不及一平方里的地方就有四个寺，不用一个小时就可以看完。我们沿着一条小路走，一会儿就会看到一个寺庙或神社。第二次世界大战的时候，轰炸了日本东京，东京成了一片废墟。但是，不炸京都与奈良，因为那里的文物特别多，很多属于世界文化遗产，需要保护。

京都寺庙和神社多，高层建筑却比较少。在三条、四条与京都车站之间，拆了一些旧房屋，建了一些新高楼，一般也不超过十层。可以说京都保存了比较多的日本传统文化。

有一句俗语：“旧的不去，新的不来。”所谓新陈代谢，所谓吐故纳新，都是讲新旧更替。所谓革命，所谓革新，也都是这个意思。我们不能保存所有旧事物，也不能停止创造新事物。我们只能保存根据我们现在的认识认为是有价值的旧事物，不断创造现在需要的新事物。京都是日本一千多年的古都，确实有许多值得保存也应该保存的旧事物。但对于东京来说，要创建现代化大都市，要建许多高楼大厦，不能不拆除一大批旧建筑。有一些则是二战时期美国的飞机帮助拆除的。对于北京来说，要建设大国的首都、世界级大都市，不拆除许多建筑是不可能的。日本的京都与东京分别在两个地方，一个保留古都风貌，一个创建新型大都市。而在中国，有元明清三朝七百多年古都的北京与创建现代化大都市的北京重叠在一个地方。这就难免要拆除许多旧建筑，改造整个城市的总体面貌。这个整体面貌应该是新旧融合的有特色的大都市。一方面将故宫博物院、天坛、颐和园这些最有特色的建筑群保留下来，以及附近建筑要与之相协调。还保留一部分寺庙建筑如元代的古寺——白塔寺，比北京城还早的潭柘寺，代表藏传佛教的雍和宫，记载丧权辱国历史的圆明园遗址，还有世界奇观的长城，以及皇家陵墓的明十三陵。新建的人文景观有世界公园和大观园等。天安门广场雄伟壮丽，成为新中国的形象，每一个外国游客只要到北京，没有不到这里参观的，因为轰动世界的许多大事件都发生在这里。因此，为了建天安门广场而拆除的旧建筑也就得到更高价值的补偿。现在的北京城是中国传统文化的典型代表，也体现了中国现代化的最新风貌，应该说是传统与现代化的融合，也可以说是中国传统文化现代化的典范。

三 京都的环境

我们刚到京都，就会逐渐发现它的特殊性，环境的特殊性。

这是一个不算大的盆地，四面环山，南北长而东西窄，像一个大葫芦形状。北边山峦屏障，越过山峦去，就可以见到海。东边翻过一道岭，就是滋贺县，滋贺县有一个日本最大的内陆湖——琵琶湖，京都的自来水就是从琵琶湖引过来的。流经市中心的一条河叫鸭川。鸭川上游是两条大支流：东北方向的是高野川，西北方向的是贺茂川。下游汇到从岚山下来的桂川。桂川再与宇治川汇合。

我住在京都大学在修学院的国际交流会馆，在最北边。离松崎山很近，步行十分钟就到登山口。我们经常去登山。山上有一些人工修的道。道旁就是原始地带，好像没有人进去过。山上没有果树，也没有人们种的用材树，基本上都是自然生长的杂树。树下杂草丛生，树密的地方只有黑土和积得很厚的烂树叶。奇怪的是，很多松树枯死，好像是竞争的失败者。有的居民房在山边，用数米高的铁丝网隔开，人可以站在房间里，望窗外的原始森林，却不能过去。铁丝网更重要的作用是防止猴子过来骚扰居民。居民房与原始森林保持零距离。高野川有一支流是音羽川，我们沿着音羽川边的小路往上走，看到很科学的水利工程。小川底部都是用水泥铺成平的，隔几十米有一个落差，形成小瀑布形状。两岸也都是水泥构筑成，隔几十米扩大一点。扩大处与落差处一致。这样可以使洪水畅通和缓而不产生激荡。在比较高的地方，落差有几十米，形成人造瀑布。在落差的峭壁上，有高低不齐的几个出水口。下雨多，就有多个出水口同时泄水，很是壮观。平时水少，只有最下面的一两个口流出水来。落差的上面形成很深很小的水潭。在上游，为了防止山水直接冲入音羽川，都采取了固定地面的措施，有的植草皮，有的用网络罩住。从大到小的水渠，没有人向里乱扔杂物。偶然有人不注意，白色塑料袋被风吹到渠里去，有的风雨天，雨伞没抓住，也会被风刮到渠下去。我们可以看到渠里有一些杂物，量很少，基本上保证清洁。我们偶尔也看见有年轻人主动做义务劳动，到渠里捡拾要物，清除垃圾。因此，我们看到河渠和小沟里的水都是清的。

音羽川的清水流到高野川，也是清的。鸭川的水还是清澈见底。这些河渠长着很多水草，有的还长着成片的芦苇。川边的岸上种着一排老樱树，几十里长。春天樱花盛开时，白茫茫绵延几十里，何等秀丽壮观！我在高野川上看到有五条红鲢鱼即胖头鱼，自由自在地游来游去，还有一些小鱼，成群结队，忽左忽右，忽停忽游，嬉戏水中。好像日本人不吃这些鱼。商店里只卖海鱼，没有卖胖头鱼、草鱼、鲢鱼之类的淡水鱼。公园水池里有很多大鲤鱼，有白色的、红色的、灰色的，大的有十多斤重。那是人们养的，自然没有人去捞。河渠里的鱼不是养的，也没有人去捞。因为有这些鱼类，保证了吃鱼的鸟类正常生活。高野川、鸭川都有很多鸟类，如鸳鸯、白鹭、鹤、鸽子、鹰等，有二十多种。这些鱼与鸟，给游人带来很多乐趣，这也是很好的自然风光。如果没有这些动物，人类将会多么孤单！

一个现代化的富国的大都市，没有太高的楼，一般不超过十层。就是七八层楼房也不很多。高楼集中在京都车站以北的三条四条那些繁华区。我登上京都大学文学部新楼最高八层，向东西北三方看去，可以说就是居高临下，一览众山小。只见几处有高楼，多数是小别墅。从京都大学以北的那一大片地方，直到北边的松崎山前，很少高楼，偶尔可以看到一两座公寓是五六层的，多数是两三层的别墅、居民住宅。我骑自行车从京都大学本部到松崎山边的国际交流会馆，二十分钟的路程，经常可以扭头看到东西两侧的青山。有时步行，这段路需要四十多分钟。我们还经常惊奇地发现，就在居民区中间偶尔有一小块地（几分地）种着水稻或者蔬菜，地边往往是杂草丛生，从来不使用农药与化肥。一般地说，种这一点庄稼和蔬菜，只能供自己家庭消费，没有多少可卖的。

几乎每家每户都有自己的一点小花园小天地种着树、花、草皮。有的种着果树，如柿子、橘子、柚子，这些果树是装点生活的，不是为了吃水果。因此，他们所有的果树结的果都不摘，柿子熟透后，有鸟来吃。那些柚子，鸟吃不了，挂在树上，过了一整个冬天，还是那样在绿叶的映衬下发着橙黄色的光芒。家庭栽树与山上的树不一样，山上要保持自然状态，而家庭的树则大加修剪，似乎是主人境界和艺术风格的体现。很多树都进行造型修剪，一般不让树冠过大，让它们各占一小点空间。有的围墙是种很多山茶花树构成的。一年中绿色不减，而且在大雪天也还有红花绽放。

一早出来，可以看到路边堆着一些装在塑料袋里的垃圾。有垃圾车沿途将垃圾收走。经常可以看到路边有一牌子，上写水曜日或土曜日来收垃圾。就是告诉居民在那一天可以在这里放置垃圾。人多的地方每天收垃圾。垃圾定点、定时和分类处理，对于保护环境也是非常有意义的。有的地方，早晨放垃圾，其中有苹果皮、剩面包等，乌鸦下来，扒开塑料袋，找食物，结果很多垃圾撒在路边，还需要周围的居民多打扫一次。乌鸦个大，而且多，在城里经常成群结队地飞来飞去，扰民的情况是有的，但没有人责怪它们。听说，乌鸦还会叼核桃放在十字路口红灯停下的汽车前面，让汽车碾破核桃壳以后，它们再下来吃核桃肉。它们掌握了汽车运行规律，从来不会因为吃核桃肉而发生车祸。

说到交通，只有干线上用红绿灯指挥着汽车的运行。汽车看到绿灯，就大胆行进，有的轻骑则飞奔而过。自行车只能在旁边很窄的人行道上走。在居民区里的小巷是自行车的天下，汽车一进入那些地方，就非常小心谨慎，处处让着行人与自行车，到路口都要先停下，看两边都没有行人与自行车时才小心慢行通过。各行其道，车祸就比较少。汽车比自行车多。但是，最近因为经济不太景气，有些人有汽车也不上路，宁可骑自行车出门，既省汽油，又省停车费，还可以减少汽车尾气对空气的污染。

周桂钿，北京师范大学教授，博士生导师，现任中国政法大学国际儒学院副院长

◎浅谈衍圣公夫人服饰

——以六十四代衍圣公夫人为例

◎ 陈雨潇　张宏达　吴炜

【摘　要】孔府自东周以来一脉相传，地位显赫，是历史上屈指可数的名门望族。作为儒家文化的践行者和守护者，孔氏家族对皇权赐予的荣誉格外珍视，因此历代衍圣公对御赐服冠收藏妥帖，传承有序、没有中断。从这些遗珍中我们可以窥探以衍圣公为代表的公侯阶层遵循的礼制传统，也能触及和服饰相关的百工技艺与美学观念。

【关键词】衍圣公夫人　服饰　头冠　点翠

一　华夏文化中的衣冠之治及衣冠的重要性

1. 什么是衣冠

衣冠这一词在现在的理解，是衣服和帽子。这在字面上讲是正确的，他们确实是指这些人类用来遮掩身体、通过载体用的布料（如棉布、丝绸、天鹅绒、化学纤维涤纶麻等）等材质做成的各种样式的遮挡物。这些物品在最初，对于人类的发展，有着举足轻重的作用，而且不论中外它们最初的作用也是同一的，都是经历从保暖到遮掩身体再到其他作用的发展过程。

冠在“衣冠”这一词中有着自己的指代，它并不是衣服的附属，虽然在产生之初，无论是作用，或者材质，乃至开始的发展路径都是相同的。他们可以被看作一而二的整体。但他们的物化体现却是截然不同的两个个体。

衣冠在经历了发展的最初阶段后，往往和其他物品一样，也会逐渐地显露其文化意味。对于与“中国”同义词“华夏”，《尚书正义》曰：“冕服华章曰华，大国曰夏。”《左传》定公十年疏云：“中国有礼仪之大，故称夏；有章服之美，谓之华。”证明这时衣冠所表述的意义已经偏向了中华民族的荣耀。直到当代以前（改革开放以前），吃饭一直是中华民族的头等大事，几千年处于吃不饱吃不好的状态，生产力和生产技术的矛盾一直存在。

这里的衣，主要应该理解为蔽体之物，也可以狭隘理解为蔽体遮羞之物，不是后世华冠之美的周代衣冠之衣。

因此，早期的衣是极简单的蔽体之衣，主要的生存矛盾还是吃饭问题。

2. 衣冠等级管理制度

《白虎通·衣裳》记载："圣人之所以制衣服何？以为絺绤蔽形，表德劝善，别尊卑也。"就等级制度而言，这个自古就流传下来的制度，纷繁复杂。汉代贾谊曰："故古者圣王制为列等，内有公卿大夫士，外有公侯伯子男，然后有官师小吏，施及庶人，等级分明，而天子加焉，故其尊不可及也。"（《新书·阶级》）伴随这种制度的出现，直观分辨等级的方法也随之产生，随着社会经济文化的发展而不断地改变。

观察一个人的装扮，一般都会从头看起。所以等级的分辨也离不开头部的各种装束，这些头部装束无论是冠，或者头饰，全都是衣冠等级管理制度的重要组成部分。《晋书·舆服志》载"加金珰，附蝉为饰，插以貂毛，黄金为竿，侍中插左，常侍插右"，蝉纹金珰，就是可以进入内廷，接近皇帝的通行证，这种等级制度下的产物，在功能与美观上也有比较好的均衡，以至于宫中的女官以及官员的妻眷也有佩戴。

3. 衣冠中反映的文化内涵

《礼记·大传》中说"立权度量，考文章，改正朔，易服色，殊徽号，异器械，别衣服"。这些都是新政权诞生之初最重要的以区别旧政权的内容。所谓"文物煌煌，仪品穆穆。分别礼数，莫过舆服"《南齐书·舆服志》，衣冠被置于非常崇高的地位，又将其作为尊卑礼数的重要依托。

而如果单论衣冠两项的先后不难看出，冠的地位要略高于衣服，更提出了"冠者，礼之始也"（《礼记·冠义》）的说法。因此才有了与"冠"相关的"冠礼"，作为一种仪式，它具有十分特殊的意味，作为成年的重要标志物，是"礼"之观念物化的体现，更提出了"古者冠礼筮日筮宾，所以敬冠事，敬冠事所以重礼，重礼所以为国本也……是故古者圣王重冠，重冠故行之于庙"（《礼记·冠义》）的说法。

二　衍圣公家族对华夏衣冠制度传承保存的贡献

1. 家族脉络清楚

作为中国从东周至今，唯一个记录翔实且传承有序的古老家族，两千五百余年所积累出的各种历史记载就是一个十分有价值的宝藏。这种家族式的记录，可以系统地反映不同朝代的变迁与兴替，也可以使后人得知某一朝代不同时期的衣食住行等各方面的信息。因而在孔府中所保留的历代衍圣公和衍圣公夫人的画像成为了解历代服饰的罕见的图画资料。

2. 资料文物保存完整

自六十一代衍圣公孔弘绪衣冠像到七十六代衍圣公孔令贻衣冠像，跨越明清二朝，共有十五代衍圣公，衍圣公夫人也历经十五代。他们享受皇权赐予的荣耀，也享受珍玩瑰宝和华美衣冠。在曲阜的府第中，如今仍留存部分明清两朝衍圣公夫人冠服。我们现在能见到的比较完整和华美的明清服饰基本为出土的随葬品，比如北京定陵出土的万历皇帝龙袍、金丝翼扇冠、十二龙九凤冠等。像孔氏家族成体系保存相对完好的传世衣冠极为罕见。由于这些传世衣冠的存在，使我们能勾勒出比较完整的明清衣冠乃至礼服衣冠的形制。作为儒家文化的践行者和守护者，孔氏家族对皇权赐予的荣誉格外珍视，因此历代衍圣公对御赐服冠收藏妥帖。我们在数百年后仍能一睹服冠真容就得益于这种稳妥收藏。

三 以衍圣公夫人为代表的诰命夫人衣冠

孔府自东周以来一脉相传，底蕴丰厚、地位显赫、府库丰盈，是历史上屈指可数的名门望族。

《明史·职官志二》载：“衍圣公，孔氏世袭，正二品。袍带、诰命、朝班一品。”自西汉董仲舒提出“罢黜百家，独尊儒术”的思想后，儒家就走进统治者的统治系统之中。因此孔子在历代深受儒家思想影响的文官集团中有着独特的地位，故而孔子的后世族长也拥有着普通文官所没有的荣耀。衍圣公虽无权柄但仍被推为文官之首，明景泰年间以二品官位，赐蟒袍玉带，此后历代作为惯例。

中国古代历史中男子被封也会荣及妻母，荫及子孙。这种对妻母的封赏被称为诰命夫人。最早在战国的《国语·鲁语下》中又记载：“命妇，成祭服。”韦昭注：“命妇，大夫之妻也。”唐代陈鸿的《长恨歌传》：“每岁十月，驾幸华清宫，内外命妇，熠耀景从。”《新唐书·礼乐志五》也有“皇后初采桑，典制等各以钧授内外命妇。皇后采桑讫，内外命妇以次采，女史执筐者受之”的记载。可知命妇分为内命妇和外命妇。

内命妇是指皇室的皇后、皇太后、太皇太后和尚未婚配的公主、长公主、大长公主，以及宗室之母与正妻以及经过正式册封的嫔妃等。

外命妇，也就是前文中所说的诰命夫人，指的是已成婚的公主、长公主、大长公主等，和所有经过皇帝敕封爵位的官员之母或者正室（有些时候侧室也能被敕封为外命妇，会有人数上的限制），也有后妃除生母以外的女性直系长辈（如养母、祖母、从祖母等）受到敕封的现象。除去公主以外，被敕封为外命妇身份的女子，其品级会与丈夫之官衔品级一致，如《明史·职官志》记载“外命妇之号九：公曰某国夫人，侯曰某侯夫人，伯曰某伯夫人，一品曰夫人（后称一品夫人），二品曰夫人，三品曰淑人，四品曰恭人，五品曰宜人，六品曰安人，七品曰孺人。”当然也有像衍圣公家族这样的特例，明代衍圣公为正二品。但袍带、诰命、朝班均是一品。①

孔氏家族的嫡系子孙世袭了衍圣公的封号，其夫人和母亲也会受到相应品级的敕封，享受相应品级的待遇与特权。明永乐八年（1410 年），明成祖朱棣在敕封五十八代衍圣公孔彦缙的同时一并敕封其母五十七代衍圣公孔公鑑之夫人胡氏。《敕封孔公鑑及夫人胡氏制诰碑》中写道：“朕惟人子之贤，虽本于父，而资于母德亦深矣。故国家之于群臣，皆有推恩之典焉。尔胡氏乃故袭封衍圣公公鑑之配，而今彦缙之母。妇道母则，不忝于圣人之后。兹特封为太夫人。益茂训慈，以裕尔嗣。钦哉！”由此而知，胡氏不仅获得过世袭第五十七代衍圣公夫人的诰命与相应的衣冠袍带，而且因其子孔彦缙被敕封了“太夫人”封号并享受相应尊荣。

诰命（太）夫人是对衍圣公妻母的敕封，她们的品级、衣冠形制与衍圣公相当。

明代诰命夫人衣冠式样是华夏服饰文化中独立的、特色鲜明的一套体系，是其身份乃至家族荣耀的体现。由于诰命夫人是古代女性中的一个有着特殊地位的阶层，她们的冠服既区别于皇室的内命妇，也不同于一般的庶民百姓。较寻常百姓而言，其衣冠材料会采用更精细的昂贵的面料，描绘织绣更高级的纹样，搭配更珍贵稀有的配饰。寻常没有品级的妇女是被禁止穿戴命妇服饰的。品级低的命妇也不能穿戴更高一品级的命妇服饰，否则就是逾制。相比后宫嫔妃，一些形制的款式、颜色与纹样也是不被允许使用的。诰命夫人是女性中的一个特殊阶层，其服饰式样自成体系。

而选择圣公夫人更是这个体系中的代表性人物，在文官之首与圣人后人的身份约束下，对于衣冠制度执行的制度也更加重视。

四 明代诰命夫人衣冠制度及解构分析

历代对于诰命夫人服装有着严格的要求与规格，而且随着朝代的更迭或者场合的不同，服装形制也会有所不同。衍圣公的封爵与夫人的受封仪式，都需穿冠服接受庆贺，衍圣公大婚、续娶以及衍圣公与夫人的寿辰等，都要根据不同场合穿着不同类型的服饰。

① 《明史·职官志二》载：“衍圣公，孔氏世袭，正二品。袍带、诰命、朝班一品。”

具体而论，衍圣公夫人冠服可以划分为礼服和常服两类，都是在非常隆重的礼仪场合使用。明朝规定，凡衍圣公夫人入内，朝见君后，在家见舅、姑、并夫及祭祀、则穿礼服。

常服即燕居时穿着的服饰。各品级官员夫人依朝廷所定制度与各自丈夫的官级，制作相应的冠服。朝廷所颁布的诰命夫人服饰制度，也会随当时的政治、经济、文化等因素的不同而有所变化，诰命夫人冠服也随丈夫品阶变化有所差别。

孔府旧藏的赭红凤补女袍、绿罗织金凤纹女袍都是诰命夫人礼服。

本文以历代衍圣公及夫人冠像中出现的衣冠为依托，结合孔府衣冠收藏，阐述诰命夫人画像中的礼服衣冠的样式与纹饰。

1. 明代衍圣公夫人冠服形制

服饰礼仪明承宋制，与此同时明朝冠服也吸收了一部分蒙元时期的特点。朱元璋建立明朝之后，由洪武元年就开始制定新的服饰制度。但是元朝统治了将近一百年的时间，已经没有人拥有宋代的记忆，宋朝的典籍图册散落各处，亦不是短时间内可以搜集整理完全的。因此明代的冠服没有完全的复原宋代冠服，而是考据前朝所留下来的典籍图册。所以，有一些穿着较为舒适并且较为实用的服饰，即使宋时没有也被保留了下来。比如曳撒和比甲。明代命妇的服饰制度是逐渐确立的，经历了洪武四年、洪武五年、洪武二十四年、洪武二十六年四次修改。而后，永乐、嘉靖年间又进行了一些调整，命妇的服饰制度才正式确定。

在洪武二十六年之后，命妇的冠服制度就基本定形。其服饰由衫、霞帔、霞帔坠子、褙子以及冠组成。不同品级命妇由大袖衫的材质、霞帔的花纹、坠子的材质、褙子胸前的绣纹和冠饰的装饰来区别。

2. 六十五代衍圣公侧室陶夫人礼服

《明史·职官志二》载："衍圣公，孔氏世袭，正二品。袍带、诰命、朝班一品。"明景泰年间赐蟒袍玉带，此后历代作为惯例。因此自景泰年以后，衍圣公夫人的礼服服装均以蟒袍的形象出现。

孔府的旧藏服饰中出现过一件褰色盘金绣蟒袍，此袍款式为立领对襟式，虽与"六十五代衍圣公侧室陶夫人衣冠像"中的袍服有些许差异，但我们也可以从传世文物中了解明代女蟒袍的一些风貌、特点。

明代命妇所穿圆领袍（六十五代衍圣公侧室陶夫人衣冠像中所绘为圆领袍）左右开裾无摆。蟒袍，又被称为花衣，因袍上所绣蟒纹而得名。明沈德符《野获编》记载"蟒衣，为象龙之服，与至尊所御袍相肖，但减一爪（趾）耳……凡有庆典，百官皆蟒服，于此时日之内，谓之花衣期。如万寿日，则前三日后四日为花衣期”。

图 1 明代裹色盘金绣蟒袍①

在《孔子像衍圣公及夫人肖像》② 中收录了“六十一代衍圣公二室江夫人小像”“六十四代衍圣公侧室张夫人衣冠像”“六十五代衍圣公侧室陶夫人衣冠像”（图 2）三位明代衍圣公夫人。除六十一代衍圣公江夫人外，其他两位夫人均为头戴翟冠身穿蟒袍的盛装像。

3. 六十五代衍圣公侧室陶夫人礼冠溯源及解构

张氏、陶氏两位夫人头戴点翠礼冠。此种礼冠历史悠久，其原形可追溯到汉代。《后汉书·志第三十·舆服下》中记载“太皇太后、皇太后入庙服……剪牦蔮，簪珥。珥。耳珰垂珠也。簪以玳瑁为擿，长一尺，端为华胜，上为凤皇爵，以翡翠为毛羽，下有白珠，垂黄金镊。左右一横簪之，以安蔮结。诸簪珥皆同制，其擿有等级焉。”我们从“六十四代衍圣公侧室张夫人衣冠像”“六十五代衍圣公侧室陶夫人衣冠像”（图 2）可以看出服饰规制调整后被确立的样子。

在画像中可以看到，“六十五代衍圣公侧室陶夫人衣冠像”头戴七翟冠，这种冠是明代命妇的礼冠。《明太祖实录》中记载公侯伯及一品夫人：“冠用金事件，珠翟五个、珠牡丹开头二个、珠半开三个、翠云二十四片、翠牡丹叶一十八片；翠口圈一副，上带金宝钿花八个；金翟二个，口衔珠结二个。”

画像显示在冠上左右两面各插有立体的金翟一只，金翟是运用花丝镶嵌中的累丝工艺制成。累丝工艺是我国最早的珠宝首饰制造技术工艺之一，是金属工艺中为最为精细的工艺。其利用贵金属良好的延展性，将金、银、

① 山东博物馆：《孔府旧藏服饰》图册，山东博物馆出版社 2012 年版，第 42 页。

② 山东省曲阜市文物管委会编：《孔子像衍圣公及夫人肖像》，山东友谊书社 1987 年版，第 26 页。

图 2　六十五代衍圣公侧室陶夫人衣冠像

铜拉成丝，然后运用攒、堆、累、编、织、焊等技法把它们搓捻成花丝或编织成各种网状结构，再组合、焊接成精美华丽的形态，其间也可以镶嵌、辑挂各色宝石。立体的累丝作品难度极大，需要经过一个叫“堆灰”的工序。所谓“堆灰”，即把炭研成细末，用白芨草熬制调和作为可塑材料，塑成人物或飞禽走兽等形象，然后再在上面进行累丝，用焊药焊连，最后用火把里面的炭模烧毁，就完成了玲珑剔透的精美立体艺术品。花丝镶嵌工艺最关键的技术在于金属丝的制作。黄金在金属中延展性最好，高纯度的黄金可拔出极细的丝，据说 1 克黄金可以拔成不少于 1500 米长的金丝，可谓是鬼斧神工。花丝镶嵌工艺在明代的使用十分广泛。大到摆件，小到首饰或小器物，都能看到花丝镶嵌工艺的身影。

在衍生公夫人头上出现的金翟与冠身并非一体。其作用是用来把七翟冠固定在头上的。其具体造型可以参照湖北钟祥明梁庄王墓出土的金凤簪①，这对金凤簪属于王妃魏氏（景泰二年薨）。明代亲王王妃礼服用九翟冠，冠上

① 梁柱：《梁庄王墓 5000 件珍宝出土——明定陵以后的最大发现》，《文物天地》2002 年第 1 期。

有金凤一对，口衔珠结，两件凤簪的凤嘴处留有穿孔，用来衔挂珍珠编成的“珠结”，簪首为镂空立凤和祥云，云下接簪脚。从孔府旧藏的衍圣公夫人画像上看，所带翟冠与出土的明梁庄王妃魏氏所拥有的金凤赞非常类似，有很大的参考价值。

图3 衍圣公夫人翟冠

衍圣公夫人翟冠的“翟”的形象，原型为翟鸡，在华夏大地真实存在的飞禽形象中，地位之高莫过于华虫，即翟鸡。这种翟鸡地位之所以高，与中国的五德说有很大关系。翟鸡是一种色彩鲜艳的鸟类，刚好包含传统意义的五色，即青、赤、黄、白、黑，对应了五行的木、火、土、金、水。而五行与儒家的五常相对应：“东方者木，农之本，司农尚仁……南方者火也，本朝，司马尚智……中央者土，君官也，司营尚信……西方者金，大理司徒也，司徒尚义……北方者水，执法司寇也，司寇尚礼”（《春秋繁露·五行相生》），即礼、智、仁、义、信。在众多的寓意赋予下，翟的形象成为诰命夫人的冠上重要组成便顺理成章。

每只金翟口中有衔挂珍珠编成的“珠结”。珠结悬挂在金翟口中随时可以拆卸，这种珍珠穿成各种形状的精美装饰，古代称为“挑牌”，与流苏、璎珞为同一类的装饰，其最基础的组成就是华丽的串珠，也会用各色宝石坠子相点缀，可成排悬挑，亦可作为钿口、簪头的装饰。这种“挑牌”的制作工艺称为“辑珠”，是挑选细小珍珠或宝石珠子经过复杂组合排列穿辑而成，精致而又华美。翟冠正面边缘位置，有五只珠翟。这五只珠翟就是冠名称的由来。珠翟头向中心，以弧形排列于冠上，在冠的中心位置有双层花瓣的牡丹造型。翟与牡丹均是使用了辑珠工艺。可见辑珠工艺在冠上的应用面积相当巨大，珍珠的用量也非常多。在古代，人工养殖珍珠贝的技术没有产生之前，珍珠因为寻找不易和采摘不便，导致了珍珠产量稀少，因而价格极高，所以珍珠的大量运用也标志了翟冠本身的价值也非常之高。

除冠上大量使用珍珠外，还大量应用了点翠工艺，在冠边缘用点翠工艺贴出，云形花片二十四片，珠翟以点翠叶子形花片间隔，翠叶一十八片。点翠工艺是以金、鎏金的金属或经加工的纸制作成图案各异的底胎，再在底胎上装点上翠鸟的羽毛，通过金属或纸工艺和羽毛工艺的结合从而制作成首饰、器物等。经过本文作者多年传习和实践经验，以及走访传承性较好的点翠匠人与家族式点翠匠人的工艺相印证，翠鸟的羽毛并不是像坊间传闻那样被活拔下来的，而是用死去的翠鸟，先将其皮毛整体进行脱脂脱水及灭菌处理，然后再取下所需的羽毛进行点翠的工艺流程部分。

冠最下部有金口圈一副，配合金簪两个，这两个金簪为压鬓钗，又称宝钗、倒钗。簪脚较寻常簪脚要长一些，整体背部略微弯曲，形成一定弧度，插在翟冠底部左右两侧，用来固定整个翟冠，通过下面两根金簪与上部两只金翟的固定，翟冠就可以被牢固地佩戴在头部。

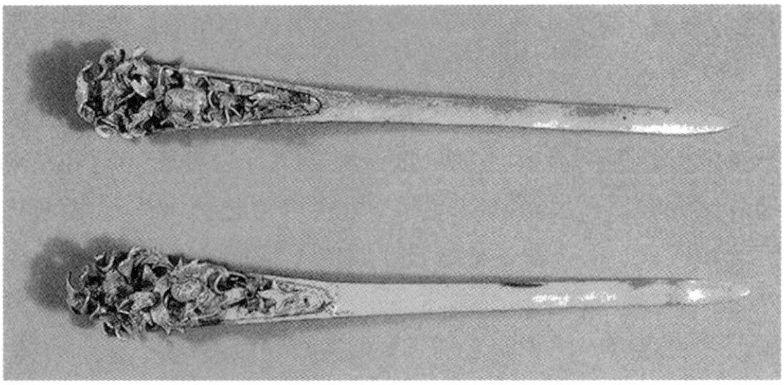

图4　南京太平门外板仓出土明代婴戏牡丹纹金压鬓钗

图4为南京太平门外板仓出土明代婴戏牡丹纹金压鬓钗①，我们虽不知六十五代衍圣公侧室陶夫人压鬓簪的细部特征，但综合资料与出土文物，我们能大致推测出六十五代衍圣公夫人压鬓簪的样子。

① 参见杨之水《古诗文名物新证（一）》，紫禁城出版社2004年版，第175页。

总 结

孔氏家族在中华民族的历史长河中有着显赫的地位和厚重的文化积淀，其珍藏的图文资料及丰富的文物中以明代文物最为丰富精美，给我们研究明代冠服制度、形制、流行风尚、审美趋势、工艺制作提供了重要的依据，也从侧面描绘了明代的政治、经济、文化、社会的图景。从这些遗珍中我们可以窥探以衍圣公为代表的公侯阶层遵循的礼制传统，也能触及和服饰相关的百工技艺与美学观念。

陈雨潇，孔庙和国子监博物馆办公室，助理馆员
张宏达，北京抱朴永续教育咨询有限公司，工艺部主任
吴炜，北京抱朴永续教育咨询有限公司，教育部主任

◇从《牡丹亭》看《诗经》对明清女子教育的作用

◎ 林晗

【摘　要】本文从《牡丹亭》的文本出发，从认知教育、情感教育、道德教育的角度，分析了《诗经》在古代，尤其是明清两代女子教育中的重要作用。

【关键词】《牡丹亭》　《诗经》　女子教育

中国古代的教育源远流长，遗憾的是，孔门弟子虽有三千之众，却没有一个女子。这样看来古代女子的教育问题似乎乏人问津。但实际上，古代的贵族女子也有一套"内训"，专门用来教导和约束女子的道德和言行。古人对此并非轻率处之，在司马迁的《史记·外戚世家》中，有这样一段论述：

> 自古受命帝王及继体守文之君，非独内德茂也，盖亦有外戚之助焉。……故易基乾坤，诗始关雎，书美釐降，春秋讥不亲迎。夫妇之际，人道之大伦也。礼之用，唯婚姻为兢兢。夫乐调而四时和，阴阳之变，万物之统也。可不慎与？①

此处，用《易经》《诗经》《尚书》《春秋》等儒家经典，阐述了夫妇人伦的重要作用；《孔子家语》中也指出了"三代明王，必敬妻子"② 的观点。如此看来，儒家对女子的教育并非不重视。

女子的教育从何而起？大约可以追溯到东汉班昭所著的《女诫》。《女诫》作为早期的女教读本，在内容上重视女子的道德教育。但是，女子的

---

① （汉）司马迁撰，（宋）裴骃集解，（唐）司马贞索隐，（唐）张守节正义：《史记》，中华书局 2015 年版，中册第 1540 页。

② （三国魏）王肃注：《孔子家语》，钦定四库全书影印本，中国书店 2018 年版，第 34 页。

地位既然关系到宗族人伦，其修养也不会仅在单一的道德层面，较高的修养和深厚的底蕴也是贵族女子必不可少的教养。《红楼梦》中，一众才女结社作诗，其诗作亦各有千秋，则是明清时期才女文化的展示。探春在拜帖中写道：

> 今因伏几凭床处默之时，因思及历来古人中处名攻利敌之场，犹置一些山滴水之区，远招近揖，投辖攀辕，务结二三同志盘桓于其中，或竖词坛，或开吟社，虽一时之偶兴，遂成千古之佳谈。娣虽不才，窃同叨栖处于泉石之间，而兼慕薛林之技。风庭月榭，惜未宴集诗人，帘杏溪桃，或可醉飞吟盏。孰谓莲社之雄才，独许须眉，直以东山之雅会，让余脂粉。若蒙棹雪而来，娣则扫花以待。①

实际上，《红楼梦》里反映的这种女子们集会、结社的文化活动，在明清时期，尤其是江南地区还是比较常见的。更不必赘言李清照、朱淑真等女诗人，至今留有诗文传世。清代学者章学诚在《妇学》中指出：“古之贤女，贵有才也”，正是将“贤”的道德标准与“才”的文化标准放在一起来考量。可见，女子的文化教育也是中国传统女教当中重要的内容之一。

中国传统的教育思想中历来非常重视“诗”的学习。孔子曰“不学《诗》，无以言”②。因此，儒家经典中从最初的“六经”，经过千余年的流变，到最终形成的最为完备的“乾隆石经”（十三经）中，始终保留了《诗经》作为历代学子必读的经典文献。女子的教育内容固然与男子不同，但也受到了相同的社会环境影响，对《诗经》的学习也是不可或缺的。有学者考证明清两代的相关文献，有多处提到了女子对《诗经》的学习：

> 明代如仁孝文皇后许氏自称：“吾幼承父母之教，诵《诗》《书》之典”；端淑卿“幼从父宦邸，日读《毛诗》《烈女传》《女范》诸篇”；叶小鸾“夙慧，儿时能诵《毛诗》《楚词》，（其养母张）倩倩教之也”。清代如毛奇龄妾张曼殊“好诵《毛诗》，每诵三叶，后以卧病罢诵”；陈珮（字怀玉）“淑慧，五岁，母（程宜人）教读《内则》并大母江恭人手校《女诫》。七岁，熟《毛诗》，识声韵”。③

① （清）曹雪芹：《红楼梦》，人民文学出版社 2008 年版，第 486 页。
② 杨伯峻、杨逢彬注译：《论语》，岳麓书社 2018 年版，第 211 页。
③ 谢雍君：《〈牡丹亭〉与明清女性情感教育》，北京时代华文书局 2015 年版，第 80 页。

在古代的文学作品之中，涉及女子的文化修养的文献并不在少数，但是，对女教的内容和过程有比较详细的描述，且为读者熟知的文献却并不多。明代汤显祖的《牡丹亭》中描写了杜丽娘“闺塾”的具体情境，又因昆曲的传播使其为大众熟知。总体上说，《牡丹亭》对“闺塾”相关情节的描写具有一定的代表性，也有学者做出了考证：

> 第七出《闺塾》对陈最良教课过程的描写中，人物的动作、念白都经过戏剧化处理，已不是现实生活的印板式重现。但是艺术源于生活而又高于生活，我们可以认为，《闺塾》出是明清时期塾师坐馆教学的投影，有一定的现实代表性。因此，分析《闺塾》出所描述的女性教育的教育过程、教育内容、教育结果就具有一定的典型意义。①

因此，本文拟以《牡丹亭》为例，分析《诗经》在女子教育中起到的不同层次的作用。

一　“人禀七情，应物斯感”
——《诗经》的认知教育

（一）《诗经》中的认知内容

孔子曾教导自己的儿子孔鲤：

> 小子！何莫学夫诗？诗，可以兴，可以观，可以群，可以怨。迩之事父，远之事君。多识于鸟兽草木之名。②

这里孔子所说的“诗”是特指《诗经》的。孔子认为《诗》有兴观群怨的功能，对侍奉父母和辅佐君王都有重要的作用。即使不考虑大的方面，至少还可以了解草木虫鱼的名称，起到常识教育的作用。单就这一点论，就是言明了《诗经》为常识性的认知和启蒙教育提供了素材。

在这方面，《牡丹亭》只是做出了大致的概括，描述较为简略，但也体现出了“闺塾”不同于男子教育的特点：

> 论《六经》，《诗经》最葩，闺门内许多风雅：有指证，姜嫄产哇；不嫉妒，后妃贤达。更有那咏鸡鸣，伤燕羽，泣江皋，思汉广，洗净

① 谢雍君：《〈牡丹亭〉与明清女性情感教育》，北京时代华文书局2015年版，第78页。

② 杨伯峻、杨逢彬注译：《论语》，岳麓书社2018年版，第218页。

铅华。有风有化，宜室宜家。①

这里涉及的几个篇目，《生民》记述的是女性始祖的典故；《螽斯》等本是爱情故事，被解释为女德的典范；《鸡鸣》《燕燕》《汉广》等篇讲述的是新婚、送别、思念等女性常见的柔婉情感。从内容上看，闺塾中对《诗经》中篇目的选择贴近女子的生活，因此并没有《无衣》《采薇》等边塞征伐的题材，也不涉及《硕鼠》《伐檀》等政治讽谏的题材。若用原文来概括，就是“闺门风雅”。

本文认为，“诗”的认知内容不仅是知识性的认知对象，也包括了“怨而不怒，哀而不伤”的美学教育。杜宝为女儿延请名师，明言“不求闻达”，为的是“他日嫁一书生，不枉了谈吐相称”。用“诗教”引导女子形成“温柔敦厚”的良好性格和人格修养是女子接受教育的重要目的。因此，在讲述的过程中，也没有按照“观”（体察民情）、“群”（社会交往）、“怨”（讽谏君王）的角度来解读。在这里，《鸡鸣》《燕燕》等类似的《诗经》篇目，为女子描绘了温和恬静的生活之美，满足了女子对美好生活的憧憬和向往，体现出了《诗经》为女子的“美育”提供了良好的素材。

（二）《诗经》与认知方法

本文认为，只在认知内容的层面理解《诗经》在教育中的作用是不够的，重要的是，《诗经》体现了一种认知的方法——“兴”。对于“兴”的解释，历来学者都是在文学创作的层面进行分析。本文认为，创作必当源于思考，思考若要“思之有物”，必当以认知为基础。因此，“兴”的意义也可以从认知的角度来解释。

《牡丹亭》中，陈最良向杜丽娘解释了“兴”的问题：

〔末〕胡说，这是兴。〔贴〕兴个甚的那？〔末〕兴者起也。起那下头窈窕淑女，是幽闲女子，有那等君子好好的来求他。②

“兴者起也”，起的是什么？从《关雎》来看，自然是“幽闲女子”。但问题在于，为什么由“雎鸠”就引申到了“幽闲女子”呢？春香的追问老师不答，杜丽娘虽然讲话岔开，但已经明白了老师的意思。“关关雎鸠，在河之洲”固然描写了环境背景，但也引起作者的思考，进而感发了“寤寐求之”的感情。

① （明）汤显祖：《牡丹亭》，中华书局2017年版，第47页。

② 同上书，第46页。

渚洲之兴引来男女相悦，正是《文心雕龙·明诗》所谓“人禀七情，应物斯感，感物吟志，莫非自然”①。对《诗经》的学习使杜丽娘学会了从自然中得到思考和感悟，这一点是杜丽娘在认知和思考上极大的成长。未读《诗经》时，杜丽娘也“长向花阴课女工”，却对“花阴”视而不见，无动于衷；读过《诗经》，才有了“原来姹紫嫣红开遍，似这般都付与断井颓垣”的感叹，联想到自身，才思考“可惜妾身颜色如花，岂料命如一叶乎！”的人生哲学。这样看来，“春色如许”是“兴”，引起的是“春色恼人”的思考；乃至忧思成疾，感梦而亡，也是由“兴”而起。因此，本文认为，《诗经》带给闺阁女性新的认知方法和认知角度，鼓励女性在自然中得到新的思考和感悟，也为女子的情感教育打下了基础。

二 为诗章，讲动情肠
——《诗经》的情感教育

《诗经》的内容为女子描绘了美好的生活图景，自然界的春光明媚又感发了女子细腻柔婉的情思，对爱情产生向往和追求也是自然而然之事。杜丽娘的“慕色少艾”之情，由习诗而萌动，因游园而感发，情思难寄而病亡，大胆追爱而复生，两经生死，为的都是“世间只有情难诉”。

杜丽娘的情感启蒙，莫过于《关雎》的讲解。“关关雎鸠”让杜丽娘感叹“人不如鸟”，感慨自己青春易逝，进而思及“吾今年已二八，未逢折桂之夫；忽慕春情，怎得蟾宫之客”？从这里开始，杜丽娘逐渐思考自己的人生。本文认为，在杜丽娘的感情启蒙的过程中，《诗经》的解读起到了一定的推动力量。

陈最良为杜丽娘讲解《诗经》，大多是按照“毛诗”的注释，因此难免让人感觉过于迂腐，甚至被春香暗中讽刺。但是，唯有一个细节，与“毛诗”有所出入：

> 〔末〕兴者起也。起那下头窈窕淑女，是幽闲女子，有那等君子好好的来求他。〔贴〕为甚好好的求他？〔末〕多嘴哩。②

依照《毛诗》，对“好逑”的解释并非如此：

---

① （南朝梁）刘勰：《文心雕龙》（卷二，明诗第六），中华书局 2018 年版，第 27 页。
② 《牡丹亭》，第 46 页。

> 逑，匹也。言后妃有关雎之德，是幽闲贞专之善女，宜为君子之好匹。①

这里，陈最良将“好匹”之意解释为“好好的（地）求”，违背了“毛诗”的注解，却符合诗歌的原意。借助语言学的方法来解释，“毛诗”所谓“好逑”，是名词性的偏正短语，中心词是“逑（配偶）”，是将女子放在男子的配偶的位置上，居于次要和被动的地位；陈最良所谓“好求”，是动词性的偏正短语，中心词是“求（追求）”，这就将女子放在了主要的位置，在两性关系中得到男子的尊重和追求，占据了主动的地位。《关雎》本身讲述的是男子思慕淑女的故事，上述两种解释在语篇中都能够得以合理的解释，但无疑是陈氏的解释更加强化了男子追求女子的语义，也更加符合男子的感情和心理特点。

陈最良对《诗经》的解释，强化了女子的地位，也给了杜丽娘勇敢追爱的自信心和精神动力。本文认为，《诗经》的解释鼓励女子在感情中自重自信，大胆追求自己的幸福，在古代教育中有着重要的积极意义。因此，《牡丹亭》中的杜丽娘在追求爱情的勇气和主动性上远远强于《西厢记》中依靠红娘引线的崔莺莺。但是，这也产生了一个新的问题，女子大胆追爱，是否违背了古代女子“幽娴贞静”的道德要求呢？这一点本文将从道德教育的角度进一步论述。

三 “无邪两字，付与儿家”——《诗经》的道德教育

杜宝初时与陈最良商议杜丽娘读书的“课本”，有这样一番计较：

> 男、女《四书》，他都成诵了。则看些经旨罢。《易经》以道阴阳，义理深奥；《书》以道政事，与妇女没相干；《春秋》《礼记》，又是孤经；则《诗经》开首便是后妃之德，四个字儿顺口，且是学生家传，习《诗》罢。其余书史尽有，则可惜他是个女儿。②

这段话中，可以看出杜宝令女儿习《诗经》，有以下几点原因：第一，《诗经》的内容与女子的生活相关；第二，讲述了“后妃之德”；第三，朗朗上口；第四，承袭杜氏一脉习诗的家风传统。

---

① （汉）毛苌：《毛诗》卷一，中华书局据相台岳氏家塾本校勘，第3页。

② 《牡丹亭》，第35页。

这里所谓“后妃之德”，指的是“毛诗”将《诗经》中的许多爱情诗解释为古代后妃“不嫉妒”“思贤才”等“女德”，学习《诗经》自然也要为女子灌输“女德”的思想。用现代的观点来看，“毛诗”的解释未免有牵强之处，但整体上还是符合孔子所谓“思无邪”① 的基本思路的。所谓“思无邪”，依照《诗大序》的解释，就是“发乎情，止乎礼义”②，这一点在现代也是具有先进意义的。

《诗经》记述了先民淳朴的爱情故事，鼓励读者从自然中感悟真诚的内心情感，这是“发乎情”的层面；而同时，《诗经》也为自然的感情指明了合适的归宿。这一点，可以从《诊祟》一出中来解释：

> 〔末〕这般说，《毛诗》病用《毛诗》去医。那头一卷就有女科圣惠方在里。〔贴〕师父，可记的《毛诗》上方儿？〔末〕便依他处方。小姐害了“君子”的病，用的史君子。《毛诗》：“既见君子，云胡不瘳？”这病有了君子抽一抽，就抽好了。〔旦羞介〕哎也！〔贴〕还有甚药？〔末〕酸梅十个。《诗》云：“摽有梅，其实七兮”，又说：“其实三兮。”三个打七个，是十个。此方单医男女过时思酸之病。〔旦欢介〕〔贴〕还有呢？〔末〕天南星三个。〔贴〕可少？〔末〕再添些。《诗》云：“三星在天。”专医男女及时之病。〔贴〕还有呢？〔末〕俺看小姐一肚子火，你可抹净一个大马桶，待我用栀子仁、当归，泻下他火来。这也是依方：“之子于归，言秣其马。”〔贴〕师父，这马不同那“其马”。③

这一段从文学技法上看十分巧妙，将中药的名称与《诗经》的词句相结合，在戏剧演出中有诙谐的趣味，能够调节杜丽娘患病、问诊的压抑氛围。同时，本文着重分析《诗经》在此的意义。

“既见君子，云胡不瘳？”出自《风雨》，描写女子盼来情郎的喜悦心情；这里，陈最良已经看清了杜丽娘思慕君子的相思之病，可谓切中了病因。同时，这也是陈最良隐晦地“表态”，就像他解释“好逑”时一样，肯定了杜丽娘感情萌动的合理性，并且借助后文的“云胡不喜”暗示她爱情的幸福和美好。杜丽娘领会此意，因此做出娇羞之态。

“摽有梅，其实七兮”出自《摽有梅》，以“梅”指“媒”，描写女子

① 杨伯峻、杨逢彬注译：《论语》，岳麓书社2018年版，第17页。

② （汉）毛苌：《毛诗》卷一，中华书局据相台岳氏家塾本校勘，第2页。

③ 《牡丹亭》，第138页。

暗示男子提亲；陈最良以此暗示杜丽娘有可能挽媒成其姻缘，给了她幸福的希望，所以杜丽娘露出了欢喜的神态。“三星在天”和“之子于归”分别出自《绸缪》和《汉广》，描写新婚时的幸福和甜蜜。

纵观陈最良引述的几篇，讲述的是由情动意生，到挽媒行聘，最终走向婚姻殿堂的人生路线。《诗经》中也不乏《蝃蝀》《柏舟》等描写女子幽会、私奔的篇章，在这里却都没有引述。《礼记·内则》有言：“聘则为妻，奔则为妾。”① 这里，陈最良并非不知道杜宝很难如女儿所愿为她寻找柳梦梅，而是在清楚杜宝品性的情况下还告诉了杜丽娘符合社会伦理要求的婚姻路径，这就是所谓“止乎礼义”。

“云胡不喜”发乎真情，“之子于归”止乎礼义。《诗经》的教育，肯定了男女情感的自然感发，肯定了爱情的美好，也给了女子勇敢追求爱情的自尊、自信；同时，也教导女子按照社会的道德规范走向幸福的婚姻，让女子不能完全被爱情冲昏头脑，必须谨守自重、自爱的原则和底线。

在这种观念的引导下，杜丽娘追求的不是一时半刻的幽期密约，而是甘冒不韪，争取重见天光，堂堂正正地长相厮守。《冥誓》一出中，杜丽娘向柳梦梅叙述自己的经历，柳梦梅发誓“做夫妻，生同室，死同穴”，这本来已经是极其郑重的誓言。而值得留意的是，杜丽娘最后有一句叮咛：

> （旦又上介）衙内还在此？（生）小姐怎又回来？（旦）奴家还有丁宁。你既以俺为妻，可急视之，不宜自误。如或不然，妾事已露，不敢再来相陪。愿郎留心。勿使可惜。妾若不得复生，必痛恨君于九泉之下矣。②

这里用的词语语气极重，甚至到了“痛恨”的程度。杜丽娘本是一往情深，即使不能复生，二人已成夫妻之实，何至到“痛恨”的程度？本文以为，正是因为杜丽娘珍重自身的感情，才不愿一生处在见不得光的位置，正是《诗经》“正夫妇”的作用。

“正”，则是要合乎规范，合乎标准，更要改去偏差，归于正道。《幽媾》是成全了杜丽娘一生的真挚感情，杜丽娘为之而死，却至死不渝。这种感情固然强烈，但终究只是两人之情，没有得到父母的认可，没有得到社会的认同。而《冥誓》是杜丽娘为了“早定夫妻百岁恩”而试图打破人鬼的界限，追求的是光明正大的婚姻。因此，回生之后，杜丽娘反而推脱

① 胡平生、张萌译注：《礼记》，中华书局2018年版，第558页。

② 《牡丹亭》，第251页。

了柳梦梅的亲近，有这样一段对话：

> （生）便好今宵成配偶。（旦）懵腾还自少精神。（净）起前说精神旺相，则瞒着秀才。（旦）秀才可记的古书云："必待父母之命，媒妁之言。"（生）日前虽不是钻穴相窥，早则钻坟而入了。小姐今日又会起书来。（旦）秀才，比前不同。前夕鬼也，今日人也。鬼可虚情，人须实礼。①

或有文章认为，杜丽娘在此处重归于"礼"的约束，是反抗礼教尚不充分之处，本文以为不然。如《关雎》中的淑女一般，杜丽娘面对感情不予轻许，正是珍重自身的表现。情之一字在杜丽娘之身已经超越了生死，不可谓不真诚；然而正是因为情发于衷，才不能轻易交付，才更加自尊和自重。这并不是对礼教压制的低头和退缩，而是将杜宝之流认为不登大雅之堂的"感情"放置在阳光之下，为"情"争取到"礼义"层面上的一席之地。杜丽娘这种自尊、自爱、自信、自重的品质，在理想和现实中间找到了良好的平衡点，具有积极的精神价值。

四　结论

本文从《牡丹亭》的文本出发，从认知教育、情感教育、道德教育的角度，分别分析了《诗经》在古代女子教育中的重要作用。本文认为，《诗经》作为儒家文化的经典文献，成为女子教育的重要读本。而《诗经》在女教中最重要的作用，即是教导女子在自然中感发真挚的情感，却始终能够保留自尊、自爱的道德原则。在《诗经》教育下的女子，既有端庄典雅的气质和内涵，又有真诚热烈的情感和追求，而更可贵的是，保留着自尊自重的人格和尊严。因此，《诗经》作为中华民族源远流长的文化瑰宝，为塑造古代女子的人格精神起到了重要的作用。

林晗，孔庙和国子监办公室，业务干部

---

① 《牡丹亭》，第 272—273 页。

◇浅析《声律启蒙》的构成特点

◎ 王星

【摘　要】《声律启蒙》是清康熙年间进士车万育所编撰的声律启蒙读物。其内容包罗万象，行文对仗工整，声韵协调，朗朗上口。《声律启蒙》有助于人们了解古诗词中声律、用词以及用典的规律，它为我们打开了一道了解中国传统文化知识的大门。本文旨在通过分析《声律启蒙》的构成特点，增进其中所蕴含的中国传统文化知识的理解，以传承和弘扬中华优秀传统文化。

【关键词】 声律启蒙　平水韵　平仄　典故

汉字是世界上最古老的文字之一，是中华民族优秀传统文化的瑰宝。汉字的三要素包括字音、字形、字意。汉字具有集形象、声音和表义三者为一体的特征。

中国自古注重启蒙教育，因而产生了大量与之相关的经典著作。幼儿牙牙学语最先学会的是字的发音，然后是写字和理解字义。因此，在中国古代，蒙童从小就在私塾里熟读这些经典，在他们很小的时候，就初步熟悉了声韵格律，很自然地领会了平仄对仗。这些经典各具优点，例如《声律启蒙》《笠翁对韵》《平水韵》等是为了解决汉字音的问题，《千字文》《百家姓》《三字经》等是为了解决汉字形的问题，《尔雅》等是为了解决汉字意的问题。《声律启蒙》是中国古代为教会蒙童掌握汉语声韵和平仄对仗的启蒙读物，它为学生以后做骈文和近体诗打下基础，为以后参加科举考试做准备。在中国古代元明清时期，《声律启蒙》有几种不同的版本，但至今依然广为传诵的则只有清代车万育所撰的《声律启蒙撮要》，本文就以车万育所撰版本展开讨论，主要从《声律启蒙》① 的总体结构、单体结构和内容三方面进行论述。

① （清）车万育：《声律启蒙（吴冠中插图珍藏版）》，中信出版社 2016 年版。

一　《声律启蒙》的总体结构

《声律启蒙》是按照《平水韵》平声三十韵编目，分上下两卷，每卷十五个韵目，均以一个主音字为题目。从单字对到双字对，三字对、五字对、七字对到十一字对，一字万言，和谐相生。内容覆盖天文、地理、花木、鸟兽、人物、器物、典故、神话等的虚实应对。

目录编排如下：

上卷：一东、二冬、三江、四支、五微、六鱼、七虞、八齐、九佳、十灰、十一真、十二文、十三元、十四寒、十五删；

下卷：一先、二萧、三肴、四豪、五歌、六麻、七阳、八庚、九青、十蒸、十一尤、十二侵、十三覃、十四盐、十五咸。

（一）韵书

为了更好地理解《声律启蒙》，我们首先要了解“韵书”。

韵书，是将汉字按读音分类编排的一类书籍。

古人要认字、读字，都用汉字来注音。如东、冬、江、支、微这些字均为韵，因为古代没有拼音，当然也没韵母，所以都用字来表示韵。沈括的《活板》① 中有记述：“不用，则以纸帖之，每韵为一帖，木格贮之。”意思是毕昇做出来的活泥字不用的时候，按照每韵一贴，贮存在木格里。

在我国历史上，写诗、填词、作曲，在一定时期内大体上都有一个共同的用韵标准，这就是各种韵书。古人通过使用官方颁布的专门指导押韵的书籍，使得行文富有节奏和音乐之美。我国第一部集大成的韵书是隋朝的《切韵》，是由陆法言根据当时的语音，同时参照南北方言和古代典籍中记载的书面读法编辑而成。《唐韵》是《切韵》的一个增修本，为唐代孙愐所著，著书时间约为唐玄宗年间。因此定名为《唐韵》，曾献给朝廷，利用朝廷扩大影响，所以虽是私人著述，却带有官书性质。《广韵》是现存最早且最完整的一部韵书。《广韵》共206韵，全称《大宋重修广韵》，是宋真宗大中祥符元年（1008年）由陈彭年、邱雍等人奉诏根据前代韵书修订而成。它是中国古代第一部官修的韵书。宋代景德初年，为适应科举应试的需要，礼部颁行了比《广韵》较为简略的《韵略》。到了金代，以《平水韵》为官方韵书，供科举考试之用。平水是平阳府城（今山西临汾市）的别称，因为该书刊行于此城，故名《平水韵》（一说为南宋时代平水人刘渊根据前人韵书修编而成，把同用的韵加以归并，成为107个韵目，故名

① 选自沈括《梦溪笔谈·技艺》卷一八。活板又叫活字印刷术，中国四大发明之一。

《平水韵》)。该韵书将宋代《礼部韵略》(官方颁布的科考标准韵书)悉数合并，注明同用之韵，共106韵，上平声下平声各15韵，上声29韵，去声30韵，入声17韵。这就是后来通行的《平水韵》。元明清各代，都以《平水韵》作为近体诗押韵的依据。《佩文韵府》是清代官修大型词藻典故辞典之一，是专供文人作诗时选取词藻和寻找典故，以便押韵对句之用的工具书，由清张玉书、陈廷敬、李光地等七十六人奉敕编撰。“佩文”为康熙帝的书斋名，“韵府”有韵书之库含义，故命名曰《佩文韵府》。《佩文诗韵》大约是这部大辞典式的《佩文韵府》的单字本或节略本。《佩文诗韵》是清代科举考试的官方韵书，士子们进考场作试帖诗，必须遵守这部标准韵书的规定，它和宋代《礼部韵略》的作用差不多。《佩文诗韵》分平上去入四声(平声分上下)，共106韵。今人所说的《平水韵》实际多指清朝的《佩文诗韵》。

(二)平仄

平仄是古诗词中用字的声调。“平”指平直，“仄”指曲折。根据隋朝至宋朝时期修订的韵书，如《切韵》《广韵》等，分中古汉语四声为“平上去入[píng shǎng qù rù]”，“平上去入”是传统汉语音韵学的音系根源，是唐诗宋词格律的基础。掌握四种发音，阅读诗词，能够体会到汉语的博大精深和韵律之美。平声指古代汉语的第一声(包括现在汉语中的第一、二声中的大多数)。仄声是汉语区别于平声的上声、去声、入声三声(相当于现代汉语的二、三、四声)的总称。平声是平调，上声是升调，去声是降调，入声是短调，明朝释真空的《玉钥匙歌诀》曰：“平声平道莫低昂，上声高呼猛烈强，去声分明哀远道，入声短促急收藏。”现代汉语中入声已消失，四声变为阴、阳、上、去，所以，我们可以按照现代汉语的语音标准来划分平仄，即阴阳为平，上去为仄。不用再去辨别入声字，会变得比较容易。

(三)《红楼梦》中“二萧”韵，即景联句

《红楼梦》① 第四十九回提到“即景连句”，“五言排律一首，限‘二萧’韵”。

诗词原文：出自《红楼梦》第五十回“芦雪庵争联即景诗　暖香坞雅制春灯谜”

一夜北风紧，(凤姐)

① (清)曹雪芹、高鹗、孙温著，(清)孙温绘：《孙温绘全本红楼梦》，现代教育出版社2009年版，第303—307页。

开门雪尚飘。入泥怜洁白，（李纨）
匝地惜琼瑶。有意荣枯草，（香菱）
无心饰萎苕。价高村酿熟，（探春）
年稔府粱饶。葭动灰飞管，（李绮）
阳回斗转杓。寒山已失翠，（李纹）
冻浦不闻潮。易挂疏枝柳，（岫烟）
难堆破叶蕉。麝煤融宝鼎，（湘云）
绮袖笼金貂。光夺窗前镜，（宝琴）
香黏壁上椒。斜风仍故故，（黛玉）
清梦转聊聊。何处梅花笛？（宝玉）
谁家碧玉箫？鳌愁坤轴陷，（宝钗）
龙斗阵云销。野岸回孤棹，（湘云）
吟鞭指灞桥。赐裘怜抚戍，（宝琴）
加絮念征徭。坳垤审夷险，（湘云）
枝柯怕动摇。皑皑轻趁步，（宝钗）
翦翦舞随腰。煮芋成新赏，（黛玉）
撒盐是旧谣。苇蓑犹泊钓，（宝玉）
林斧不闻樵。伏象千峰凸，（宝琴）
盘蛇一径遥。花缘经冷结，（湘云）
色岂畏霜凋。深院惊寒雀，（探春）
空山泣老鸮。阶墀随上下，（岫烟）
池水任浮漂。照耀临清晓，（湘云）
缤纷入永宵。诚忘三尺冷，（黛玉）
瑞释九重焦。僵卧谁相问，（湘云）
狂游客喜招。天机断缟带，（宝琴）
海市失鲛绡。（湘云）
寂寞封台榭，（黛玉）
清贫怀箪瓢。（湘云）
烹茶水渐沸，（宝琴）
煮酒叶难烧。（湘云）
没帚山僧扫，（黛玉）
埋琴稚子挑。（宝琴）
石楼闲睡鹤，（湘云）
锦罽暖亲猫。（黛玉）

孔庙国子监论丛（2019年）

月窟翻银浪，（宝琴）
霞城隐赤标。（湘云）
沁梅香可嚼，（黛玉）
淋竹醉堪调。（宝钗）
或湿鸳鸯带，（宝琴）
时凝翡翠翘。（湘云）
无风仍脉脉，（黛玉）
不雨亦潇潇。（宝琴）
欲志今朝乐，（李纨）
凭诗祝舜尧。（李绮）

这里的“二萧”韵就是指《平水韵》中下平韵的第二韵，以“萧”字为首，部中有以下这些用字：

萧箫挑貂刁凋雕迢条跳苕调枭浇聊辽寥撩僚寮尧幺宵消霄绡销超朝潮嚣樵谯骄娇焦蕉椒饶烧遥姚摇谣瑶韶昭招飚标杓镳瓢苗描猫要腰邀乔桥侨妖夭漂飘翘祧佻徼侥哨娆陶橇劭潇骁獠料硝灶鹞钊蛲峤轿荞嘹逍燎憔剽。

二 《声律启蒙》的单体结构

若将《声律启蒙》中每个单字韵目作为单体结构，则每一韵目下包含三则韵文，每则韵文由十对对语组成，十对对语中有八个韵脚。即每一韵目中应该有二十四个同韵字。所谓韵，是指在诗句的最后一字用同一韵部中的字，即称“押韵”。而且十对对语都是按两个单字对，一个三字对，一个双字对，一个五字对，一个七字对，最后一个九字、十字或十一字对这样由少到多的顺序规律排列。

（一）韵律之美

《声律启蒙》读起来，朗朗上口，声韵回环，就如同唱歌一般，如果用唱歌来类比，那么《声律启蒙》的平仄运用就相当于歌谱，内容就相当于歌词。

我们先来看“谱”，《声律启蒙》的平仄运用遵循了以下三条规律：

其一，平声和仄声在本句中使用是交错的，在对句中是对立的，即如果上句是“平平平仄仄”，下句须对“仄仄仄平平”。

其二，在对文或对联中要求上联的尾字必须为仄声，下联的尾字必须为平声，即仄起平收。

其三，处于奇数位上的字不必绝对，即古人所说的“一三五不论，二四六分明”。

由于各种原因，虽然不少词句的音韵有所变动，但是，最基本的音韵规律我们需要掌握。

每韵每段平仄的基本格式是：

平对仄，仄对平。

仄仄对平平。

平平对仄仄，仄仄对平平。

平仄仄，仄平平。仄仄对平平。

平平平仄仄，仄仄仄平平。

仄仄平平平仄仄，平平仄仄仄平平。

仄仄平平，仄仄平平平仄仄；平平仄仄，平平仄仄仄平平。

以下以《声律启蒙》中“二萧”韵的段落为例，《声律启蒙》“二萧”的韵文选择了这一韵目中的骄、遥、谣、雕、消、朝、潇、桥、昭、韶、瑶、腰、瓢、箫、娇、摇、晁、宵、苗、髫、鸮 21 个韵脚。

恭对慢，吝对骄，水远对山遥。松轩对竹槛，雪赋对风谣。乘五马，贯双雕，烛灭对香消。明蟾常彻夜，骤雨不终朝。楼阁天凉风飒飒，关河地隔雨潇潇。几点鹭鸶，日暮常飞红蓼岸；一双鸂鶒，春朝频泛绿杨桥。

开对落，暗对昭，赵瑟对虞韶。轺车对驿骑，锦绣对琼瑶。羞攘臂，懒折腰，范甑对颜瓢。寒天鸳帐酒，夜月凤台箫。舞女腰肢杨柳软，佳人颜貌海棠娇。豪客寻春，南陌草青香阵阵；闲人避暑，东堂蕉绿影摇摇。

班对马，董对晁，夏昼对春宵。雷声对电影，麦穗对禾苗。八千路，廿四桥，总角对垂髫。露桃匀嫩脸，风柳舞纤腰。贾谊赋成伤鹏鸟，周公诗就托鸱鸮。幽寺寻僧，逸兴岂知俄尔尽；长亭送客，离魂不觉黯然消。

音韵规律如下：

单字对：平对仄，仄对平，

恭对慢，吝对骄，

开对落，暗对昭，

班对马，董对晁，

双字对：平平对仄仄，仄仄对平平。

轺车对驿骑，锦绣对琼瑶。

雷声对电影，麦穗对禾苗。

三字对：平仄仄，仄平平，

乘五马，贯双雕，

五字对：平平平仄仄，仄仄仄平平。

明蟾常彻夜，骤雨不终朝。

七字对：仄仄平平平仄仄，平平仄仄仄平平。

舞女腰肢杨柳软，佳人颜貌海棠娇。

十一字对：仄仄平平，仄仄平平平仄仄；

几点鹭鸶，日暮常飞红蓼岸；

十一字对：平平仄仄，平平平仄仄平平。

一双鸂鶒，春朝频泛绿杨桥。

（二）对仗之美

《声律启蒙》字词上无穷无尽的变化与组织样式的简单重复，使对偶在千变万化之中有规可依；单个词语的不断变化与基本规则的稳定不变，这一动一静的结构布局，使得句意层层推进，如行云流水般流畅通达。文中的对句上下句字数相等，节奏关键字字音平仄相反，相同位置的字词词性相近且词义相对。

具体举例如下：

名词：

“夏昼对春宵”（仄仄对平平）中的“夏昼”和“春宵”都是名词。

动词：

“开对落，暗对昭”（平对仄，仄对平）中的“开”和“落”都是动词。

形容词：

“恭对慢，吝对骄，水远对山遥”（平对仄，仄对平，仄仄对平平）中“恭”“慢”“吝”“骄”“远”“遥”都是形容词。

数词：

“八千路，廿四桥”（平平仄，仄仄平）中的“八”和“廿四”都是数词。

叠词：

“山垒垒，水潺潺”（平仄仄，仄平平）中的“垒垒”和“潺潺”都是叠词。

三 《声律启蒙》的内容

《声律启蒙》内容丰富，包罗万象，上至天文，下至地理，大到历史变革，小到花鸟鱼虫，内容涉猎十分广泛。古人读书多，重要的典籍都背过，因而写文章喜欢用典故。今人往往因文史基础差，知道典故太少而读不懂古文。《声律启蒙》每则对文之后的大量注释，内容广泛，涉及很多中国的传统文化知识。这些注释涉及了从诗词歌赋到哲学、宗教、历史典故等多方面知识。如《诗经》《楚辞》《庄子》《易经》《汉书》《史记》等。使读者不仅可以感受到诗词韵律之美，还可以得到大量传统文化知识的熏陶。

历史典故方面，具体举例如下：

“赵瑟对虞韶”——典故“渑池之会”

赵瑟：《史记·廉颇蔺相如列传》载，秦赵会于渑池，秦王曰：闻赵王好音，请鼓瑟。赵王鼓瑟。蔺相如曰：闻秦王善为秦声，请奏盆缶。秦王不许，相如迫之，乃亲击缶。虞韶：虞舜所作的乐曲。

“羞攘臂，懒折腰，范甑对颜瓢”——典故“不为五斗米折腰”

折腰：《晋书·陶潜传》载，陶渊明羞为五斗米折腰。五斗米，晋时县令每月的俸禄数。

“饮酒岂知攲醉帽，观棋不觉烂樵柯”——典故“烂柯记”

烂柯：《列仙传》载，晋樵者王质见二童子围棋，置斧于地而观之。童子曰：尔斧柯烂矣。质归乡里，无复时人。后用“烂柯”比喻时间久远。

“亚父愤生撞玉斗，周公誓死作金縢”——典故“鸿门宴”与“金縢”

玉斗：《汉书·高帝纪上》载，汉王献玉斗于范增，增怒，撞碎其斗。金縢：出自《尚书·金縢》，周武王病，周公欲以身代死。史录其祝册之文，与事之始末合为一篇，以藏于金縢之柜，后成王启之。

“三献卞和尝泣玉，四知杨震固辞金”——典故“卞和献玉”与“四知太守”

泣玉：卞和献玉于楚王，三献而两刖其足，和抱玉而泣。后璞玉经工匠雕琢，名为“和氏之璧”。辞金：《韵府》载，杨震为太守，人奉以金，不受。人曰：无人知也。震曰：天知，地知，你知，我知，何谓无人知。

其他方面，举例如下：

天文：
“云对雨，雪对风”
“一轮秋月夜，几点晓天星”
节气：
“春对夏，秋对冬”
“几阵秋风能应候，一犁春雨甚知时”
节日：
“寒食芳辰花烂漫，中秋佳节月婵娟”
“人浴兰汤，事不忘于端午；客斟菊酒，兴常记于重阳”
地理：
“岭北对江东”
“秦岭云横，迢递八千远路；巫山雨洗，嵯峨十二危峰”
方位：
“地北对天南”
“天北缺，日东升”
人物：
“礼由公旦作，诗本仲尼删”
“梁帝讲经同泰寺，汉皇置酒未央宫”
花木：
“春堂经雨放，秋菊傲霜开”
“两岸晓烟杨柳绿，一园春雨杏花红”
鸟兽：
“来鸿对去雁，宿鸟对虫鸣”
“雨前庭蚁闹，霜后阵鸿哀”
器物：
“晨钟对暮鼓”
“蓉裳对蕙帐，玉斝对银缸”
教育：
“北学对东胶”
“孟训文公谈性善，颜师孔子问心斋”

五行：

“弹琴对结绶，白日对青春”

“五行式序，水下润而火上炎”

结　语

《声律启蒙》作为中华优秀传统文化经典读物之一，集音韵美、形式美、意境美三美于一体，使人们于潜移默化中了解我们的历史与文化并感受到汉语的音律之美。中国传统文化博大精深，中华经典更是传统文化之魂，我们今天努力学习中华经典，以传承圣贤们的思想，培铸中华之魂，实现中华民族的伟大复兴。

王星，孔庙和国子监博物馆社教部，讲解员

孔庙国子监论丛（2019年）

◇从科举年画看科举文化的大众接受

◎ 吴晛

【摘　要】 年画作为民间最喜闻乐见的艺术形式，其受众群体数量多且覆盖范围广，同时又是社会变迁的直观体现。年画的题材包罗万象，且直观体现人们对于某一题材最直观的认识。科举题材年画是年画题材中的重要组成部分。科举是古人生活中最重要的事情之一。本文通过分析不同主题的科举年画，分析民间对于科举最直观甚至是最功利的理解与诠释，以及年画折射出的社会现象，从而分析科举对于大众生活、心理的影响。

【关键词】 年画　科举　民俗　儒学

年画是一种最大众化的艺术形式，其风格简洁明快，且内容寄托着人们对于生活各个方面的精神诉求。年画题材丰富，形式热烈，寓意美好，“中国年画是民族文化的生动表现和象征，忠实地记录了中华民族独具特色的历史文化发展踪迹，展现出鲜明的文化价值……反映了民间的文化底蕴、伦理道德、民众的喜怒哀乐，同时作为年文化的产物，它承载着民间信仰、哲学、道德、娱乐、教育等广博内容，通过印刷、刻制等物化形式储存起来，成为社会历史的载体，影响中华民族的各个方面的历史进程”。① 李振球指出：“张贴年画的宗旨是为了关注自身的问题：即家庭成员生命的问题，以及由它派生的繁衍和世俗主义、实用主义的理想（福、禄、寿、喜、财）问题。”② 由此可见，年画反映着人们对于自身对美好事物最直接、最朴实的向往与解读，同时也是对各个时代民间人文精神的见证。

在林林总总的年画主题中，科举类年画是该体系中十分重要的组成部

① 宋和平、徐海燕：《中国年画的民间形态及其传承流变中的文化思考》，《学术论坛》2010 年第 11 期。

② 李振球：《复制是年画形式之母——论中国年画的形式发展》，《美术研究》1998 年第 1 期。

分，属于年画中的喜画类别。它体现着人们对于“春风得意马蹄疾，一日看尽长安花”的美好向往。狭义的科举年画可理解为表现与科举考试相关联内容的年画作品，但从更广义的角度去看待，读书学习以及价值取向的确立均是古代教育的重要组成部分，决定着古人的行为准则。因此科举年画不仅仅是对于一场考试的反映，更是古人对待教育的态度。对于古人而言，人生四大喜中最难得莫过于“金榜题名”。“学而优则仕”是古代多数读书人十年寒窗的至高理想。可以说，科举考试不仅仅是几年的苦读和几场考试，科举伴随着读书人从出生到中举甚至到教育下一代。因此，在更广义的范围内，科举年画不仅包含着与考试相关人和事的画面，还包含着许多与教育相关题材的作品。由此可见，年画由于其自身的直观性以及受众的广博性，封建主义的时代性局限，对开科取士抱有实用和功利的所谓美好幻想。

科举年画的主题多为“五子登科”“五子夺魁”“麒麟送子”“连中三元”“蟾宫折桂”等题材。其多以直接描绘或以谐音意会的方式来阐释主题。而这样的手法社会各阶层人士都可以读懂，因此年画在社会上才有了广泛的流传。

一　五子登科

“五子登科”主题来源于传统民间科举佳话。五代时期窦禹钧教子有方，五个儿子纷纷中举及第，成为一代佳话。《三字经》中有“窦燕山，有义方，教五子，名俱扬”的记载，故这一科举佳话逐渐演变成为重要的年画主题，以期自家子孙兴旺，金榜题名。根据《中国木版年画集成》中的记载，“五子”除了与五子登科的传统故事相关联外，更延伸为多子且多男子的意义。①

该主题的表现手法多为一官员装扮的人物形象作为中心，手托两男童，脚下三男童。孩童手持之物虽有不同，但多数都持有花灯、莲花、盔帽、如意等饰物。根据《中国木版年画集成》中的记载，花灯象征着前途光明，子孙登科。花卉多以莲花的形象为主，又有好运连连之意。“五子登科”这一主题展现出年画在有限的画面空间尽可能融入更多美好寓意的特点。除这一主题常见的孩童手持饰物外，还会有一些特殊饰物。如平度东昌府“五子登科”年画中有孩童手持一把弓，一孩童手持蟾蜍，儒家六艺讲求“礼乐射御书数”，因此孩童持弓造型可展现对于下一代文武双全，多

① 冯骥才主编：《中国木版年画集成》，“杨柳青卷下”，中华书局2007年版，第146页。

平度东昌府年画·五子登科

才多艺的期许；蟾蜍则取“蟾宫折桂”的美好寓意。武强年画中则有孩童手持戟的造型。戟作为古代兵器除有期盼子孙文武双全之意外，“戟”与“吉”同音，平添了画面的吉庆气氛。“戟磬有鱼”也是年画中一个十分受欢迎的类别，是谐音表达的典范之一。同时，戟在古代除了作为兵器，更代表着地位和权力。胡三省在注《资治通鉴》时有一则对于戟与戟门的解释：

> 唐设戟之制，庙社宫殿之门二十有四，东宫之门一十有八，一品之门十六，二品及京兆、河南、太原尹、大都督、大都护之门十四，三品及上都督、中都督、上都护、上州之门十二，下都督、下都护、中州、下州之门各十。设戟于门，故谓之戟门。①

故有品级的人物方可用戟作为门内装饰。联系“五子登科”主题中官

① （宋）司马光编著，（元）胡三省音注：《资治通鉴》，中华书局1956年版，第8364页。

老爷的形象可见，戟在科举类年画中出现，体现了广大人民对于“朝为田舍郎，暮登天子堂”的期许。

根据《中国木版年画集成》的说明，朱仙镇年画“五子登科”中官老爷造型明确指出为天官。而五子与天官是朱仙镇年画的典型题材。①《中国木版年画精品集》中收录了一幅清中期的江苏桃花坞“五子登科”年画。这一幅作品除了保留了南方年画的精美与细腻外，其选用了谐音的方式表达这一主题。画面主体为一妇人站在树旁，四个孩童站在树下，手持戟等饰物，一孩童站在一棵树上。此作品以“棵”代指“科”，孩童上树体现登科。画面颇为灵动，情趣盎然。

清中期江苏桃花坞年画·五子登科

二　五子夺魁

“五子夺魁”主题与“五子登科”有较强的联系。在《中国木版年画集

① 冯骥才主编：《中国木版年画集成》，“朱仙镇卷”，中华书局 2006 年版，第 81 页。

成》“梁平卷”中收录了一幅“五子夺魁”年画，画面内容与“五子登科”的常见画面内容基本一致，区别则是画面右侧上方的男孩手持一串灯笼，上题“五子夺魁”字样。由此观之两个主题确实存在紧密联系。

在传世年画中，该主题的表现方式多为五个小童争抢一只盔帽的形式。多数年画以谐音与字面描述的方式加以展现。盔帽，谐音“魁”。二十八星宿中的奎星在中国传统文化中有主文章兴衰之说。而“魁”，意为首，居第一位之义，后世流传过程中“奎星”逐渐改作“魁星”。“五子”来源于传统科举佳话“五子登科”在苏州桃花坞木版年画中，“五子夺魁”的主题以大红色为主色，人物刻画较为细腻，表情生动，特别之处在于除五孩童外还有两位妇人，形貌神态应为家中长辈。在《苏州桃花坞木版年画》中收录的一幅五子夺魁年画，除主题五孩童争夺盔帽外，画面还呈现了其他孩童习武、摸鱼、对弈的画面，还包括和合二仙和送子天官，画面热闹非凡。该作品在这一主题中格外突出，体现了强烈的对功成名就的期盼。上海小校场年画中的五子夺魁与同主题桃花坞年画版型相类似，但颜色更为丰富，以玫红色与紫色套色为主，画面立体感更为强烈。河南朱仙镇年画在展现五子夺魁时颜色更加丰富且以撞色为主，但画面细节之处的处理方式较之小校场及桃花坞年画则显得粗放、夸张，人物表情脸谱化，热闹的气氛更加浓烈但精细化、艺术化水准则不及杨柳青及小校场年画。

苏州桃花坞年画・五子夺魁

该主题还有一些衍生作品。《中国木版年画集成》收录了一幅五子夺莲年画，故宫博物院特展“贺岁迎祥——紫禁城里过大年”亦展出过一幅印版五子夺莲年画。五子夺莲是五子夺魁这一主题的进一步延伸。“魁”是大魁天下的意思，寓意状元得中。五个娃娃争夺莲蓬嬉戏之景，“夺莲”寓“贵子莲（连）生”之意。画面中五个孩童身形饱满，面容红润，神态灵动，能够体现杨柳青年画“半绘半印”的特点。年画作为木版画的一种，多采用手工刻版，套印上色的技法。这一手法特点在于：“一是利于传播、复制，以降低年画成本，扩大发行传播范围。二是色彩印制少者一版，多者十几版，施金绘银，色线对比强烈，装饰性强。”① 而杨柳青年画所谓“半绘半印”的技法则是“中国年画的半绘半印即先印好墨线，再进行手工彩绘；也有的全部完成套印，仅仅留下开脸、点花等局部精绘完成”②。因此画面人物形象、灵动，艺术水准更高。

杨柳青年画·五子夺莲

三　麒麟送子（麟吐玉书）

麒麟送子以及麟吐玉书是一对相关联的主题，虽不是直接与科举相关，却直接体现着人们对于圣人的憧憬与景仰。这一主题源自于东晋时期王嘉的《拾遗记》，其中有一段关于孔子与麒麟的描述：

> 周灵王立二十一年，孔子生于鲁襄公之世。夜有二苍龙自天而下，来附征在之房，因梦而生夫子。有二神女，擎香露于空中而来，以沐浴徵在。天帝下奏钧天之乐，列以颜氏之房。空中有声，言天感生圣

① 陈文武：《中国年画的绘制技术研究》，《长江文明》2013 年第 4 期。
② 同上。

> 子，故降以和乐笙镛之音，异于俗世也。又有五老列于征在之庭，则五星之精也。夫子未生时，有麟吐玉书于阙里人家，文云：“水精之子，系衰周而素王。”故二龙绕室，五星降庭。征在贤明，知为神异。乃以绣绂系麟角，信宿而麟去。相者云：“夫子系殷汤，水德而素王。”至敬王之末，鲁定公二十四年，鲁人锄商田于大泽，得麟，以示夫子。系角之绂，尚犹在焉。夫子知命之将终，乃抱麟解绂，涕泗滂沱。且麟出之时，及解绂之岁，垂百年矣。①

作为志怪小说的《拾遗记》这段记载具有很明显的传奇色彩，但这一段记载则逐渐被民间广为接受。在这一传说中，孔子的降生伴随着许多神迹，这无疑神话了至圣先师孔子的形象。其中“夫子未生时，有麟吐玉书于阙里人家”这一段文字就是麒麟送子、麟吐玉书的来源。在传说中，麒麟伴随孔子降生而来，而最终孔子因“西狩获麟”而终笔《春秋》辞世。孔子与麒麟的传说不仅在《拾遗记》等纬书中有记载，《史记》《孔丛子》等史书亦有相关记载。“孔子泣麟”更是《孔子圣迹图》中的经典场景。圣人与瑞兽相伴出现成为古代民间对于望子成龙的美好期盼，是民间对于孔子这样一位万世师表的敬仰，也表达出父辈希冀每个孩子都是上天赐予并被神灵护佑的天生才俊，未来能够学业精进，金榜题名。

该主题年画成对出现的概率会高于其他科举题材年画，如《中国木版年画集成》中收录的平度年画“凤含芝草，麟吐玉书”“麒麟送子，麟吐玉书”以及《中国木版年画精品集》中收录的山东高密年画“麒麟送子”。这两幅作品呈轴对称，画面主题均为一男童坐在麒麟背上，手持书卷、莲花、官帽或如意等吉祥饰物，体现着民间对于喜得贵子的祝福。由于该主题年画与孔子传说的关联密不可分，从中也体现出广大民众对于孔子的向往，也是儒家文化在民间最质朴、最直接的表达，画面色彩鲜艳亮丽，喜庆氛围浓郁。

在《中国木版年画精品集》中，有一幅上海小校场麒麟送子年画，作品创作时间为清光绪时期。这一幅作品比起其他同类型作品，画面明显融汇了更多的内容。画面主题是一男童与妇人穿戴隆重喜庆端坐于麒麟背上，男童手持如意，麒麟腾云驾雾，回首而视。麒麟身后是五位仙女相随。其中有演奏乐器者，有执障扇者，还有一仙女手捧官帽。麒麟头前有一老者手执拐杖。一群人腾云驾雾下凡而来，似乎是对《拾遗记》中的内容进行

① （前秦）王嘉等撰：《拾遗记》外三种，王根林等校点，上海古籍出版社2012年版，第25页。

山东高密年画・麒麟送子

了全面的演绎与展现，体现出人们对降生一位优秀男童的强烈诉求。

四　其他典型科举题材年画

1. 其他传统题材年画

科举题材年画中还有很多经典主体，同时，一些儒家经典的故事也成为科举类年画所展现的主题。

“连中三元”可以说是科举考试中无上的荣耀。自清代，科举考试的整体形制已进入最为完备的状态。从童生试之后便进入国家级考试，第一级乡试中举后称举人，第一名为解元；举人参加礼部举行的会试，中举者称贡士，第一名称会元；贡士有资格参加最高一级的殿试，榜首为状元。故此“连中三元”成为举子们最至高无上的学业理想。

《中国木版年画精品集》中收录的杨柳青年画“连中三元”其画面主题为四位男童，中间的男童弯弓射箭，连中三枚圆形靶子的靶心。画面内容浅显易懂，亦体现着人们对子孙文武双全的希冀。该作品刻画细腻，色彩丰富，动感十足。画面中孩童面容祥和，充满活力，洋溢着喜庆气氛与朝气。

《中国木版年画精品集》中收录了一幅清末时期上海小校场年画《百子状元及第》，该图热闹非凡。画面上一群孩童欢天喜地做着游戏，一幅欢天

上海小校场年画·麒麟送子

杨柳青年画·连中三元

喜地的吉庆氛围。画面一孩童坐在马上，一幅状元郎的装束，应是取“春风得意马蹄疾”之意。该男童手持一横幅上书“百子状元及第”标语。“百子”在此为虚数，意在取多子多福之意。开枝散叶、绵延子嗣是封建时代上至天子下至黎民百姓的头等大事。《中国木版年画集成》中有另一幅该主题作品，名为“福禄寿三星与状元及第”，同样出自上海小校场。这是一幅由四个画面组成的作品，按照《中国木版年画集成》中对于该作品的描述可知，该作品是用木版画印制的形象，剪贴于刻纸挂签之上。① 这一幅作品具有强烈的祝贺氛围以及美好希冀，除了对福禄寿的向往，更体现了对“今朝放荡思无涯”的追求，并将取得功名看成是期盼福运、富贵、长寿同等重要的事情。与剪纸相结合，以四幅画面构成一整体，是这一作品在艺术层面的独特之处，将年画的美好祈愿与剪纸明快的红色融合在一起，更加凸显出热闹喜庆的观感。除以上主题外，如蟾宫折桂、加官晋爵、魁星点斗、独占鳌头等均有收藏传世。

除此之外，一些民间科举故事也都是科举类年画中常见的题材。这一部分年画有些以组画的形式出现，画面以还原历史故事为主，与传统年画相比更像故事画，节庆气氛不浓烈，重点在于突出故事本身的教化意义。其中典型代表即窦氏教子图。可见对于“教五子，名俱扬”不仅成为人们在新年时期的美好愿景，更成为现实生活中教育子女的楷模。

2. 晚清独特时代特征的科举类年画

清末是中国社会剧烈转型时期，封建统治阶级的落寞，帝国主义的张狂，军阀的萌芽与发展，民族资产阶级的不断涌现都让这个时代在黑暗中催生各种可能。作为一种最基层也最广泛应用的绘画形式，年画具有极强的可复制性，同时年画也具有鲜明的时代特征。在《中国木版年画集成》中收录的几幅王树村收藏的清末时期天津杨柳青年画画面内容值得留意，其内容深刻反映了清末社会变化，具有极其鲜明的时代烙印。其中一幅名为《教子登科》的年画，画面主体为两妇人骑自行车，其中一辆自行车上前梁坐一男童，身后骑车妇人在与男童说话，应在教育孩子。这一作品中有两点尤为独特，首先是自行车的出现。自行车在中国出现已是晚清时期，且是一种极为时髦的事物。溥仪曾为了骑车不惜砍掉一部分紫禁城的门槛。其次，这里出现女性骑自行车上街，也体现出清王朝传统统治思想与模式的不断瓦解，以及新思潮不断涌现，社会逐渐开化的写照。年画的时效性强以及接受面广的特点表现无疑，而这两点也佐证了年画是一种对于社会问题较为关注的民间艺术门类。该作品亦是通过谐音的方式展现这一主题。“蹬”与“登”同音，以此体现“教子登科”的意蕴。

随着光绪三十一年（1905年）科举制度的正式废除，新式学堂逐步走进公众视野，现代意义上的教育登上历史舞台。科举制度的废除，也标志着科举类年画逐渐成为历史，而其中一些美好希冀却仍然在流传。在晚清

① 冯骥才主编：《中国木版年画集成》“上海小校场卷”，中华书局2011年版，第36页。

杨柳青年画 · 教子登科

这样一个变革的时代，教育成为时代变迁中一个重要体现。科举虽废，但教育变得更加大众化，同时接受教育对于一个国家的意义也变得愈发深刻。其中典型的一点便是女子开始进入学堂读书习字。因此，作为科举题材年画在社会动荡期的继承与延续，新学堂教育题材的年画更加突出了年画反映社会现实，阐释美好希望的特点。在《中国木版年画集成》中收录的两幅同样为王树村收藏的杨柳青年画极为直观地反映了这一社会现象。其中一幅名字就叫“女子求学”，该画面展现的就是两女子在向教书先生请教学问。除此之外，该作品配有一段较长的文字，用以阐释女子读书的必要性。但这段文字中对于女性的评价明显带有负面情感，认为旧社会女性“坐吃坐穿，简直是一个废人”①。这显然也体现出在旧社会人们对于家庭妇女的一些看法，但很显然是带有贬低色彩的。而同时，文字的后半部分则又指出，因为新式学堂的出现，女子也有了读书认字的权利，因此希望女性能够抓住这个机会，改善一直以来不平等的态度，立意虽好，但文字内容明显仍带有对女性的不平等。不可否认，在晚清时期人们对于女性的认知仍然带有封建思维的烙印，但对于女子登堂求学，希望改变女性地位的思想已经逐渐形成思潮。

天津作为中国较早被迫打开的通商口岸城市之一，较早受到了西式思维的影响。1860 年《中英北京条约》的签订，天津开通商埠，让这座城市更早接触到了不同的文化，新式学堂的出现就很好地佐证了这一点。杨柳青年画《女学堂演武》所展现的就是女孩进入学校学习的场景。这一作品从画面内容看与传统科举年画中男童演武的场景有相似之处。从作品

① 冯骥才主编：《中国木版年画集成》“杨柳青卷下”，中华书局 2007 年版，第 391 页。

杨柳青年画·女子学堂

的题目可以看出，这所学校已经是专门的女校了，可见清末时期女校已然成为社会上新兴的学习场所。同时该画面展现的女子学习的内容也颇有深意，画面展现女子正在学习打枪。女子不但可以读书识字，更可以学习枪法。这一场景对清末社会在教育方面的剧变有极强的时代映射，是极为难得的年画收藏品。画面中的女子虽然衣着仍是典型的清代服饰，但头上戴的帽子却有着鲜明的西方特色，从服饰亦可解读出当时社会思想碰撞之激烈。

杨柳青年画·女学堂演武

这三张年画独到之处在于体现出年画这一艺术门类强烈的时代性。天津作为中国近代史上开放较早的商埠城市，社会进步体现出更为显著的特征。而这点也印证了因何杨柳青年画在相近题材上可以呈现更多的画面内容。“清末民国之初，战乱频仍，内忧外患，社会进入急剧变革时期，中

孔庙国子监论丛（2019年）

国年画的衰落之势开始显现。政治、文化和社会的激变，深刻影响到中国年画的内容和形式，一方面，年画与商业结合于一体被广泛用于商业宣传，年画中喜庆和祈祷神灵的意味被弱化。另一方面，年画及时地反映了当时的社会现实，如维新变法运动、办新学堂、提高女权、强身健体以及租界的新事物、新景观。”① 这几幅作品可看作在变革时期人们对读书学习的新认识，是传统科举题材年画在特殊时期下的新形态、新内涵。

由是观之，科举类年画的表现手法与受众心理具有直接联系，同时具有鲜明的时代烙印。作为表达民间对于美好事物的向往与憧憬，年画的表现方法只有被最广大群体看懂并喜爱才能体现其社会价值。由于教育水平的差距，古代识字的人属于少数群体，而年画的受众群体应面向社会各个阶层，故直接描述以及谐音意会的表现手法就自然而然成为年画的最佳表达方式。同时，在题材上，年画强烈的民间性、直观性、时代性特征同样清晰地保留在科举年画中，其中不乏具有功利性的体现。这也直接反映了年画作为一种通俗化、大众化的艺术形式所具有的鲜明的功利性。可以说，科举类年画与其他题材一样，都是由于人们美好而强烈的愿望而产生的。“中国年画与民间的世俗生活结合密切，及时反映出不同历史时期的世俗民风，为后人留下广博而珍贵的历史研究资料。”② 可以说，年画是反映社会最广泛接受者精神状态及价值取向的一面镜子。

科举是古代大多数学子为之倾尽全力的人生大事，是底层百姓“改换门楣”最具有可行性的途径。可以说一千三百多年的科举史，留下的不仅仅是丰富的文化遗产，更让求学进仕的期盼传承在了中国人的内心。因此，科举类年画在真实反映广大民众对于金榜题名的迫切愿景的同时，在画面的表达上亦存在着较强的下一代的情怀。童子形象可以说贯穿于广义科举类年画的绝大多数画面之上。同时色彩上有两大特征，其一若颜色较少，则多以喜庆的红色色调为主，其二若为多色，则以撞色为主。两种表现方式均烘托出科举类年画喜庆欢乐的氛围。霍清廉在《论中国年画的文化价值和教化功能》一文中对年画的价值及教化功能有如下评价：“从内容方面说，年画是广大黎民的思想品德、精神境界、历史文化知识和农事生产的最重要的教科书；从艺术形式上看，它又是广大黎民的美育课本。总之，一个年画系统，便是一部中国传统优秀文化的缩影，对广大黎民百姓来说，它是一个庞大的几千年来不曾停止运转的教化功能系统，它培育了中华民

① 宋和平、徐海燕：《中国年画的民间形态及其传承流变中的文化思考》，《学术论坛》2010年第11期。

② 同上。

族的精神，铸就了中华民族的灵魂。”① 从科举题材年画的题材及应用范围不难看出，虽然科举年画带有强烈的功利性，但对读书进士，考取功名的理解却深刻体现在年画中，成为反射中国古代科举文化的一面镜子。

吴晛，孔庙和国子监博物馆保管部，助理馆员

① 霍清廉：《论中国年画的文化价值和教化功能》，《河南工业大学学报》（社会科学版）2009 年第 4 期。

◇曲阜鲁国故城周公庙建筑群基址（宫城区）的考古成果与保护现状

◎ 田树标

【摘　要】 本文主要对曲阜鲁国故城周公庙建筑群址（宫城区）的两次考古发掘成果进行简要介绍，并结合曲阜鲁国故城保护规划和曲阜鲁国故城国家考古遗址公园规划对该区域的环境整治与保护展示现状进行论述。

【关键词】 曲阜　鲁国故城　大遗址保护

曲阜鲁国故城位于曲阜市城区的东北部，1961 年被列为全国首批重点文物保护单位。鲁国故城平面呈不规则的长方形，东西最宽处 4 千米，南北最长处 3 千米，残存的墙基宽约 46 米，高约 10 米，周长约 12 千米，面积约 10 平方千米。鲁国故城遗址规模宏大，东南及西南为贵族官宦居区，北面为市贾区，居民区散布于城四周近城墙处，城市格局符合“左坛右社，面朝后市”，“仕者近宫，不仕与耕者近门，工贾近市”的周代礼制。

一　鲁国故城周公庙建筑群基址（宫城区）位置与概况

曲阜鲁国故城是周代鲁国的都城，是周王朝各诸侯国中延续时间最长的都城。西周初年，周武王封周公旦于鲁，是为“鲁公”。成王时周公之子伯禽代父就封，在这里建立了都城，自此至鲁顷公二十四年（公元前 249 年）亡于楚止，共历 34 代，建都时间达八百余年。西汉的三百余年间，这里持续是鲁国的封地。故城从西周到汉代共经过八次大规模的兴建修葺，后为县治。宋代迁县治于寿丘，城逐渐毁废。作为鲁国故城宫城区的周公庙建筑群基址区位于鲁城中部偏东、周公庙村北的高地上，周公庙建于高地的西部，这里是全城地势最高之处，《水经注·泗水注》记：周公台，高五丈，周五十步，即此。东汉人应劭所说的“鲁城中有阜，逶曲长七八里，故名曲阜”即为此地。高地近方形，东西长约 550 米，南北宽约 500 米，东、北和南面的东端仍有整齐的边沿，前者呈两级台阶，高出地面约 10 米，南面西部和西面已成漫坡。

二　1977—1978 年周公庙建筑群基址（宫城区）考古勘探成果

1977 年经国家文物事业管理局批准，山东省文物考古所对鲁国故城开展了较大规模的勘察。初步查明了鲁国故城的年代、形制、城市布局和地下文物的分布情况，把鲁故城的文物遗址分布比较集中的区域划分为 36 处重点遗址保护区，其中，有地上残垣、城河和地下城门基址、墙基、古道、冶铁、冶铜、制骨、制陶、宫殿、居住、墓葬等遗址，为今后的科学管理与研究奠定了基础。

鲁国故城的宫殿区占地面积约为鲁国故城的 1/4，位于大城中央微偏东处，大城环套宫城的布置。宫城的南北中轴线便是全城建筑布局的主轴线。内城中心的宫殿区和太庙区是在一片高地上，并有河道通向宫殿区。宫殿的北部和西部是冶铜、冶铁、制骨、制陶等手工作坊，西部是墓葬区，山东省考古所在鲁国故城考察发掘中出土了青铜器、陶器、玉器、骨器以及蚌等器物。居住区、手工作坊区环列在宫城的东、北、西三面，西部还有墓葬区，各自成区而交错布置，由道路连接。宫城南面无居住和作坊遗址，更无墓葬区，这个城南轴线两侧重要地带，应是宫城直接相关的建筑区，可能是宗庙、社稷及官署等。

三　2011—2013 年周公庙建筑群基址（宫城区）考古发掘成果

2011 年以来山东省文物考古研究所为配合曲阜鲁国故城国家考古遗址公园建设，开展了考古勘探和发掘工作，取得了一系列重要成果，为遗址本体保护和遗址公园建设提供了考古资料支撑，促进了鲁国、鲁文化研究。

2011—2014 年，对位于全城最高处的周公庙台地系统勘探了 22 万平方米，发现夯土建筑基址 81 座，各时期大型灰坑 36 个，道路 10 条，砖基建筑 2 座，大型排水道 1 条。遗迹的时代从西周到唐代。

在台地边缘发现的东周时期的墙和壕沟是本次勘探的重要发现，推测为鲁国故城宫城城墙。发现的东周时期的夯土建筑应当就是当时城内的建筑。总体呈长方形，西北角略内折，城内东西约 480 米，南北 220—250 米，城内面积约 12 万平方米。根据采集的陶片及层位关系，初步判断城的时代为春秋晚期始建，延续到汉代。已发现西门、南门、东门及与之相配的道路。城内发现排水道、道路及东周夯土建筑等。

城墙宽 13—22 米，基槽式，多厚 1.1—2 米，东墙夯土最为深厚，距地表深 5 米。城壕宽为 7—22 米。与城墙间隔最宽约 7—8 米，部分区域可见晚期墙叠压早期沟的现象。

西门位于西墙偏北，宽度约为 10 米，南侧还有 2—3 米宽路沟一条。目前追踪路土长度已达 70 米，距地表深 2 米，自西向东逐渐抬高。东门位于东城墙中部，与西门东西相对，南北宽度为 11.6 米，在距地表 4.3—4.5 米处见有堆积较好的路土，现探出路土东西长度为 30 余米，向西在城内被破坏，但是应当与东墙内侧一条南北向的道路相连。

在勘探工作基础上，全面揭露发掘了周公庙庙北区东周大型夯土基址 F8 和西城门，在南城墙、北城墙解剖三条探沟，发掘面积约 4000 平方米。

宫城城墙仅余基槽，西南部保存最好，东部和北部被汉代城墙打破严重。西南探沟（TG401）处墙基宽 13.75、深 1.27 米，由单棍夯具分段夯筑而成。夯窝径约 0.04—0.06 米，间隔一般为 0.05 米。夯土内出土陶器可辨识器形有豆、罐、盆、盂、鬲等，时代为西周晚期到春秋时期。城墙内侧为战国时期水井、灰坑，下部则打破西周晚期灰坑。外侧 7 米为城壕，宽约 11.05 米、深 1.5 米。可分六期，一期至五期从春秋晚期延续到战国晚期，六期为汉代。城壕内侧被战国晚期路土叠压。路土厚约 0.05—0.2 米，铺设小鹅卵石、料姜石和碎陶片，踩踏层清晰，应为环城道路。

宫城东南部探沟（TG402）东周城墙残存宽度 12.9 米，被北侧汉代城墙打破。发掘有战国中晚期窖穴和小型墓葬。墓葬 3 座，随葬陶罐、豆、盂、杯、盒。城墙底部预埋五角形陶管道，北面为一蓄水池，与管道相连。为战国至汉代延续使用。

西城门门址宽约 12 米，路土分为七期，时代从春秋时期延续至唐代。早期路土最宽，并在南侧分布有水沟，为城门排水设施。

宫城西南部全面揭露东周时期大型夯土基址一处（F8），现仅存墙基部分。平面呈东西长方形（方向 186°），长 85 米、宽约 11.37 米、基槽宽 2.8—3 米；面阔 6 间，东西各一小间，中部四大间。四大间进深均为 5.5 米、阔 14.3 米；东间进深 5.3 米、阔 2.2 米。西间南北（加上墙）17.15 米、进深 5.4 米。基槽系花土夯筑而成，质地坚硬，夯层清晰，厚约 0.1—0.15 米；夯窝直径约 0.05 米、深 0.04 米，为单棍夯。根据打破关系及夯土内出土遗物，初步判断 F8 的始建年代为战国早期。

汉代大型房址 F6 筑于东周夯土基槽之上，东西残长 43.5 米，宽 9.47

米，现尚存残墙，墙内侧砌汉代砖、瓦。房址南部为前披厦，宽 5.8 米，南部石柱础东西一排。披厦南端为散水。房址外侧见北、东院墙，北院墙基槽宽 1.9 米。

根据 F8、F6 的布局、位置及其该区域建筑的历史沿革，推测二者为礼制性建筑。

根据打破关系和出土遗物综合分析，初步判断宫城始建于春秋晚期，战国晚期废弃，汉代重修，最终废弃于魏晋，最初的修建原因可能与仲孙、叔孙、季孙“三家侈张”有关。

四　周公庙建筑群基址（宫城区）保护工作现状

为做好周公庙建筑群基址（宫城区）的文物保护工作，在《曲阜鲁国故城总体保护规划》和《曲阜鲁国故城国家考古遗址公园规划》的基础上，根据总体保护规划的原则要求和公园规划关于“一轴三环五重点”战略性思路，结合前期考古勘探发掘成果，我中心委托北京建工建筑设计院、山东省文物考古研究所、中国社会科学院考古研究所等机构联合编制完成了《曲阜鲁国故城周公庙建筑群基址展示设计方案（一期）》。国家文物局分别以文物保函［2012］1193 号和文物保函［2013］1397 号文件对鲁国故城周公庙遗址区环境整治和展示工程设计方案进行了批复。

2014 年 12 月，周公庙建筑群基址（宫城区）环境整治及展示工程完成建设，完成该区域占地约 400 亩的环境整治和绿化，完成遗址展示标识 39 个、休息凳树池 157 个；铺设游园路 3000 米；安装路灯 115 杆、监控摄像头 40 个、广播音箱 15 个、垃圾箱 40 个、各种牌示 195 个。

2016 年 12 月 13 日，山东省文物局组织专家组对该项目进行了竣工验收。

田树标，山东省曲阜市文物保护中心、文博馆员

◇2019 年大事记

1. 2019 年 2 月 25 日，吉尔吉斯武装总参谋长杜伊申比耶夫少将一行到孔庙和国子监博物馆参观访问，他对孔庙和国子监承载的深厚历史文化表现出浓厚的兴趣。

2. 2019 年 3 月 28 日，孔庙和国子监博物馆党总支倡导与国子监社区联合开展了“雷锋同行　暖入常庭——2019 年雷锋月主题”活动。此次活动旨在更好地弘扬中国传统“仁爱”思想，为推动学雷锋活动的常态化、营造友善奉献的社会风尚发挥积极作用。

3. 2019 年 4 月 5 日，孔庙和国子监博物馆举办了 2019 年清明节文化主题活动，以此表达对至圣先师孔子的敬仰之情。

4. 2019 年 5 月 30 日，俄罗斯总统助理谢雷舍夫一行到孔庙和国子监博物馆参观访问。他对孔庙和国子监的精美古建及其承载的灿烂文化颇感兴趣，表示中国优秀的传统文化，可以进一步推进两国间的文化交流。

5. 2019 年 6 月 21 日上午，北京市文物局党组成员、副局长向德春同志带领市场处处长哈俊一行到孔庙和国子监博物馆召开文创工作调研座谈会。

6. 2019 年 6 月 27 日上午，孔庙和国子监博物馆党总支，联合北京市文物研究所党支部、北京艺术博物馆党总支等多家单位展开“1 + 1 + X”特色主题党日活动，特别邀请了文博工作专家、市文物研究所前所长齐心老师为全体党员做专题讲座。讲座的主题是“在新时代如何做一名合格的党员、合格的文博工作者”。

7. 2019 年 7 月 1 日至 4 日，孔庙和国子监博物馆领导班子依照“不忘初心，牢记使命”主题教育工作方案，展开“不忘初心，锐意攻坚”专题调研活动。

8. 2019 年 7 月 5 日，孔庙和国子监博物馆党总支联合工会，组织广大党员干部群众到延庆世园会参观学习。

9. 2019 年 7 月 9 日下午，福州市博物馆副馆长张春武一行到孔庙和国子监博物馆参观座谈。

10. 2019 年 7 月 16 日上午，北京市东城区区委常委、宣传部部长周家雷携手国际儒联秘书长牛喜平一行到孔庙和国子监博物馆参观座谈。

11. 2019 年 8 月 8 日，孔庙和国子监博物馆举行以“太学·寻迹”为主题的七夕节专场活动，邀请游客在七夕当晚参与互动游戏，宣扬中国传统节日文化。

12. 2019 年 8 月 8 日，孔庙和国子监博物馆文物保管部金属文物库的清库移交工作正式完成。

13. 2019 年 10 月 12 日至 18 日，由北京市文物局、东城区人民政府主办，北京孔庙和国子监博物馆、东城区委宣传部、东城区文化和旅游局、安定门街道办事处协办的第七届孔庙国子监国学文化节正式与公众见面。国学文化节共历时 7 天，共举办国学展览、国学讲座、国学体验、国学传播四大类 39 场国学文化活动。其中，在北京孔庙和国子监博物馆主场举办活动 9 场，在东城区故宫、地坛公园、五道营胡同、南锣鼓巷街区、角楼图书馆等文化地标和地区，举办分会场活动 30 场。

14. 2019 年 10 月 12 日，第七届北京孔庙国子监国学文化节开幕式在孔庙和国子监博物馆大成殿前广场隆重举行。开幕式以东方歌舞团民族器乐表演《水鼓子》开场，学生朗诵、舞剧、两地连线直播以及歌曲演唱等精彩节目陆续登场，国学文化节正式启动。

15. 2019 年 10 月 12 日下午，以“中国优秀传统文化的传承与创新——纪念习近平主席在国际儒学联合会第五届会员大会发表讲话五周年”为主题的儒学论坛在孔庙和国子监博物馆彝伦堂举办。我馆与国际儒学联合会合作举办儒学论坛，邀请儒学领域知名学者和专家，以论坛形式进行思想碰撞和智慧分享。

16. 2019 年 9 月 10 日至 10 月 14 日，第二届北京古琴文化展在孔庙和国子监博物馆展厅举办。本次展览以“礼乐赞华夏　琴诗颂祖国”为主题，由北京市文联、北京市文物局、北京音乐家协会、北京古琴文化研究会、东城区委区政府联合举办。其间安排了 3 场专题讲座，展示中国古琴文化艺术和古琴文化历史研究成果，庆祝中华人民共和国成立 70 周年。

17. 2019 年 10 月 16 日至 31 日，书法家赵普隶书《论语》首发式暨书画作品展览在孔庙和国子监博物馆展厅举办。活动以“翰墨绘盛世　丹青颂祖国”为主题，分为两个部分：一是以展示国学传统艺术为主题，精选赵普先生 80 幅书画作品展览，回顾赵普先生的书画艺术创作历程；二是以纪念至圣先师孔子为主题，举办赵普隶书《论语》新书发布式，展示中国历史底蕴和文化魅力，向伟大祖国70周年华诞献礼。

18. 2019年10月18日，第七届北京孔庙国子监文化节闭幕式暨祭孔大典在孔庙和国子监博物馆大成殿前广场举办。

◇征稿启事

《孔庙国子监论丛》前身为《孔庙国子监丛刊》，于2006年正式创刊。全馆上下一直非常重视科研工作，《孔庙国子监论丛》主要为我馆年度科研工作的论文集，不但为馆内外研究人员提供了一个学术文化平台，它也日益成为我馆展示优秀学术成果、拓展对外文化交流的重要窗口，且不断为我馆推出的各项陈列展览及大型文化活动提供智力支持。现向博物馆全体职工、社会各界及海内外相关专家学者发出征稿启事：

1. 稿件以孔庙研究、国子监研究、儒家思想研究、古代教育及科举制度研究、博物馆学研究等几个方面为主题。

2. 要求稿件观点鲜明，脉络清晰，层次分明，语言流畅。

3. 稿件字数原则上控制在3000—7000字，文前有摘要及关键词；引文标明出处；文末标明参考文献。

4. 稿件应是作者原创，若抄袭他人者，一经发现，不予录用。

5. 引用他人论著一定要用页下注注明作者、论著名、出版社（或期刊）、出版（或发表）时间、第几页等出版信息。

6. 禁止一稿多投，一经采用，即刻与您取得联系。

7. 每年3月10日前确定并提交论文题目，以免出现研究题目重复的现象。征稿截止时间为每年7月10日，作者按照征稿通知的要求，提交论文的电子文本（宋体小四号字）。

8. 研究部组织学术委员会专家匿名评审论文。委员严格按照征稿通知的要求评审论文，并标明是否录用。在不被录用的论文后，详细写出评语和不被录用的原因。

9. 来稿请寄：北京市东城区孔庙和国子监博物馆研究部，邮编：100007
电子邮件：904774555@qq.com　　电话：13520784789
联系人：邹鑫

孔庙和国子监博物馆研究部

2019年12月